ウィリアム・マッカスキル

〈効果的な利他主義〉宣言！

慈善活動への科学的アプローチ

千葉敏生訳

みすず書房

DOING GOOD BETTER

How Effective Altruism Can Help You Help Others,
Do Work that Matters, and Make Smarter Choices about Giving Back

by

William MacAskill

First published by Gotham Books, 2015

『〈効果的な利他主義〉宣言！』への賛辞

人々の生活に最大限の影響を及ぼす方法を教えてくれるわかりやすい指南書。詳細な分析によって裏づけられた一連の鋭い疑問を中心に展開していく本書は、世界をよりよくする方法に関するマッカスキルの思想と経済学の入門書を同時に読んでいる感覚だ。

——スー・デスモンド＝ヘルマン（ビル＆メリンダ・ゲイツ財団ＣＥＯ）

すばらしいの一言。私たちの暮らす世界には、想像を超える極端な格差が存在する。しかし、裏を返せば、極端な格差があるからこそ、恵まれた人々は変化を促す巨大な力を持っている。一見すると、こうした責務や難題は私たちの手に負えなさそうに思えるが、幸い本書はそのための道具箱を与えてくれる。本書は文学書でも哲学書でもない。直感を裏切るような発見に満ちた慈善のマニュアルだ。私はすでにマッカスキルのアドバイスを参考にして寄付する慈善団体を変更した。本書を読めば、きっとみなさんもそうしたくなるだろう。

——『ガーディアン』

マッカスキルはチャリティの鉄則に反旗を翻し、衝動的な利他主義は利よりも害が多いと示唆している。——『タイム』

正しいことをするのは、難しい。効果的な利他主義者はそれを少しでも易しくしようとしている。本書はその絶好の入門書だ。

——Vox.com

寄付に値する最高の慈善団体を見つけるためのたいへん貴重なガイドラインを提供している。

——『カーカス・レビュー』

見事な筆致とこの上ない知性。世界をよりよくしたいと思う人にとって必読の書。

——スティーヴン・D・レヴィット（『ニューヨーク・タイムズ』のベストセラー1位に輝いた『ヤバい経済学』『ヤバすぎる経済学』の共著者）

マッカスキルは本書で壮大な疑問に挑んでいる。もっとも多くの人々にもっとも大きな影響を及ぼすには？　寄付、ボランティア、消費活動、労働をより価値あるものにするための壮大なビジョンがここにある。

——アダム・グラント（『ニューヨーク・タイムズ』のベストセラー書『GIVE&TAKE「与える人」こそ成功する時代』の著者）

効果的な利他主義は、自己満足や売名のためではなく、本当の意味で人々の役に立つための活動であり、21世紀最高の発明のひとつといえよう。この刺激的な新しいムーブメントについて学びたいなら、本書を読むしかない。

——スティーブン・ピンカー（ハーバード大学ジョンストン・ファミリー教授（心理学）、『暴力の人類史』の著者）

ウィリアム・マッカスキルは、冷静ながらも心を揺さぶる形で、厳密に計算された思慮深い寄付活動の普及に勤しんでいる。

――リード・ホフマン（リンクトイン共同創設者および会長）

傑作書。効果的な利他主義運動を牽引するリーダーであり、哲学界の新星であるウィリアム・マッカスキルが、こんどはパンチ力のある物語でも才能を発揮している。自分自身のキャリアや人生、そして世界をよりよくしたいと考える人々にとって必読の書。

――ピーター・シンガー（プリンストン大学イラ・W・ディキャンプ教授（生命倫理学）、『動物の解放』『あなたが世界のためにできるたったひとつのこと』の著者）

人類は今、種として今世紀を生き抜くことよりも、タバコの広告にお金をつぎこんでいる。優先順位がまるきり逆だ。この状況を正すには効果的な利他主義が必要だ。現代の最大の問題に真の影響を及ぼしたいなら、ぜひ本書を読むべきだ。

――ヤーン・タリン（スカイプ、カザー、メタメドの共同創設者）

マッカスキルはウィットに富んだ鋭い語り口で、読者を効果的な利他主義の考え方や応用の世界へといざなう。効果的な利他主義はますます21世紀の主流の社会運動になりつつあるようだ。

――ジュリア・ガレフ（応用合理性センター共同創設者）

慈善団体への寄付に関する史上最高の手引き。たとえ、具体的な寄付の価値に関するマッカスキルの結論に賛成できない読者でも、彼の分析を読めば今までより賢い判断ができるようになることまちがいなしだ。

——ポール・ブレスト（スタンフォード大学フィランソロピーおよび市民社会センター共同所長、ウィリアム&フローラ・ヒューレット財団元代表）

本書は、自分のお金、時間、キャリアを通じて他者の役に立ちたいと考えている人々にとって欠かせないフレームワークを提供している。ひとつだけ警告。本書を読み、みんなと共有し、手元に置かずして〝よいことをしよう〟と思えば、あなた自身や他者に害を及ぼす可能性が大だ。

——チャーリー・ブレスラー（メンズ・ウェアハウス執行副社長、ザ・ライフ・ユー・キャン・セイブのエグゼクティブ・ディレクター）

寄付をもっと効果的に行ないたい？ それなら、本書は最高の指南書だ。

——タイラー・コーエン（ジョージ・メイソン大学ホルバート・C・ハリス教授（経済学）、『大格差』の著者）

独創的なアイデア。驚くほどわかりやすい文章。徹底した実用性。そのすべてを併せ持つ類まれな本だ。本書を読めば、きっと今すぐ椅子から立ち上がり、世界に対して何かしようという気になる。今、人類は21世紀の難問に直面している。本書は世界が待ち望んだ社会変革の声明であり、ウィリアム・マッカスキルはその理想の旗手だ。

——エリック・ドレクスラー（ナノテクノロジーの創始者、『創造する機械』の著者）

マッカスキルは現代の難問に対し、斬新で大胆な思考を提唱している。彼は第一原理から議論を始めて、意外な結論を導き出す。まるでレーシック手術のように、本書は読む者の世界観を一変させてくれる。

——ウーリ・ブラム（ベストセラー書『*Thinking Statistically*』の著者）

刺激的で、面白くて、ところどころ大笑いしてしまう。読みはじめたら止まらない。人生を変える本だ。

——ニック・クーニー（『*How to Be Great at Doing Good*』の著者）

ウィリアム・マッカスキルは、私たちの利他的な衝動の矛先さえまちがえなければ、世界の恵まれない人々の人生を変えるほど巨大な影響を及ぼせることを証明している。本書は誰でも読めるくらい面白く、わかりやすく書かれている。本書のメッセージに耳を傾けること自体が、大きな善行になるだろう。

——マーティン・リース卿（王立協会元会長）

哲学者は冷酷。近寄りがたい。考えるばかりで行動しない。本書を読んだあとでも、そう言えるだろうか？　本書で、マッカスキルは目の醒めるような主張を述べている。心と頭を組みあわせれば、世界をよりよくすることはできる、と。そして、その具体的な方法を提示している。

——ディーン・カーラン（イェール大学経済学教授、『善意で貧困はなくせるのか？』の共著者）

常識に疑問を投げかけ、読者の思考をくすぐる1冊。まず、私たちは利他的な行動が十分に取れているだろうかと自問させられる。そして次に、私たちは効果的な利他主義を実践する心構えがあるだろうかと自問させられる。こちらのほうがずっと厳しくてグサッとくる疑問だ。本書はまちがいなく活発な議論を促し、私たちの内面を省みる機会を与えてくれる。

——フィオナ・レイノルズ（ナショナル・トラスト元事務局長）

心と頭、その両方を兼ね備えている人のための必読書。マッカスキルは「どうせ私には何もできない」という安易な思いこみを一蹴し、適切な疑問を掲げることの効果を実証している。重要な本だ。なおかつ驚くほど面白い。どうすれば本当の意味で人々の役に立てるのか？　これは科学の難問だが、本書は思いがけない結論に満ちている。非常にためになるし、元気づけられる。

——ジョシュア・グリーン（ハーバード大学道徳認識研究所所長、『モラル・トライブズ』の著者）

効果的な利他主義は、〝慈善〟にまつわる誤解に杭を打ちこみ、その代わりとなる真の考え方を提唱している。このムーブメントの重要性をみくびってはいけない。それはきっと巨大なムーブメントになる。そして、本書はその中心となるだろう。

——オーブリー・デグレイ（SENS研究財団の最高科学責任者）

ひとりの慈善家として、私はあまりにも多くの善意の慈善家や社会プログラムが財源をムダにするのを目撃してきた。本書は、ともすれば無分別で感情的になりがちな慈善活動にデータや明快な思考を取り入れ、できるかぎりのよいことをするためのガイドブックといえる。

——ジム・グリーンバウム（グリーンバウム財団創設者）

〈効果的な利他主義〉宣言！

本書を完成へと導いてくれた
トビー・オード、ピーター・シンガー、スタニスラフ・ペトロフに捧ぐ

〈効果的な利他主義〉宣言！ 目次

はじめに　寄生虫とウォーターポンプ

――どうすればよいことを最大限に行なえるのか？

１９８９年まで、トレバー・フィールドは南アフリカでごくふつうの暮らしを送る典型的な中年男性だった。彼は新鮮なステーキや冷たいビールに舌鼓を打ち、友人と釣りを楽しむ日々を送っていた。『トップカー』や『ペントハウス』といった錚々たる雑誌で広告の仕事を手がけていた彼だが、それまで自分のスキルを慈善活動に活かすことなど深く考えたこともなかった。しかし、「プレイポンプ」との出会いがすべてを変えた。

その年、彼は農家を営む義父とともにプレトリアで開かれた農業フェアを訪れた。そこで、彼は新型のウォーターポンプを実演するロニー・スタイヴァーという水道技師と出会った。その実演を見た瞬間、彼の脳裏に数年前の釣り旅行の記憶がふとよみがえった。その農村の女性たちは、風車式のウォーターポンプの隣で何時間も待ちぼうけを食わされていた。その日はまったくの無風だったのだが、何キロメートルも歩いて水くみにやってきた女性たちは、手ぶらで帰るわけにもいかず、じっと座って水が流れだすのを待っていたのだ。フィールドはその光景を見て、世の中の不公平を感じた。絶対にもっといい水くみの方法があるはず、だ。そして今、彼の目の前にはその解決策があった。

一見すると、スタイヴァーの発明は見事に見えた。貧困国の村々でよく見かける手押しポンプや風車ポンプとは異なり、彼のポンプは公園のメリーゴーランドのような遊具代わりも果たしていた。子どもたちがメリーゴーランドに乗っかり、ぐるぐると回して遊ぶと、地下深くから貯水タンクまできれいな水がくみ上げられる。村の女性たちが何キロメートルも歩いて手押しポンプで水をくんだり、無風の日に風車ポンプの前に行列したりする必要はなくなる。このポンプ、その名も「プレイポンプ」は、子どもたちの遊ぶ力を利用して村に水を安定供給する。「アフリカの子どもたちにはほとんど何もない。学校に本すらないのに、ましてや遊具なんてあるわけがない。それでいて、水の供給は死活問題だ」とフィールドは語る。「だから、このポンプは史上最高の名案だと思った」[1]

フィールドはスタイヴァーから特許を購入し、暇を見計らっては、5年間かけてポンプの設計を改良していった。広告分野の経験を活かして、彼は貯水タンクの側面に広告看板を載せ、その収益でポンプのメンテナンス費用をまかなうというアイデアを思いついた。1995年、彼は日用品メーカー「コルゲート・パーモリーブ」を初のスポンサーにつけ、1台目のプレイポンプを設置した。その後、登録慈善団体「プレイポンプ・インターナショナル」を創設し、このプロジェクトにフルタイムで専念するために仕事を辞めた。幸先は思わしくなかったものの、彼はあきらめず、自腹で数台のポンプを設置した。と同時に、南アフリカじゅうの企業や政府機関と関係を築き、ポンプの設置資金を調達していった。世紀の変わり目を迎えるころには、全国に50台のポンプが設置されていた。

初めての大飛躍は2000年に訪れた。総勢3000人の応募者のなかから、彼が世界銀行開発市場賞を受賞したのだ。この賞は、「拡大または複製が可能で、開発活動に影響を及ぼす可能性をおおいに秘めた初期段階の革新的な開発計画」に与えられる[2]。この受賞をきっかけにプレイポンプへの融資や注目が一気に増し、ついにはＡＯＬのＣＥＯであるスティーブ・ケースと妻ジーンが現地を訪問するほどの話題になった。「ふたりはプレイポンプにいたく感動していたよ」とフィールドは話す。「プレイポンプが動く様子を見た瞬間、心をわしづかみにされたらしい」[3]。２００５年、ケース夫妻はプレイポンプ・プロジェクトに資金を提供し、フィールドと協力してプレイポンプ・インターナショナルの米国部門を設立することに同意した。彼らの目的は新たに数千台のプレイポンプをアフリカ全土に導入することだった。

　プレイポンプは大規模なマーケティング活動の中心となった。スティーブ・ケースはＡＯＬの経営から得た専門知識を活かし、オンライン資金調達の新しい形を開拓した。イギリスの資金調達慈善団体「ＯＮＥ財団」は、ミネラルウォーター・ブランド「ＯＮＥウォーター」を立ち上げ、利益をプレイポンプ・インターナショナルに寄付した[4]。ＯＮＥウォーターは大成功し、「ライブ・エイト」コンサート〔２００５年に世界各国で同時開催されたチャリティ・コンサートの総称〕や「貧困を過去のものに」キャンペーンのオフィシャル・ウォーターにも選ばれた[5]。世界じゅうのメディアがプレイポンプに着目し、「水くみは子どもの遊び[6]」「魔法のメリーゴーランド[7]」といった見出しで言葉遊びを楽しんだ。２００６年の『タイム』誌のある記事では、ビル・クリントンがプレイポンプを「すばらしいイノベーション」と絶賛した[8]。

　有名人たちもその輪に加わった。ラッパーのジェイ・Ｚは２００６年のコンサートツアー「生きるための水」で数万ドルの資金を調達[9]。それからすぐ、プレイポンプ・インターナショナルは最大の融資をもぎ取った。当時のファーストレディのローラ・ブッシュが１６４０万ドルの助成金を提供し、２０１０年までにアフリカ全土に４０００台のプレイポンプを設置するための資金６０００万ドルの調達活動を開始したのだ[10]。２００７年になると、プレイポンプは国際開発分野でもっとも熱い話題となり、トレバー・フィールドはその主役として、慈善業界でロックスター並みの名声を得ていた。

フィールドは2008年、プレイポンプ・インターナショナルの驚くべき成功について、「まさかここまで大ごとになるとはね。初めてこのウォーターポンプを見たとき、このポンプに世界を変える力があるなんて考えもしなかった」と振り返った。[11]「私や私の家族よりもはるかに恵まれないおおぜいの人たちに影響を及ぼすことができるなんて、本当に感動的な気持ちだ」。[12] 2009年までに、プレイポンプ・インターナショナルは南アフリカ、モザンビーク、スワジランド、ザンビアに1800台のプレイポンプを設置した。

ところが、そこから急に雲行きが怪しくなった。ふたつの手厳しい報告書が発表されたのだ。ひとつは、ワールド・ビジョンとユニセフが共同の内部評価の一環として、前段階評価向けの実地訪問に基づいてまとめたもので、[13]もうひとつはスイス開発資料センターおよびコンサルタンシー（SKAT）がまとめたものだった。[14]プレイポンプは数々の絶賛や賞、数百万ドルにおよぶ投資を得ていたにもかかわらず、それまでプレイポンプの実用性についてまともに考察した者はひとりとしていなかった。公園にある一般的なメリーゴーランドは、いったん十分な勢いがつくとひとりでに回りつづける。だからこそ楽しい。しかし、水をくみ上げるには常に一定の力を加えつづける必要がある。なので、プレイポンプで遊ぶ子どもたちはすぐに疲れてしまう。ユニセフの報告書によると、プレイポンプから落ちて手足を骨折したり、回りすぎて気分が悪くなり嘔吐したりする子どももいた。ある村では、現地の子どもたちにお小遣いをあげて〝遊んで〟もらっていた。ほとんどの場合、結局は村の女性たちがメリーゴーランドを自分で回すはめになり、疲れるうえに惨めな思いをさせられていた。[15]

しかも、現地の村々にそもそもプレイポンプが必要かとたずねた者すらひとりとしていなかった。SKATの調査員が村に新型のプレイポンプの感想を求めると、以前の手押しポンプのほうがよかったという回答が多くを占めた。プレイポンプとシリンダー・サイズが同じ手押しポンプ「ジンバブエ・ブッシュ」のほうが、少ない労力でプレイポンプの5倍、つまり1時間あたり1300リットルの水をくみ上げることができた。モザンビークのある女性は、「私たちは朝の5時から6時間、畑で働いたあと、ここへやってきてこのポンプを回さないといけないんです。腕が痛くなりますよ。昔の手押しポンプのほうがずっとラクでした」と話す[16]。ある記者の推定によると、一般的な村全体に必要な水を供給するには、プレイポンプを1日あたり27時間回しつづける必要があるという[17]。

プレイポンプを歓迎した村々でも、歓迎は長く続かなかった。プレイポンプの多くは数カ月で故障したが、ジンバブエ・ブッシュ・ポンプとはちがって、ポンプの機構部分が金属のケースに覆われていたため、村人自身で修理することができなかった[18]。村の住民はメンテナンス依頼用の電話番号を受け取る予定だったが、大半の村は番号を教えてもらえず、教えてもらえたとしても電話がつながらなかった。貯水タンクの広告看板も埋まらないままだった。農村部の自治体は財力に乏しく、広告主になってくれる企業が現れなかったためだ。プレイポンプは、地味ではあるが機能的な旧来の手押しポンプと比べ、ほとんどの面で劣っていた。それでも、コストは1台あたり1万4000ドルと、手押しポンプの4倍におよんだ[19]。

すると、メディアはすぐさま手のひらを返した。PBSはプレイポンプの数々の欠点を暴露するドキュメンタリー番組を放送した[20]（ひとつだけ変わらなかったのは、メディアの言葉遊び好きだ。そのドキュメンタリーのタイトルは「南アフリカの水難」だったし、『ガーディアン』紙はプレイポンプのことをたびたび「水に消えたお金」と呼んだ[21]）。こうした批判を受けて、プレイポンプ・インターナショナルは潔く米国部門を閉鎖し、スポンサーの「ケース財団」は失敗を公に認めた。しかし、かつての栄光こそ失ったとはいえ、プレイポンプは今もなお生き残っている。フィールドの非営利団体は、「ラウンドアバウト・ウォーター・ソリューションズ」という名称のもと、フォード・モーターやコルゲート・パーモリーブといった企業の資金提供を受け、プレイポンプの同型モデルを南アフリカ全土に設置しつづけている。

ほとんどの人は生きていくなかで少しでも世界に影響を及ぼしたいと思っているし、この本を読んでいるあなたもたぶん同じ気持ちではないかと思う。しかし、トレバー・フィールドの物語が示しているように、必ずしも善意が成功に結びつくとはかぎらない。では、どうすればなるべく効果的に人々の役に立てるのだろう？　知らず知らずのうちに危害を及ぼすことなく、世の中に最大限の前向きな影響を及ぼすには？

本書ではこうした疑問に答えていきたいと思う。「心」と「頭」を組みあわせれば、つまり利他的な行為にデータや合理性を取り入れれば、私たちの善意を驚くような成果に変えることはできるのだ。その実例として、先ほどの例とはまったく別の結末を迎えた物語をご紹介しよう。

２００７年、プレイポンプの人気が最高潮に達したころ、数十年前から世界の最貧困層の生活を改善する方法について研究してきたマイケル・クレマーとレイチェル・グレナスターは、その集大成として独自の組織を立ち上げた。

グレナスターはオックスフォード大学で経済学を学び、１９８８年に卒業した。貧民救済についてじかに学びたかった彼女は、発展途上国で暮らすことを決意し、ある夏をケニアで過ごした。彼女が話を聞いた開発業界の人々の多くは深い失望を抱いていた。その理由をたずねると、彼女は裏目に出た開発計画をその目で確かめてみてはどうかと勧められた。[22]

「私は失敗した巨大プロジェクトの視察に送り出されました」とグレナスター。「ケニア北部のトゥルカナ湖に行きました。トゥルカナ族は基本的に遊牧民なのですが、彼らを湖のほとりに定住させて生活水準を向上させるさまざまな開発計画が進められました。開発関係者たちは巨大な水産工場を建て、トゥルカナ族を湖周辺に定住させて、漁業を営ませたんです。すると、乱獲が起きて漁獲高は激減。目も当てられない状況でした」。彼女は国際的な開発活動の分野で影響を及ぼせる見込みは薄いと判断し、国内政策へと目を向け、イギリス大蔵省の職についた。

マイケル・クレマーもまた、青年期の一部をケニアで過ごした。彼は大学の学位を取得したあと1年間ケニアで暮らし、グレナスターと同じく現地の厳しい貧困に懸念を抱いた。もっとケニアの実情を知りたくなった彼は、現地の家族と一緒に暮らしながら、中学校で英語を教えた。彼もケニアの状況を改善しようとする取り組みが大失敗するのを目の当たりにした。大学院に戻ると、彼はもっと有効な方法を模索することにした。

そんなふたりが出会ったのは、1990年のハーバード大学でのことだ。当時、クレマーは博士課程の学生、グレナスターは大蔵省から長期休暇を取り、ケネディ奨学生としてハーバード大学に通っている最中だった。クレマーが1993年にマサチューセッツ工科大学で教授になるころには、ふたりは結婚していた。ふたりは休暇を取ってケニアに戻り、クレマーが数年前に一緒に暮らした家族のもとを再訪した。

ケニア滞在中、クレマーはオランダの慈善団体「インターナショナル・クリスチャン・サポート」（現インベスティング・イン・チルドレン・アンド・ゼア・ソサイアティーズ、略してICS）で働く友人のポール・リペヤーと話をする機会があった。ICSの最大のプログラムはチャイルド・スポンサーシップだった。ドナーが定期的に一定額の支援金を支払い、子どもや小さな自治体を支援するのだ。かねてより、ICSは就学率やテストスコアの改善に向けて取り組んでおり、学校には新しい教科書や追加の教員、生徒には無料の制服という具合に、さまざまなものをひとつのパッケージとして提供していた。ICSが新たな融資を受け取ると、ポール・リペヤーはさっそく7つの学校を対象にこのプログラムを実施しようとした。

そこで、クレマーは「ランダム化比較試験」と呼ばれる手法を使って、このプログラムを検証することをリペヤーに勧めた。現地の14の学校のうちの7校でプログラムを実施し、残りの7校は普段のままにしておく。全14校のデータを収集して、どちらのグループの学校のほうがうまくいっているかを調べれば、彼のプログラムが効果的かどうかがわかるというわけだ。

あとから振り返ってみると、クレマーのアイデアはごく当たり前にも思える。ランダム化比較試験はほかの科学分野ではアイデアを検証する定番の手法であり、製薬会社は何十年も前から新薬の試験にこの手法を用いている。というより、効果のない薬や有害な薬を販売しないことは非常に重要なので、徹底的なランダム化比較試験を実施していない薬を販売することは違法ですらある。[23] しかし、クレマーが提案するまで、開発業界でランダム化比較試験が実行されることはほとんどなかったのだ。

協力者の助けを借りて、クレマーはICSのプログラムを一つひとつテストしていった。[24] まず、彼は学校に教科書を支給する効果を確かめた。[25] 生徒30人の教室に教科書が1冊しかないことも珍しくなかったので、教科書が充実すれば学習効果が高まるというのは、一見すると明白だった。ところが、教科書を受け取った学校とそうでない学校のテストスコアを比較したところ、成績上位の生徒以外にはなんの効果も及ぼさないことがわかった。（クレマーによれば、教科書は現地の子どもたちにとってはあまりにもレベルが高すぎた。しかも教科書は、子どもたちにとってスワヒリ語、現地の言葉に続く第三言語である英語で書かれていた。）

次に、クレマーはフリップチャートの支給の効果について検証した。[26] 教科書は理解できないとしても、フリップチャートがあれば、教師たちは生徒の具体的なニーズに合わせて授業内容を調整できるだろう。フリップチャートは教科書よりはよさそうだ。しかし、効果はやはりゼロだった。

彼はひるむことなく、別の作戦を試した。教材を増やしてもダメなら、教員を増やしてはどうか。なんといっても、大半の学校には教師がたったひとりしかおらず、しかも大人数のクラスを受け持っている。しかし、1クラスあたりの生徒人数を減らしても、やはり目に見える改善はなかった[27]。

教育を向上させるための常套手段がことごとく失敗するのを目の当たりにしても、彼はあきらめなかった。彼には、ケニアの子どもたちの教育を向上させるすべはないという結論を受け入れる気などさらさらなかった。そんなとき、世界銀行にいる友人から提案されたのが駆虫プログラムだった。

腸内寄生虫は先進国ではほとんど知られていないが、全世界で10億人以上の人々が感染している[28]。ＡＩＤＳ、がん、マラリアほど死者が多くないため、そこまで恐ろしいイメージはないが、実際に子どもたちを病に追いやっている。だが、治療は安上がりだ。１９５０年代に開発され、すでに特許切れとなった薬を使えば、1年間、子どもたちの体内から腸内寄生虫を駆除できる。おまけに、学校を通じて薬を配付したり、教師が薬を投与したりすることもできる。

クレマーは、腸内寄生虫の駆除が子どもたちの教育に影響を及ぼすかどうかを確かめる実験を行なった。その結果は目覚ましいものだった。「寄生虫の駆除がここまで有効だとは思わなかったよ」とクレマーは話す。「就学率を高めるもっともコストパフォーマンスの高い方法のひとつだとわかった[29]」

長期欠席はケニアの学校を悩ます慢性的な問題のひとつだが、駆虫によって長期欠席が25パーセントも減少した[30]。実際、治療した子どもひとりあたりで2週間、学校の出席日数が増え、駆虫プログラムに１００ドルを費やすたび、全生徒の合計で10年間分に相当する出席日数が増えた。つまり、ひとりの子どもを1日だけ余分に学校に行かせるのに、たった5セントのコストしかかからない計算になる[31]。駆虫は子どもたちを学校に通わせるのに〝有効〟だっただけではない。信じられないくらい有効だったのだ。

駆虫のメリットは教育だけではない。当然ながら、健康や経済に対するメリットもあった。腸内寄生虫は、貧血や腸閉塞、そしてマラリアなどの発症リスクを高める免疫力低下といったさまざまな疾患をもたらす。[32]駆虫はそうしたリスクを減少させる。さらに、クレマーの同僚たちが10年後の子どもたちの追跡調査を行なったところ、駆虫を受けた子どもたちはそうでない子どもたちと比べて、週の労働時間は3・4時間、収入は2割も多かった。[33]それどころか、駆虫プログラムはあまりにも効果抜群なので、増加した税収によってコストをまかなうことができた。[34]

駆虫に関するクレマーの研究結果が発表されるころには、彼の革命的なアプローチは数々の追随者たちを生み出していた。何十人という聡明な若手経済学者たちが、さまざまな開発計画を対象に何百回と試験を行なった。一方、グレナスターは仕事を辞め、マサチューセッツ工科大学に新設された「貧困アクション・ラボ」のエグゼクティブ・ディレクターに就任。彼女は政策に関する専門知識を活かし、クレマーらの研究が実世界に影響を及ぼすお膳立てを整えた。

２００７年、クレマーとグレナスターはこの研究に基づき、発展途上国の政府に駆虫プログラムを開始するための技術援助を提供する非営利組織「デウォーム・ザ・ワールド・イニシアティブ」を共同で創設した。この組織はこれまでに４０００万件以上の駆虫治療を実施しており、[35]慈善団体の独立系評価機関「ギブウェル」は、同団体をもっとも費用対効果の高い開発慈善団体のひとつと評価している。

人々の役に立つということに関していえば、「無分別」と「無意味」はイコールであることが多い。プレイポンプはその典型的な例だ。トレバー・フィールドと彼の支援者たちは、客観的な事実ではなく感情に流されていた。遊ぶという単純な行為を通じて、村にきれいな飲み水を提供する楽しげな子どもたち。その魅力的なイメージに心を揺さぶられたのだ。ケース財団、ローラ・ブッシュ、ビル・クリントンがプレイポンプを支援したのは、人々の助けになるという客観的な証拠があったからではなく、革命的な技術に興奮したからだ。この活動の批判者たちでさえ、フィールドや支援者たちに悪意があったと糾弾したりはしていない。まちがいなく、彼らは心の底からアフリカ農村部の人々を助けようとしていたのだ。しかし、善意だけに頼って判断を下すのは、災難を招く可能性もある。

プレイポンプが無分別な利他主義の唯一の例ならいいのだが、悲しいかな、プレイポンプは一般的な傾向のなかの極端な例にすぎない(36)。多くの人々は、慈善活動にデータや合理性を取り入れれば美徳が損なわれると思いこんでいるので、人助けについてできるかぎりの知恵を働かそうとは考えない。そのせいで、世界に大きな影響を及ぼすチャンスをみすみす逃しているとも知らずに……。

たとえば、あなたが繁華街を歩いているとしよう。若い美人女性が熱心にあなたを引き止め、話しかけてくる。手にはタブレットを持ち、「ダズリング・コスメティクス」(輝きの化粧品)という社名入りのTシャツを着ている。あなたは熱意に負け、彼女の話を聞く。彼女は化粧品会社の社員で、投資を募っているらしい。化粧品市場は巨大だし、彼女の会社の商品はピカイチ。商品開発に資本の9割以上を投じていて、人件費、流通、マーケティングには1割も費やしていないので、会社の経営は非常に効率的で、抜群の投資利益を見込めるという。さて、あなたならこの会社に投資するだろうか?

もちろん投資しないだろう。企業に投資するとしたら、専門家に相談したり、さまざまな企業とダズリング・コスメティクスの業績を比較したりするはずだ。いずれにしても、いちばん投資価値の高そうな企業を見繕うため、できるかぎりの証拠を集めるだろう。実際、路上の勧誘を真に受けて企業に投資するようなお人好しはまずいない。だからこそ、先ほどのような架空の状況はまずありえないのだ。それでも、毎年何十万という人々が、口の達者な見知らぬ資金調達者に頼まれただけで、聞いたこともないような慈善団体にポンとお金を寄付してしまう。しかも、寄付したお金がどう使われたのかを知る手段さえないのがふつうなのだ。

企業への投資と慈善団体への寄付のひとつのちがいは、慈善団体の多くには適切なフィードバックの仕組みがないという点だ。ひどい企業に投資すればお金を失う。だが、ひどい慈善団体に寄付をしたとしても、それが失敗だったことさえおそらくわからずじまいだろう。シルクと謳われているポリエステルのシャツを買えば、すぐにそうと気づく。しかし、「フェアトレード」の刻印が押されているコーヒーを買っても、それが生産者の助けになるのか、害になるのか、あるいはなんの意味もないのかを確かめる手立てがない。ユニセフやSKATの独立した報告書がなければ、プレイポンプ・インターナショナルは支援者にとって大成功に見えただろう。[37] 慈善活動をしても有意義なフィードバックが返ってこないせいで、自分が本当に人々の役に立っているのかどうかを実感として理解できないわけだ。

クレマーとグレナスターが成功したひとつの理由は、人々の役に立つ最善の方法がわかっていると決めつけなかったからだ。ふたりは実際に行動を起こす前にさまざまなアイデアをテストした。テストから得られた証拠に基づいて今までの考え方を見直し、その証拠が示すとおりの行動を取った。プレイポンプの場合とは対照的に、もっとも効果的なのは驚くほど平凡なプログラムだった。デウォーム・ザ・ワールド・イニシアティブの現代表グレース・ホリスターは、「駆虫はたぶんもっとも地味な開発計画でしょう」と話す。[38] しかし、心を揺さぶるプログラムではなく、効果的なプログラムに着目した結果、彼らは並々ならぬ成果をあげ、無数の人々の生活を大きく向上させた。

クレマーとグレナスターは、私が「効果的な利他主義」と呼ぶ考え方を見事に体現している。効果的な利他主義で肝要なのは、「どうすれば最大限の影響を及ぼせるか？」と問い、客観的な証拠と入念な推論を頼りに、その答えを導き出そうとすることだ。いわば慈善活動に対して科学的なアプローチを取り入れるわけだ。何が真実なのかを素直で中立的な視点から突き詰め、それがどういう真実であろうと真実だけを信じると誓うのが「科学」であるとするなら、何が世界にとって最善なのかを素直で中立的な視点から突き詰め、それがどういう行動であろうと最善の行動だけを取ると誓うのが「効果的な利他主義」なのだ。

その言葉が示すとおり、「効果的な利他主義」は「効果的」と「利他主義」というふたつの要素からなる。ここで、それぞれの要素の意味を明確にしておきたい。私が使う「利他主義」という言葉は、単純にほかの人々の生活を向上させるという意味だ。利他主義には自己犠牲がつきものだと考える人々も多いけれど、自分自身の快適な生活を維持しつつ相手にとってよいことができるなら、それに越したことはない。私はそれを喜んで利他主義と呼ぼう。もうひとつの要素は「効果的」という部分だ。これは手持ちの資源でできるかぎりのよいことを行なうという意味だ。効果的な利他主義では、単に世界をよりよくするとか、ある程度よいことを行なうのではなく、できるかぎりの影響を及ぼそうとする。ここは重要なポイントなのでまちがえないでほしい。ある行動が「効果的」かどうかを判断するには、どの行動がどの行動よりも優れているかを理解しなければならない。その目的は、誰かをとがめたり、ある慈善活動に「価値がない」と主張したりすることではなく、よいことをする最善の方法を明らかにし、その行動を最優先することにある。なぜそれが重要なのか？　これからじっくりと説明していくとおり、よいことをする最善の方法というのが、ほかの方法と比べて桁違いに勝っているからなのだ。

私が効果的な利他主義の発案にかかわったのは、オックスフォード大学の大学院生時代だった。[39]当時、すでに慈善団体への寄付を始めていた私は、私の寄付金ができるかぎり人々の役に立つようにしたかった。そこで、私はオックスフォード大学のポスドク研究者のトビー・オードと一緒に、発展途上国の貧困と戦う慈善団体の費用対効果を調べはじめた。すると、驚愕の結果が出た。最高の慈善団体は、ただ単に〝優良〟なだけの慈善団体と比べて、数百倍も人々の生活を向上させる効果が高かったのだ。２００９年、トビーと私は収入の1割以上をもっとも費用対効果の高い慈善団体に寄付することを奨励する組織「ギビング・ワット・ウィー・キャン」を共同創設。同じころ、ニューヨークのヘッジファンドで働くふたりのアナリスト、ホールデン・カルノフスキーとエリー・ハッセンフェルドが仕事を辞め、同じ1ドルでもっともよいことができる慈善団体を厳密に分析する組織「ギブウェル」を創設した。

そこから、効果的な利他主義の輪が広がっていった。私たちは効果的な利他主義の原理を人生のあらゆる分野に活かせると気づいた。慈善団体の選択はもちろん、キャリア選び、ボランティア活動、購入する商品の選択、そして不買活動の対象にも。この視点に基づき、私は２０１１年、世の中に最大限の影響を及ぼせるキャリア選びについて助言やコーチングを行なう組織「８００００アワーズ」を共同創設した（私たちの一般的な生涯労働時間である8万時間にちなむ[40]）。

本書ではこれから、世界をよりよくする効果的な利他主義のアプローチについて、より詳しく説明していく。ただし、私が伝えたいのは単なる事実の羅列ではなく、あなた自身が人生で活かすことのできる人助けの新しい考え方だ。本書のパートⅠでは効果的な利他主義の考え方について、そしてパートⅡではその考え方を具体的な問題に活かす方法について説明したいと思う。

まずパートⅠでは、効果的な利他主義が掲げる次の5つの重要な疑問について、各章でひとつずつ探っていきたいと思う。

①何人がどれくらいの利益を得るか？
②これはあなたにできるもっとも効果的な活動か？
③この分野は見過ごされているか？
④この行動を取らなければどうなるか？
⑤成功の確率は？　成功した場合の見返りは？

この５つの重要な疑問について考えるだけで、何かよいことをしようとするときに陥りがちな落とし穴を避けられる。疑問①は、それぞれの行動が人々の生活をどう向上させるかについて具体的に考えるのに役立つ。そうすれば、最終的に人々の生活向上に結びつかない活動に時間やお金をムダ遣いしなくてすむ。疑問②は、単に〝優良〟なだけの活動ではなく最高の活動に専念するための疑問だ。疑問③は、比較的注目度が低く、影響を与えるチャンスがまだ十分に残っている分野へと目を向けるのに役立つ。疑問④は、自分がやってもやらなくてもどのみち行なわれる活動を避けるのに役立つ。疑問⑤は、不確実性について正しく考えるきっかけになる。そうすれば、成功の確率は低いが成功すれば大きな効果が見込める活動と、確実に小さな効果がある活動、どちらを選ぶべきかを判断できる。

この５つの疑問を考えあわせることで、効果的な利他主義の道しるべとなる疑問に答えられる。「どうすればよいことを最大限に行なえるのか？」。先ほどの５つの疑問は、世界をよりよくする効果的な利他主義のアプローチの根幹をなすものだ。

パートⅡでは、この５つの疑問を具体的な分野へと応用してみたい。私の寄付金をもっとも効果的に活かしてくれる慈善団体を見つけるには？　世の中に対して最大の影響力を持つキャリアやボランティア活動を選ぶには？　エシカル消費を通じて世の中にどれくらいの影響を及ぼせるのか？　世界の数ある問題のなかで、注目すべき問題をどう選べばよいか？　本書では、こうした問題について考えるためのフレームワーク、つまりもっとも重要な検討事項について一通り考えるためのチェックリストを提供する。そして、効果的な利他主義の考え方が、人生のあらゆる面でより大きな影響を及ぼすのに役立つということを証明したいと思う。そのフレームワークと5つの重要な疑問は、参照しやすいよう付録にすべてまとめてある。

しかし、さっそく本題に入る前に、なぜこの5つの疑問について考えることが重要なのかを説明させてほしい。世の中のためにすばらしいことをしたいという意志さえあれば、誰にでもそうするだけの力はある。なぜそう断言できるのか？　次章ではその理由を説明したいと思う。

第1章　私もあなたも、恵まれた1パーセント
——あなたに何ができるのか？

　２０１１年秋、「ウォール街を占拠せよ」運動〔米国の経済界や金融政策への不満を表明するため、金融界の象徴であるウォール街で行なわれた長期にわたるデモ活動〕が広まりはじめると、現状に不満を抱える欧米諸国の市民たちは、富裕国（主にアメリカ）の所得上位1パーセントの人々を指して、「1パーセント」という用語をたちまち連呼するようになった。この用語は、人口の上位1パーセントの富裕層が総所得の24パーセントを荒稼ぎしているというおなじみの統計に由来する。[1] 彼らの年収は金額にすると34万ドル以上となり、アメリカ人の平均年収2万８０００ドルの実に12倍にもおよぶ。「1パーセント対残りの99パーセント」は、たちまちアメリカの所得格差を一言で表わす手軽な表現となった。

　事実、アメリカ国内の所得格差はますます際立っている。１９７９年から２００７年にかけて、典型的な世帯の所得は40パーセントも増加していないが、上位1パーセントの富裕層の所得は２７５パーセントも増加した。[2] ２０１４年の著書『21世紀の資本』で国際的な名声を得たフランスの経済学者トマ・ピケティの指摘によると、アメリカの所得格差は「おそらく世界のどの社会と比べても空前の水準にある」という。[3]

　そう聞くと、上位1パーセントに属さない人々は無力感にさいなまれるかもしれない。しかし、アメリカ

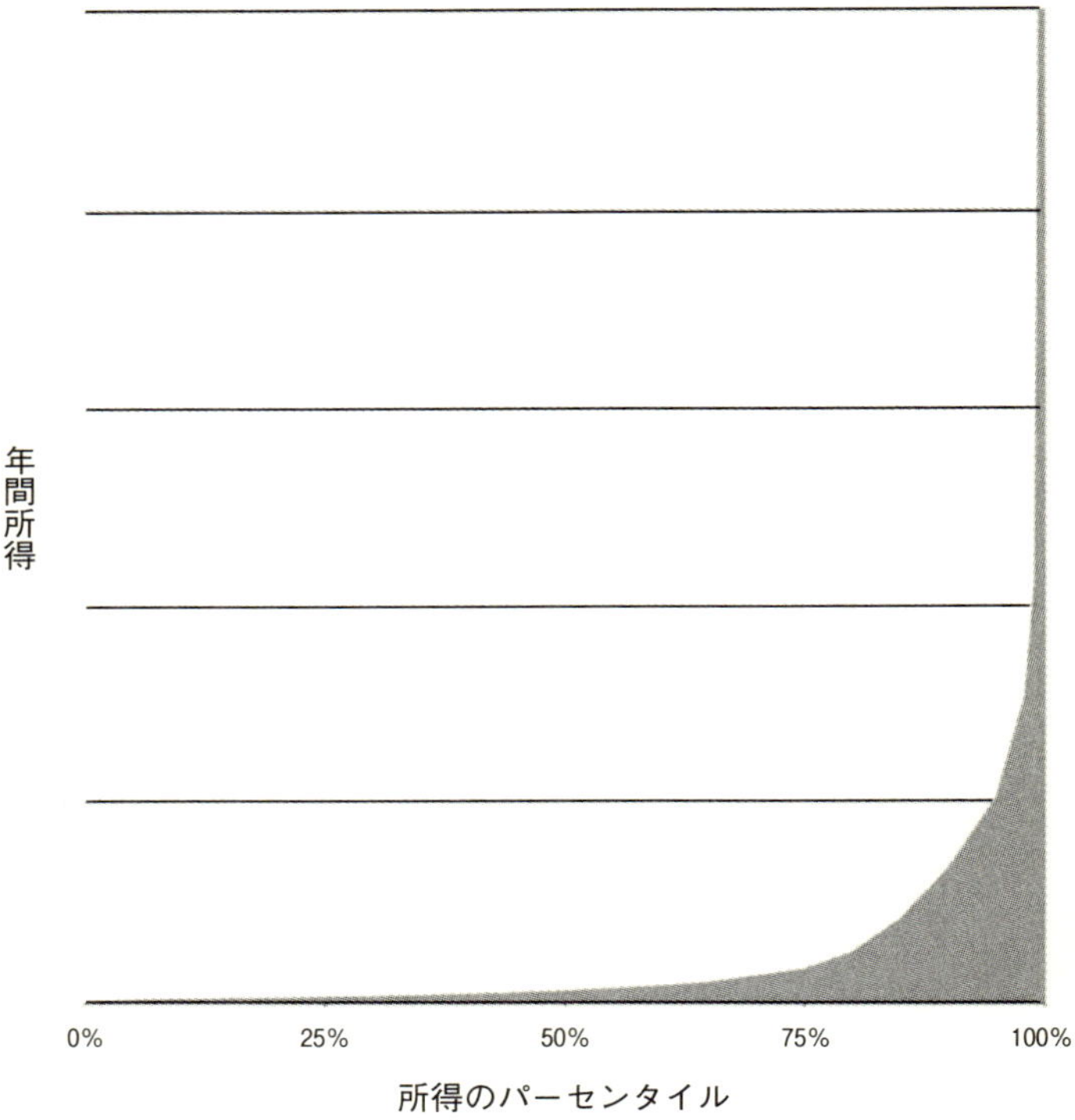

図 1-1　世界的な所得分布　出典：Branko Milanović, PovcalNet

国内の上位1パーセントの富裕層ばかりに着目していると、富裕国のほぼ全員が持つ底知れぬ力を見落としてしまう。アメリカ国内の所得格差だけに着目する人々は、全体像の重要な一部を見逃しているのだ。図1－1に示す世界的な所得分布を見てほしい。[4]

　このグラフは、世界の全人口を所得の少ない順に並べたものだ。0～25パーセントまでの部分は、世界でもっとも所得の少ない下位25パーセントの人々、75～100パーセントまでの部分は、世界でもっとも所得の多い上位25パーセントの人々を指している。全員の所得がまったく同じなら、グラフの線は水平となり、灰色で塗られた部分はきれいな長方形になるだろう。しかし、現実はそうなっていない。世界の最貧困層は収入がほとんど0の線に近い。上位10パーセントあたりになると所得が跳ね上がる。上位1パーセントの富裕層は？　この図をゆうに飛び出してしまう。正確なグラフを描こうとすると、初代ゴジラを上回る23階建て相当のビルの高さが必要になる。(5)

さて、あなたはこのグラフのどのあたりに位置するだろう？　あえて縦軸に数値をつけなかったので、確実にはわからないだろうが、予想してみてほしい。あなたの年収は世界人口の上位何パーセントくらいだと思うか？

私がアメリカやイギリスの市民にこの疑問をぶつけると、だいたい上位30パーセントとか20パーセントとかいう答えが返ってくる。彼らは自分が富裕国の国民だとはわかっているが、銀行家やＣＥＯのような国際的なエリートの一員ではないことも自覚している。そのため、自分が急上昇する曲線の麓あたりにいて、頂上にいる大金持ちたちを見上げていると予想するのだ。私も昔はそう思っていた。

では、縦軸に数値を追加したグラフをご覧いただこう（図1－2）。

あなたが年間5万2０００ドル以上を稼いでいるなら、世界的に見ると上位1パーセントに属する。アメリカの平均年収2万8０００ドルを稼いでいるなら、上位5パーセントだ。(6) アメリカの貧困ラインである年収1万1０００ドルを下回っているとしても、世界の85パーセントの人々よりは裕福だ。私たちはまわりの人々と比べて判断することに慣れきっているので、富裕国の人間が世界的に見てどれだけ裕福かを忘れてしまうのだ。

いまいち納得できない人もいるだろう。私も初めてこの事実を聞いたときはそうだった。「確かに、発展途上国の貧しい人々にはお金がないかもしれないが、物価が安いぶん、同じお金でもたくさんのものが買え

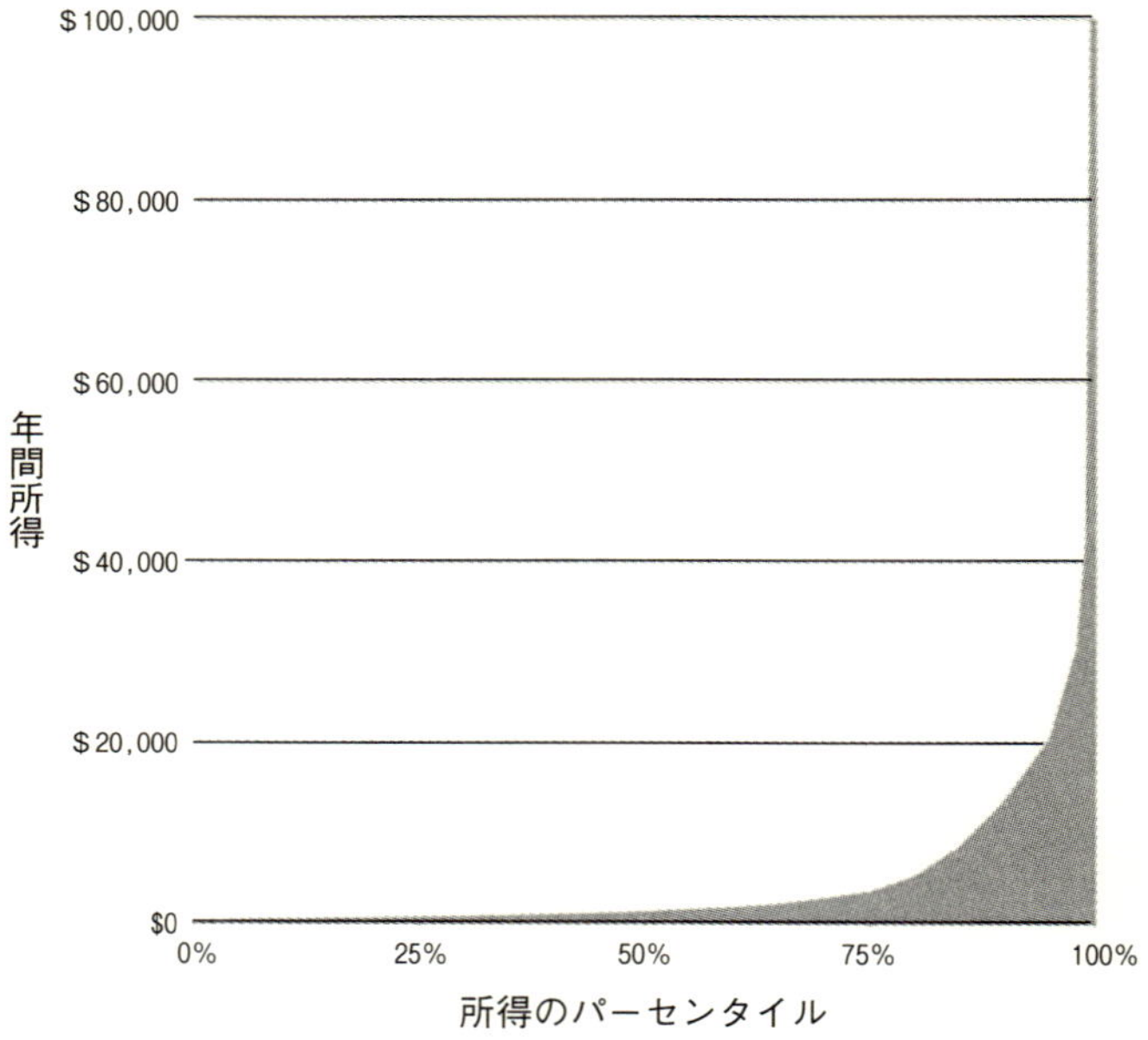

図1-2　世界的な所得分布　出典：Branko Milanović, PovcalNet

るのでは？」と思うかもしれない。

発展途上国に行けば物価が安くなるのは事実だ。私はエチオピアを訪れたとき、首都・アディスアベバの最高級レストランで食事をしたが、会計は10ドル程度だった。あるときなど、１泊１ドルのホテルに泊まったこともある（もちろん、それ相応のホテルだったけれど）。しかし、先ほどの所得格差のグラフは、なんと各国の物価をすでに織りこんだものなのだ。たとえば、世界人口の下から20パーセントの人々を見てみよう。この12億２０００万の人々は、１日あたりの稼ぎが１・５ドルを下回っていて、「極度の貧困層」に分類される。[7]「１日あたり１・５ドル」というと、１・５ドルを現地通貨に換算した金額で、毎日つつましい生活を送っていると思うかもしれない。しかし実際には、２０１４年のアメリカにおける１・５ドル相当という意味なのだ。[8]アメリカで、1・5ドルで何が買えるだろう？　チョコレートバー？　1食分のお米？

まだ納得できないかもしれない。貧困国は自給自足経済だから、1日1・5ドル未満でも暮らしていけるのでは？　お金はないけれど、自分で土地を耕し、農作物を食べて暮らしているのだから、そんなにお金はいらないだろう。しかし、この点もやはり織りこみずみなのだ。たとえば、農業を営むアネットは、農作物を売って1日あたり1・2ドルを稼いでいるが、一方で1日あたり0・4ドル分の農作物を自分で消費しているとしよう。この場合、アネットは1日あたり1・6ドルで暮らしている計算となり、1日あたり1・5ドルという貧困ラインを上回っていることになる[9]。

ここまで聞くと、不思議に思うかもしれない。なぜそんなに少ない収入で生きていけるのか？　死んでしまうのでは？　そう、だから現に死んでいる。少なくとも、先進国の人々よりはずっと高い頻度で。発展途上国の平均寿命が過去数十年間で急上昇したのは事実だが、サハラ以南のアフリカの貧困国の平均寿命は、アメリカの78歳ちょっとに対し、いまだ56歳にとどまっている[10]。その他の面でも、彼らの生活はその収入から想像するとおり厳しい。では、極度の貧困層の生活とはどういうものなのか？　その全体像を理解すべく、マサチューセッツ工科大学の経済学者アビジット・バナジーとエステル・デュフロは、13カ国以上を対象に調査を行なった[11]。その結果、極度の貧困にある人々は収入の大部分を食べ物に費やしながら、1日あたり平均1400キロカロリーしか摂取していないことがわかった。これは体をよく動かす男性、体を非常によく動かす女性に推奨される量の約半分だ。大多数の人々は痩せていて貧血持ちだし、大半の家庭には電気、トイレ、水道がない（ラジオはあるが）。椅子またはテーブルがある家庭でさえ1割に満たない。

しかし、1日あたり1・5ドルという数字には、「2014年のアメリカにおいて1・5ドルで買えるもの」という表現では説明しきれない要素が含まれている。アメリカには極度の貧困が存在しないので、極端に安い商品の市場というもの自体が存在しない。アメリカで買える最低品質のお米は、エチオピアやインドで買えるお米よりははるかに高品質だ。私がエチオピアで借りた1泊1ドルの部屋は、アメリカで借りられるどの部屋よりも劣悪だった（この点は私が保証する）。アメリカで買える最悪の家は、1日あたり1・5ドルという極度の貧困ライン未満の人々が暮らしている泥れんがづくりの家よりははるかにましだ。だからこそ、貧困国では極端に貧しい人でも〝家〟が持てるわけだが、だからといって生活がそう豊かになるわけではない。

世界的に見れば、私たちはお山のてっぺんにいる。だからこそ、私たちには世界をもっとよくする計り知れないチャンスがある。私たちは比較的裕福なので、自分自身よりも発展途上国の人々に対して桁違いに大きな利益を与える力を持っている。つまり、そんなにお金をかけなくても、ものすごくよいことができるわけだ。

実際、どれくらいよいことができるのか？　ごくごく単純化した例で説明しよう。たとえば、開発団体への寄付やフェアトレード商品の購入といった社会活動により、自分は1ドルだけ貧しくなるが、インドの貧しい農家は1ドルだけ裕福になるとしよう。その1ドルは、あなた自身と比べて、インドの貧しい農家にとってどれだけ大きな利益になるだろうか？　金持ちになればなるほど、同じお金が価値を失っていくというのは、経済学の基本法則のひとつだ。なので、あなたや私よりも、インドの貧しい農家にとってのほうが、同じ1ドルでも大きな価値を持つと考えるべきだ。しかし、具体的にどれくらい大きな価値を持つのか？

経済学者たちはさまざまな手法を凝らしてこの疑問に答えようとしている。次章でいくつかの手法を紹介するが、ここではひとつだけ紹介しよう。[12]それは本人に幸福度を直接たずねるという方法だ（その他の手法

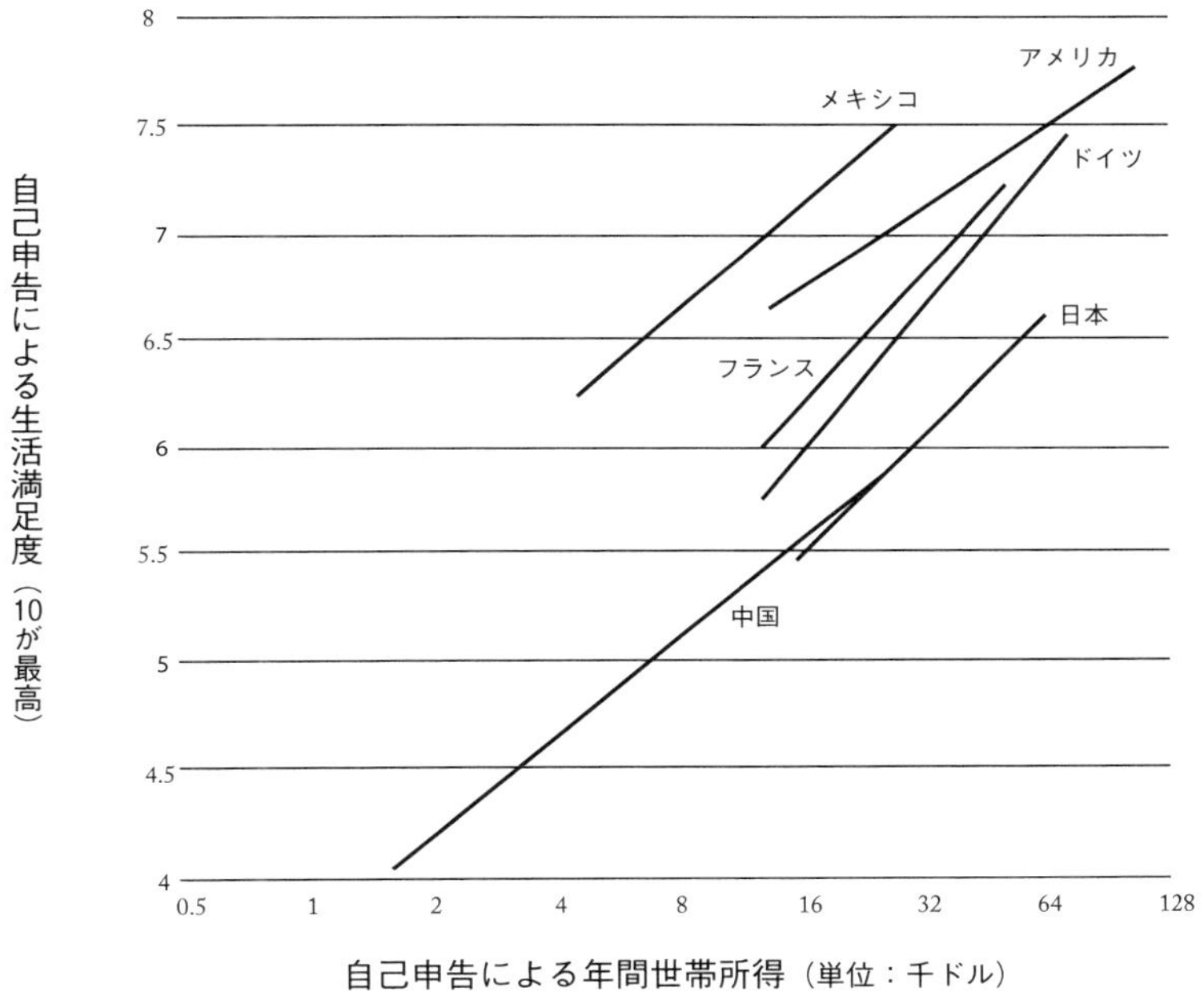

図1-3　生活満足度と所得　出典：Betsey Stevenson and Justin Wolfers

で推定しても、おおむね同じような結論になる(13)。

所得水準と主観的な幸福度との関係を明らかにするため、経済学者たちは各々の所得水準の人々に対して、所得水準と主観的な幸福度の大規模な調査を行なってきた。その結果は図1－3のとおり。このグラフは国内および国家間における所得と主観的な幸福度との関係を示している(14)。

縦軸は自己申告による幸福度。回答者は自分の生活に対する満足度を0から10までで評価した。10はこの上ない幸福であり、現実的に考えて生活がこれ以上よくなることはありえないと考えていることを意味する。0はこの上ない不幸であり、現実的に考えて生活がこれ以上悪くなることはありえないと考えていることを意味する。ほとんどの人々はそのふたつの中間を選ぶ。横軸は年収だ。

このグラフで興味深いのは、所得が倍になるたび、同じ量ずつ主観的な幸福度が増していくという点だ。たとえば、年収1000ドルの人が1000ドル昇給すると、年収2000ドルの人が2000ドル、年収8万ドルの人が8万ドル昇給したときと同じくらい幸福度が増す。

このグラフを見れば、あなたや私よりも非常に貧しい人々にとってのほうが、同じ1ドルでも大きな価値を持つことがわかる。たとえば、あなたが上司の部屋に呼ばれて、来年から給料を2倍にすると言われたとする。きっと大喜びするだろう。先ほどの経済調査の結論から、あなたの給料が2倍になったことにより得られる便益と、非常に貧しいインドの農家の収入が2倍になったことにより得られる便益は等しいことがわかる。あなたがアメリカの平均年収2万8000ドルを稼いでいるとしたら、あなたが2万8000ドルの昇給を得たときの便益は、貧しいインドの農家が220ドルの追加収入を得たときの便益と等しいことになる。

この事実は、同じお金でアメリカの平均的な市民よりも世界の最貧困層の人々に対して100倍も多くの便益を与えられると考える十分な理論的根拠になる。あなたがアメリカの平均的な労働者と同じ稼ぎを得ているなら、世界でもっとも貧しい人々よりも100倍裕福ということだ。つまり、増えた収入はあなたや私よりも貧しい人々にとって100倍も高い価値を持つことになる。もちろん、収入が幸せのすべてだと言うつもりはない。治安や政治的自由など、幸せの要因はほかにもたくさんあるだろう。しかし収入は、どれだけ楽しくて健康的な生活を長く送れるかを大きく左右する。収入を増やすことは相手にとってどれだけ大きな利益になるのか？　この視点に立つことは、自分たちと比べて相手にどれだけ大きな利益を与えられるかを評価する強力な手段のひとつといえる。

ふたつの選択肢のうち、一方がもう一方より１００倍も勝っているケースなんてそうそうお目にかかれるものではない。自分で飲むためのビールは5ドルだが、他人におごるためのビールなら5セントで買えるサービスタイムを想像してほしい。そんなサービスがあったら、きっと多くの人は気前がよくなって、「次の1杯は私がおごるよ！」と言うだろう。だが、私たちの目の前には、常にそんな状況が広がっている。99パーセント割引のセール、1万パーセントの増量サービスが、年じゅう行なわれているようなものなのだ。これ以上の掘り出し物は人生でもそうそう巡り会えないだろう。

この考え方はとても重要なので、私は「１００倍乗数」という名前までつけた[15]。富裕国で暮らす人々は、同じお金で、自分自身よりも発展途上国の人々に対して１００倍以上も大きな便益をもたらすことができるからだ[16]。

１００倍乗数には誰もが驚く。私たちは、これだけわずかなお金でこれだけ大きな利益をほかの人々に与えられるとは思ってもいないはずだ。しかし、私たちはそれだけ異常な場所、異常な時代に暮らしている。

異常な場所というのは、本書を読んでいるみなさんなら、きっと私と同様、おそらく年間1万６０００ドル以上を稼ぐ幸運な境遇のもとで暮らしているはずだからだ。おそらく世界人口の上位10パーセントに属していることだろう。これは恵まれた状況だ。

異常な時代というのは、現在が著しい経済発展を経たあとの時代だからだ。そのおかげで、世界の一部の国々は歴史的に例を見ないほどの富を享受している。１８００年、アメリカのひとりあたりの年間ＧＤＰは（現在の価値に換算して）わずか１４００ドルだったが、今ではそれが4万２０００ドルを上回る。たったの２００年間で私たちは30倍も裕福になったのだ[17]。しかし、その経済発展は著しく不均等でもあった。私たちのように裕福な人々がいる一方で、数十億人がいまだに絶望的な貧困のなかで暮らしている。過去２０００年

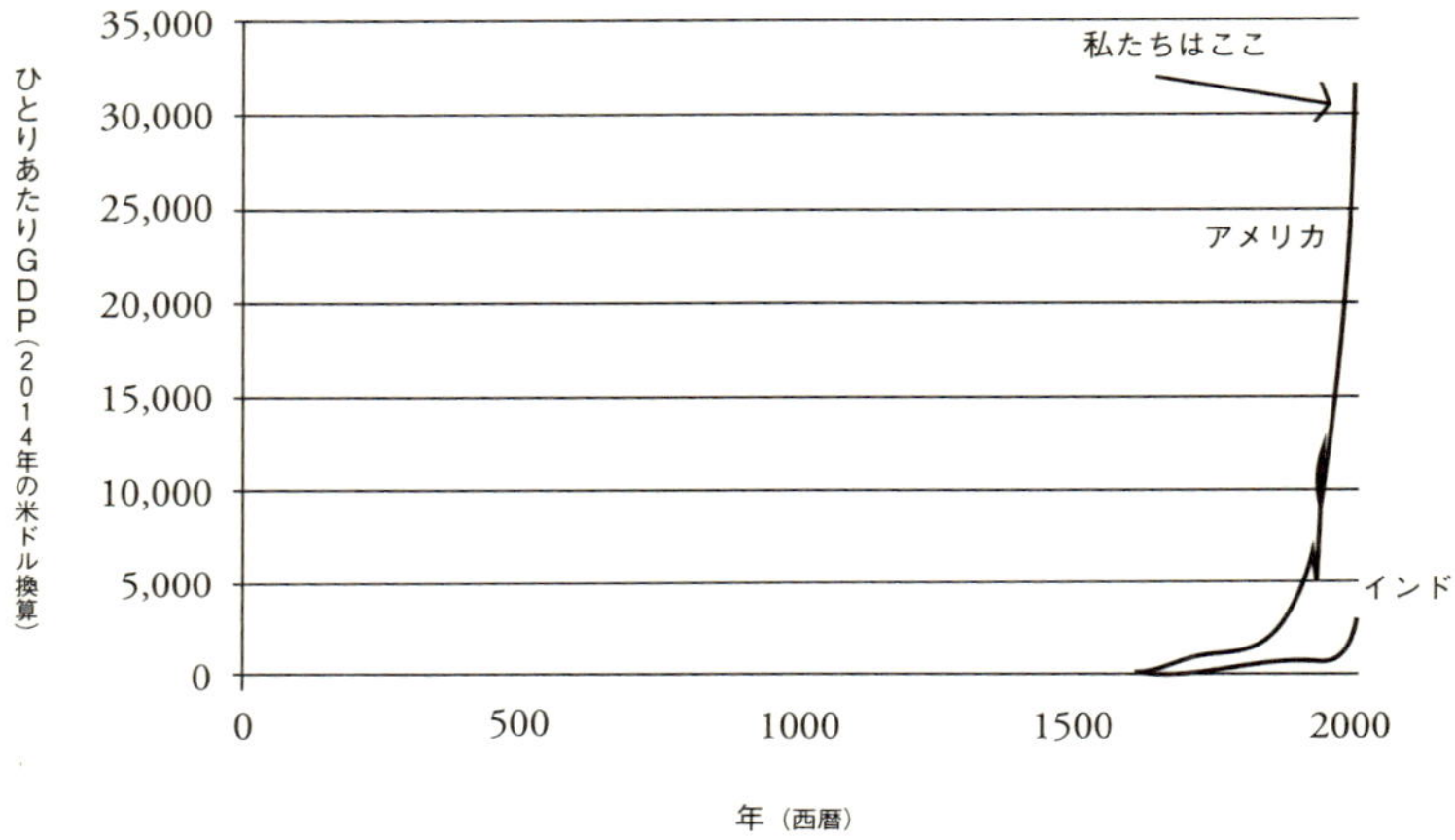

図 1-4　GDP の推移　出典：Angus Maddison

間のひとりあたりGDPを示した図1－4からもわかるように、この事実は直感を大きく裏切る[18]。

20万年前のホモサピエンスの時代から、250年前の産業革命にいたるまで、人類の歴史のほとんどの期間、全世界の平均所得は1日あたり2ドル未満だった[19]。今でも、世界人口の半数以上が1日あたり4ドル未満で暮らしている[20]。大部分の人々が相変わらず貧しい暮らしを送っている一方で、富裕国の私たちは幸運にも、いまだかつてない驚異的な経済成長の恩恵をそっくりそのまま受け継いでいる。

さらに、この経済発展のおかげで、私たちは何千何万キロメートルも離れた人々に関する情報を簡単に集める技術、そうした人々の生活に大きな影響を及ぼす能力、そしてそのもっとも効果的な方法を導き出す科学的知識を手に入れた。つまり、現代の私たちほど世界の人々を助ける力を握っている人間はかつていなかったといえる。

世界の問題の大きさを見るなり、「私ひとりが何をしたって焼け石に水。行動するだけムダでは？」と思ってしまうこともある。しかし、これまでのグラフに表われた調査結果を踏まえれば、この考えは筋違いだとわかる。重要なのは石の大きさではなく水の量だ。そして、その意志さえあれば、大量の水を生み出すことはできる。先ほど説明したとおり、私たちには自分自身よりも１００倍も大きな利益を誰かにもたらすチャンスがある。確かに、世界の問題をひとつ残らず解決することはできないだろう。だからといって、意志さえあれば何千何万という人々の生活を変えられるという事実は、少しも揺るがないのだ[21]。

パートI　効果的な利他主義にとって重要な5つの疑問

第2章　難しいトレードオフ

――疑問1　何人がどれくらいの利益を得るか?

1994年6月21日、ルワンダの首都・キガリ。歴史上もっとも恐ろしい大虐殺のひとつが勃発してから2カ月、ジェームズ・オルビンスキーはある小さな赤十字病院で必死に働いていた。そこは道徳の廃れた大地のなかにぽつんとたたずむオアシスだった。

ルワンダの問題がじわじわと蓄積しはじめたのは数十年前のことだった。(1) ベルギーの初期の植民地支配者たちは、先住民のうち少数派のツチ族のほうが多数派のフツ族よりも人種的に優れていると一方的に宣言した。この制度のもと、ツチ族は植民地支配者たちを支え、フツ族は強制労働に駆り出された。そんな状況が激変したのは1959年だ。ツチによる君主制は転覆し、フツによる共和制へと改められ、ルワンダはベルギーから独立。それでも、事態は改善しなかった。ルワンダの新たな指導者たちは独裁的な軍政を敷き、同国のささやかな富を私物化した。ルワンダで暮らすツチ族の多くは隣国に難民として逃れ、ルワンダはたちまち世界の最貧困国のひとつとなった。

ルワンダが衰退するにつれ、ツチ族に対するフツ族の憤りは増していった。時を追うごとに、ツチ族に対する人種差別的な原理に基づく過激派イデオロギー「フツ・パワー」が人気を集めていった。1990年を迎えるころには、ルワンダの指導者たちは市民をナタ、カミソリの刃、のこぎり、ハサミで武装させ、プロパガンダやヘイトスピーチを放送するラジオ局が新設されていた。ツチ系難民の武装勢力「ルワンダ愛国戦線」による攻撃は、フツの一般市民の恐怖を煽る目的で利用された。1994年、反ツチ感情はピークを迎える。1994年4月6日、ルワンダの大統領が暗殺されると、過激派フツはルワンダ愛国戦線による犯行と主張し、彼らが長年計画していた大虐殺を開始する絶好の機会が生まれた。

オルビンスキーが赤十字病院にやってくるころには、数十万人のツチが殺害されていた。それまで、大虐殺の発生を認めたくない国連は手をこまねくばかりで、ほとんど支援を行なっていなかった。そのため、ルワンダに残っていたのは一握りの非営利組織の職員たちだけだった。後年、オルビンスキーは「国境なき医師団」の代表となり、組織を代表してノーベル平和賞を受け取ることになるが、当時の彼の役割は、ただ治療の必要な人々に治療を施すことだけだった。しかし、これだけの死傷者がいるなかで、彼に何ができたのか？　彼はのちにこう振り返った。

あまりにも多くの人々が次々と運ばれてきた。患者たちの額にはテープで1、2、3という数字が貼られた。1は即治療、2は24時間以内に治療、3は治療不能。3の人々は緊急救命室の向かい側にある道路脇の小高い丘へと運ばれ、なるべく苦しまないよう処置を施されたうえで死を迎えた。体が冷えないよう毛布をかけられ、水とありったけのモルヒネを与えられた。1の人々は担架に乗せられ、緊急救命室かその入口付近へと運ばれた。2の人々は数人ずつ1の人々の後ろに並べられた。(2)

これほどおおぜいの人々が目の前で苦しんでいるのに、そのほんの一部しか助けられなかったジェームズ・オルビンスキーの無念さはいかばかりだったろうか。私自身がこれほど壮絶な苦しみを目の当たりにすることはきっとこの先ないだろう。まったく幸運としか言いようがない。きっとあなたも同じ気持ちだと思う。

しかし、オルビンスキーと私たちの状況はある意味で似ている。死傷者が続々と運ばれてくるのを見て、彼は全員を助けられないと悟った。そして、難しい選択を迫られた。誰を救うか？　誰を見殺しにするか？　全員を助けることはできない。そこで、彼はトリアージを行ない、治療の優先順位をつけた。患者を1、2、3に振り分けることはどうしても必要だった。もし彼がこの冷酷で計算高い行動を取らなければ、死者の数はいったいどれだけ膨らんでいただろう？　もし彼が何も選択を行なわなかったら？　両手をあげて敗北宣言を出していたら？　先着順で治療を行なっていたら？　きっと最悪の選択になっていただろう。

世界をよりよい場所にしようと思うなら、私たちもオルビンスキーと同じような選択をしなければならない。それがこの世界の現実だ。

たとえば、あなたが慈善団体に寄付したいお金を持っているとしよう。あなたがハイチ地震の救援活動に寄付すれば、ハイチの被災者は助かる。しかしそのぶん、ウガンダのＨＩＶと戦う抗レトロウイルス薬やあなたの街のホームレス支援に回すお金はなくなる。あなたの選択の結果、誰の生活がよくなるかが決まる。この難しい選択に直面すると、つい誰にでもいい顔をしたくなるかもしれない。予算にもう少し余裕を持たせて寄付の額を増やしたり、いくつかの活動に均等に寄付したりするだろう。だが、時間と予算は限られているし、すべての問題は解決できない。つまり、結局は「誰を助けるか？」という難しい決断をせざるをえないのだ。

時間の使い方についても同じことがいえる。人助けに使いたい時間が週に2時間あるとする。その時間をどう使うべきか？　炊き出しのボランティア？　問題を抱えた青少年のための相談プログラム？　応援する慈善団体のための資金調達イベントの開催？　ここでもやはり、世界にはいくらでも問題があるし、そのすべてを解決する時間はない。となると、いやでも優先順位をつけざるをえない。

オルビンスキーの状況は、相手が目の前で泣いて助けを求めているという点で、私たちの置かれている状況よりもずっと切迫していた。何かを選択せざるをえないという事実、そして選択しないという決断自体もまたひとつの選択であるという事実からは逃れようがなかった。しかし、慈善活動や寄付の場合、恩恵を受ける相手が私たちの目の前にいるわけではないので、オルビンスキーの身になって考えたときと比べると状況を軽くとらえてしまいがちだ。それでも、状況は同じくらいリアルだ。世界では文字どおり数十億人が助けを求めている。その一人ひとりが助けに値するし、現実的な問題を抱えていて、私たちの行動ひとつでその生活を向上させることができる。だから、私たちは誰を助けるかを決めなければならない。それを決めないのは最悪の決断だからだ。

オルビンスキーと同じ葛藤に面と向きあい、難しい折りあいをつけるべく最善の努力をするのが効果的な利他主義の本質だ。世界をよりよい場所にする無数の方法のうち、最善なのはどれか？　どの問題に今すぐ取り組み、どの問題を次の機会に先送りするべきなのか？　ひとつの行動を別の行動よりも優先するのは、心理的にも現実的にも難しいが、不可能ではない。いくつかの行動どうしを比較するには、「何人がどれくらいの利益を得るか？」と問う必要がある。これが効果的な利他主義のひとつ目の重要な疑問[3]だ。

この疑問に答えるには、まず私たちの取る行動の影響を理解しなければならない。一例として、寄付する慈善団体の選び方について考えてみよう。ある慈善団体に寄付することで世の中にどういう影響を及ぼせるのか？　それを評価するには、その慈善団体があなたの寄付金をどう使うかを正確に知る必要がある。

多くの慈善団体の場合、その答えははっきりしない。たとえば、救世軍のウェブサイトを訪れれば、炊き出し、退役軍人向けのコミュニティ支援、ホームレスの緊急保護施設、低所得家庭の子ども向けのサマーキャンプや課外プログラムなど、救世軍の行なっているさまざまな活動が書かれている。ウェブサイトを詳しく見れば、「社会復帰」「救世軍コミュニティ・センター」「その他の社会福祉事業」といったおおまかな支出カテゴリー別に、収益の何割を費やしているかを確かめられる。しかし、プログラムごとの具体的なコストや、寄付によって実現する内容は記されていない。50ドルもあれば、炊き出しでひとりの1年間分の食事をまかなえるかもしれないが、ウェブサイトの情報だけでははっきりとわからない。

この状況はすっかり当たり前なので、これがどれだけ異様な状況なのかを考えたことすらないかもしれない。しかし、もしスーパーがそれと同じだったらどうだろう。店内に入ると商品に値札がまったくついておらず、店主に「今日のご予算は？」と訊かれたらどう思うだろう？　あなたがいくらかお金を預けると、店主が商品を勝手に選んで渡してくれるとしたら？

もちろん、バカげている。もしスーパーがそういう仕組みだとしたら、よい店と悪い店をどう判断できるだろう？　ある店は同じ商品に10倍の代金を取るかもしれない。しかも、お客は買う前にそういう店を見分けられないのだ。

こんな食料品の買い方がバカげていると思うなら、なぜ慈善団体への寄付では同じことを思わないのか？　慈善団体の場合、あなたは自分自身ではなくほかの人々のために何かを買っている。しかし、あなたのお金を人助けのために効果的に使いたいなら、自分のものを買うときと同じくらい真剣に考えるべきなのだ。

時には、寄付金の使い道を明言している慈善団体もある。たとえば、非営利団体「ユナイテッド・ウェイ」のニューヨーク市支部の「今すぐ寄付」ページには、50ドルの寄付でひとつの家庭に5冊の育児ガイドブックを配付できると書かれている。これは方向性としては正しい。しかし、「50ドルで5冊」という数字が正しいとしても、その本が家庭にとってどれだけの価値を持つのかが不明なので、これでもまだ役立つ情報とはいえない。(4) 家庭に本を配付することには、本当に価値があるのか？　それがわからないかぎり、本を寄付する気にはなれない。その本で子どもの学業成績が向上するのか？　世の中への理解が深まり、家族の生活が豊かになるのか？　その本で誰の生活も向上しないとしたら、50ドルの寄付はムダになってしまう。

この問題を解決するには、配付された教科書の冊数のような中間基準ではなく、むしろ生活の向上という観点で考えるべきだ。さまざまな行動どうしを本当の意味で比較しようと思うなら、その行動によってもたらされる便益の大きさという観点から、影響度を測る必要がある。

便益を比較しやすいケースもある。今いちど、オルビンスキーの例を振り返ろう。ひとりの手足の切断を防ぐよりも、ひとりの命を救うほうが価値は大きいので、どうしても二者択一を迫られたら、彼は命を救うほうを選んだはずだ。同じように、ひとりの命を救うよりも5人の命を救うほうがメリットは大きい。(5) なので、たとえば1件の複雑な救命手術を行なう時間で、5件の単純な救命手術が行なえるなら、明らかに単純な手術のほうを優先すべきだ。

しかし、もっと判断の難しいケースはたくさんある。5歳の命と20歳の命のどちらか一方だけを救えるとしたら、どちらを選ぶべきか？　10人をＡＩＤＳから救うのと１００人を重い関節炎から救うのでは？　ひとりの女性をＤＶから救うのとひとりの子どもを学校に行かせるのではどうだろう？

健康に関していえば、経済学者たちはこうした疑問に答えるため、数十年前から研究を行なっている。(6) そ

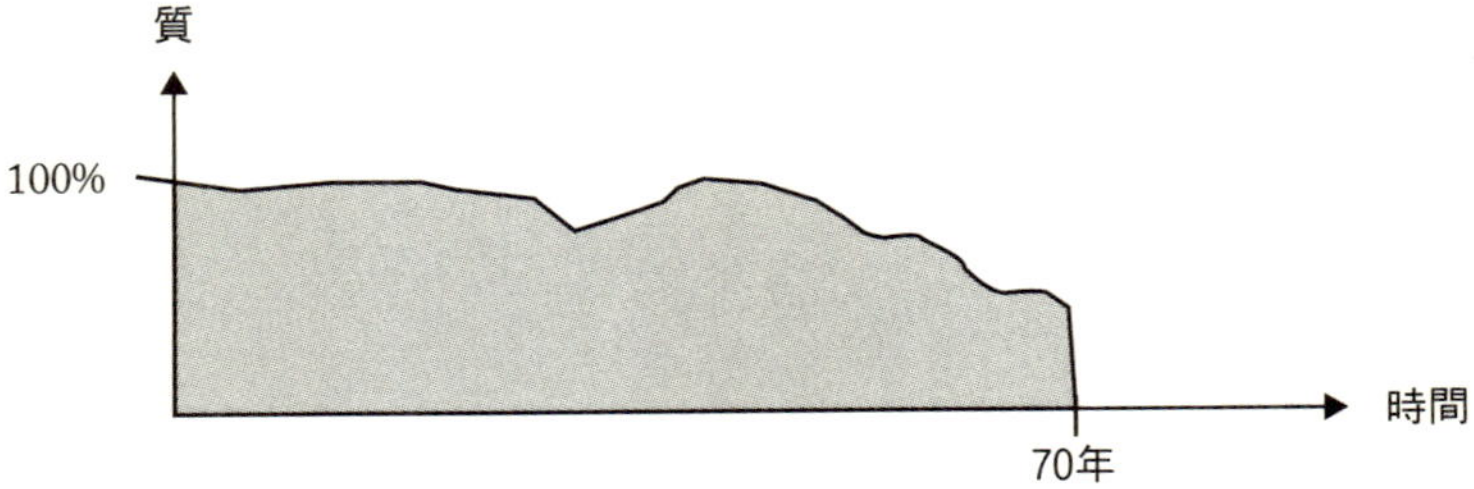

図 2-1　生活の質の時間推移

うして編み出された指標のひとつとして、「質調整生存年（QALY、クウォリー）」がある。QALYはさまざまな医療プログラムの優先順位づけに用いられる。

QALYの概念は、人間の健康を向上させる方法は2通りあるという考え方がもとになっている。ひとつ目は、〝命を救う〟こと（あえて二重引用符で囲んだのは、命を〝救う〟というのはただ単に寿命を延ばす行為にすぎないからだ）。ふたつ目は、生きているあいだの生活の質を向上させること。偏頭痛は命を奪うわけではないが、偏頭痛持ちのひとりとして、私は偏頭痛が生活の質をおおいに下げることを身にしみて知っている。

このふたつをひとつの指標へとまとめたものがQALYだ。自分自身の健康状態について、どのような交換条件に応じるか？　その調査データを用いて、さまざまな種類の病気や障害の深刻度を評価するのだ。たとえば、未治療のAIDSを抱える人々は、平均すると、みずからの生活の質を完全に健康な状態の50パーセント程度と評価している。同様に、脳卒中を起こした人々は75パーセント、中程度のうつを抱える人々にいたってはわずか30パーセントと評価している。[7]

グラフを使ってQALY指標を解説してみよう。図2-1のグラフはごく一般的な人の生活の質の時間推移を示したものだ。

このグラフに描かれている人は、35歳で一時的に体調を崩したものの、人

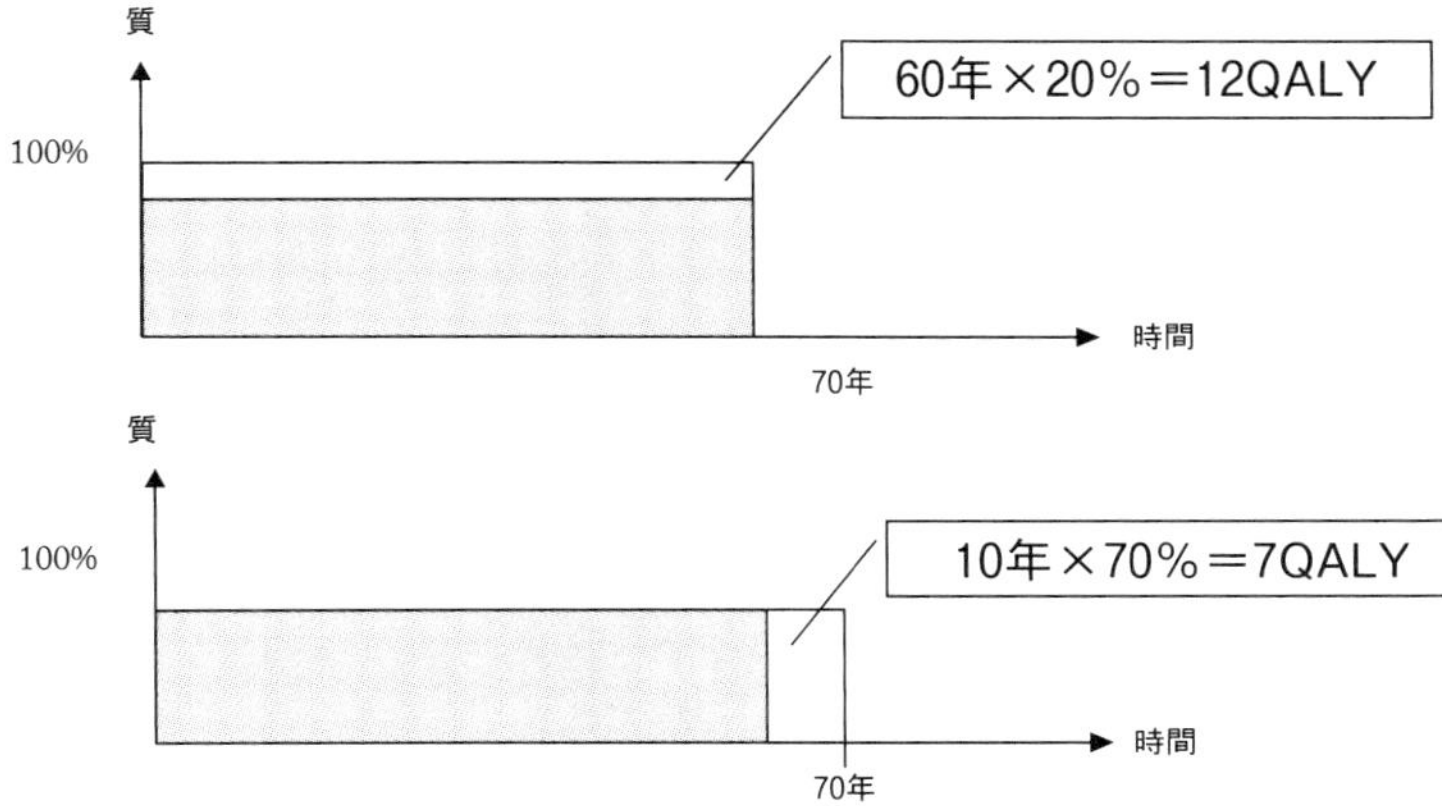

図2-2　生活の質の時間推移

生のほとんどの時期をとても健康的に過ごしている。老年期を迎えると少しずつ健康が悪化しはじめ、72歳で亡くなっている。

図2－2のふたつのグラフは、誰かの生活を向上させる2通りの方法を示している。

ひとつ目のグラフは、生活の質を60年間にわたって20パーセント改善したケース。この場合、60×20％＝12で合計12QALYとなる。ふたつ目のグラフは、現在70パーセント健康な人の寿命を10年間だけ延ばしたケース。この場合、10×70％＝7で合計7QALYとなる。QALY指標を使えば、それぞれの人が受け取る便益の大きさを数値化することができる。

興味がおありなら、あなた自身の生活の質も計算してみてほしい。たとえば、あなたが人生のある時点から病気や疾患を抱えたとしよう。仮に、あなたが私と同じく腰痛に悩んでいるとして、こう自問してみてほしい。完全に健康なときの生活の質を10点とするなら、腰痛がある日の生活の質は何点くらいだろう？　答えるのは難しいかもしれない。そこで、より正確な判断をするひとつの方法として、どういう交換条件にならば応じてもよいかと考えてみてほしい。完全に健康な状態で1日長く生きるのは、腰痛を抱えたまま何日長く生きるのと同じだろうか？　私の場合、完全に健康な状態で4日長く生きるのと、腰痛を抱えたまま5日長く生きるのなら、とんとんかもしれない。つまり、私は腰痛を抱えた人生が腰痛のない人生の80パーセント程度の質だと考えていることになる。巻末の注記に、生活の質の推定値の正式なリストへのリンクをいくつか載せてあるので、あなた自身の症状の深刻度を評価する参考にしてほしい。[8]

経済学者たちはこのQALY指標を用いてさまざまな治療の費用対効果を評価している。つまり、特定の治療プログラムを試し、治療のコストと健康の改善効果を評価したのち、そこからQALYを導き出すのだ。この評価を治療プログラムごとに行なえば、プログラムどうしを比較して、もっとも費用対効果の高いプログラムを割り出すことができる。財源が限られている場合、ほかの条件がすべて等しいと仮定するなら、QALYが最大になるプログラムに予算を投じるべきだ。

たとえば、こんな架空の例について考えてみよう。あなたの寄付金1万ドルで、40歳のAIDS患者の抗レトロウイルス治療と、20歳の患者の失明を防ぐ手術、どちらか片方だけを施せるとしよう。40歳の患者は、抗レトロウイルス治療を受けないと5年で亡くなり、治療を受けると10年生きられる。20歳の患者は、失明を防ぐ手術を受けても受けなくても70歳まで生きられる（もちろん、実世界では寿命は不明なので、この計算には平均寿命を用いることになる）。抗レトロウイルス治療と目の手術、どちらにお金を出すべきか？　QALYは判断のひとつの目安になる。まず、抗レトロウイルス治療の便益を評価してみる。抗レトロウイルス治療を受けていないAIDS患者は生活の質を完全に健康な状態の50パーセント、治療を受けている患者は90パーセントと評価している。[9]したがって、40歳の患者に抗レトロウイルス治療を施すと、生活の質が5年間、50パーセントから90パーセントに上昇し、寿命が延びた5年間、90パーセントの健康状態で過ごせる。よって、（90％−50％）×５＋（90％×５）＝６・５ＱＡＬＹとなる。

次に、失明を防ぐ手術の便益を評価してみよう。失明した人々は生活の質を健常な場合の40パーセントと評価している。したがって、20歳の患者の失明を防げば、生活の質は50年間、40パーセントから１００パーセントに上昇する。よって、（１００％−40％）×50＝30ＱＡＬＹとなる。このことから、抗レトロウイルス治療よりも目の手術にお金を出すほうが価値は大きいとわかる。ほかの条件がすべて等しいと仮定するなら、抗レトロウイルス治療よりも目の手術にお金を出すべきだ。

もちろん、ＱＡＬＹは健康効果の測定基準としては完璧ではない。たとえば、平均的にいって、人工透析の経験がない人は人工透析を受けるようになると生活の質は39パーセントまで下がると推定するのだが、実際の透析患者は56パーセントと評価している。同じことはほかの疾患にも当てはまる。実際の患者は一般の人々よりも自分の症状を軽くとらえる傾向があるのだ。なぜだろう？　一般の人々はその疾患を抱えた人生がどういうものかを理解していないので、実際以上に深刻にとらえてしまうのだろうか？　それとも、患者は完全に健康な状態の基準を無意識のうちに下げるからだろうか？　真相は不明で、学者たちのあいだでは今もなお議論が続いている。[10]同じように、若者や困窮した人々の死を防ぐことを優先すべきだという意見がある。こちらも賛否両論のある問題であり、すぐに結論は出そうにない。

しかし、本書の目的に関していえば、それぞれの病気や疾患がどれくらい深刻なのかを厳密に数値化することは必ずしも重要ではない。次章で説明するとおり、慈善プログラムによって影響度は天と地ほどちがうので、何人がどれくらいの影響を受けるのかをおおまかに理解するだけでも、たいていの場合は影響が大きいプログラムを見分けるには十分なのだ。

本書では、これからＱＡＬＹの話がよく出てくる。それは、健康の改善が世界をよりよくする唯一の方法だと私が思っているからではない。むしろ、今後の章で説明していくとおり、よいことをする数々の方法のなかで、もっとも効果的で具体的で数値化しやすいものの多くが世界的な健康の改善と関連しているからなのだ。また、健康プログラムのほうがそれ以外の多くの活動よりもずっと良質なデータがある。効果的な利他主義の目的はできるかぎりのよいことを行なうことなので、健康分野はその出発点として最適だ。

さらに、原理的にいえば、QALYの算出に使われたのと同じ手法は、あらゆるものの費用と便益を算出するのに使える。[11] つま先を何かの角にぶつけると、離婚すると、失業すると、あなたの幸福度はどう変わるのか？　QALYと同じ手法を使えば、その度合いを推定できる。名づけるなら、「質調整生存年（QALY）」ならぬ「幸福調整生存年（WALY）」だ。死んだ状態が幸福度0パーセントで、現実的にこれ以上ないくらい幸せな状態が幸福度100パーセント。それぞれの活動が人々の幸福度をどれだけの期間、どれくらい向上させるかを調べれば、各活動の影響力を比較できる。第1章で、収入が2倍になると自己申告の幸福度が5パーセント・ポイント増加するという話をした。この結果に基づくと、誰かの収入を20年間にわたって倍にするのは1WALYに相当する。

幸福度の上昇という観点で考えれば、少なくとも原理上、まったく性質の異なる結果どうしを比較できる。たとえば、あなたが先ほどのユナイテッド・ウェイのニューヨーク市支部に寄付するか盲導犬団体に寄付するかで迷っているとしよう。盲導犬団体が1頭の盲導犬を訓練して目の見えない人に届けるのにおよそ5万ドルの費用がかかる。[12] では、50ドルを寄付するとしたら、5冊の教科書を配付するのと、1頭の盲導犬の訓練に1000分の1の貢献をするのとでは、どちらが効果的なお金の使い道だろう？　一見するとそんな比較はムリだと思うかもしれない。しかし、それぞれの活動が人々の幸福度に及ぼす影響がわかれば、直接の比較ができるのだ。

仮に、1頭の盲導犬（5万ドル）により、ひとりの人の幸福度が9年間（盲導犬の活動期間）にわたって10パーセント・ポイント上昇するとしよう。これは0・9WALYだ。一方、5000冊の本（やはり5万ドル）を配付することにより、500人の生活の質が40年間にわたって0・001パーセント・ポイント上昇するとしよう。これは2WALYに相当する。これがわかっていれば、5万ドルを盲導犬ではなく教科書に費やすほうが価値は高いとわかる。

つまり、究極的なことを言えば、利他的な活動どうしを比較するのが難しい原因は、その活動がどういう結果に結びつくのか、人々の生活をどう向上させるのかがわからないことに尽きるわけだ。いろいろな種類の便益どうしを比較するのは、原理的には不可能ではない。

異を唱える人もいる。たとえば2013年、「チャリティ・ナビゲーター」（第7章で紹介する慈善団体の評価サービス）のケン・バーガーCEOと同僚のロバート・M・ペンナは、ブログ「スタンフォード・ソーシャル・イノベーション・レビュー」で効果的な利他主義への批判記事を書いた。[13] 理念どうしを比べるのは「〝私の理念〟こそが正義であって、あなたの理念は貴重な財源のムダに近い、と決めつける慈善活動の帝国主義にすぎない」とふたりは批判した。ふたりは私信で明らかにしたように、「ある人の利益と別の人の利益を天秤にかけることは不可能」であり、どの活動がもっとも効果的かを決定しようとするのは人の道に反すると考えている。[14]

しかし、ふたりの意見はまったくの筋違いだ。ふたりが正しいとすれば、誰かに追加のデザートをあげるよりも命を救うほうが価値は高いという当たり前の結論さえ出せなくなってしまう。10人の命を救うよりも100万人の命を救うほうがよいとも言えなくなる。医師が軽い風邪ではなく心臓発作の治療に専念できるようトリアージを行なう看護師は、なんの判断基準も持たないということになってしまう。しかし、それはバカげている。確かに、人々の利益を天秤にかけるのは、感情的にも現実的にも難しい。だが、原理的にまるきり不可能なわけではないのだ。

もうひとつ、別の反論について考えてみよう。とかく便益を最大化することにこだわるのは、特定の目標との個人的な結びつきを否定することにはならないか？　家族ががんで亡くなったら、がんの撲滅に情熱を注ぎたいと思うのは自然なことでは？　理論的にはもっとよいことができるとしても、がんの撲滅に取り組んではいけないのか？

この反論は一理あると思う。たとえば２００９年、「ギビング・ワット・ウィー・キャン」を創設するとき、私は同じ1ドルで最大限によいことをしてくれる慈善団体を探そうとしていた。そんなとき、私は「フィスチュラ財団」という組織を見つけた。[15] 産科フィスチュラ（瘻孔《ろうこう》）はとても恐ろしい疾患だ。女性の膣と膀胱または直腸とのあいだに穴が開き、その穴から糞尿が垂れ流しになってしまうのだ。通常は長時間の分娩が原因で起こるが、レイプや性的虐待によって引き起こされるケースもある。栄養不足のせいで女性の骨盤が発達しておらず、帝王切開を行なうだけの医療資源がない貧困国でたびたび発生する。フィスチュラは失禁を伴うので、フィスチュラを抱える女性は村八分となり、仕事につけない場合も多い。

フィスチュラ財団の資金を主に受け取っていたのがエチオピアの首都・アディスアベバにあるハムリン・フィスチュラ病院だった。この病院は手術によるフィスチュラ治療を行ない、アフターケア、カウンセリング、教育を提供している。明らかに価値のある活動だし、とてつもなく人々の役に立っていたが、私は結局、ほかの組織に寄付するほうが人々の生活を大きく向上させられるだろうと結論づけた（私が考えるもっとも効果的な活動については、今後の章で説明する）。

しかし、ひとつ問題があった。数年前にエチオピアを訪問したとき、私はその病院を訪れたことがあったのだ。私はこの病気に苦しむ女性たちとハグをし、訪問への感謝を述べられた。それは忘れられない経験だった。世界の問題の深刻さをまざまざと痛感させられた。フィスチュラは私にとって個人的な結びつきのある問題だった。

では、ほかの組織に寄付したほうがもっと人々の役に立てると知りつつ、フィスチュラ財団に寄付するのが正しかったのだろうか？　私はそうは思わない。もし、もっと効果的だと思う慈善団体があるのに、フィスチュラ財団に寄付するとしたら、私はたまたま困っている本人と会ったことがあるという理由だけで、一部の人々のニーズを優先していることになる。これでは、もっと効果的に手を差し伸べられる人々に対して不公平だ。もし私がエチオピア、またはほかの国の別の施設を訪れていたら？　きっとまた別の心の結びつきが芽生えていただろう。私が世界の別の問題ではなくこの問題を目にしたというのは、単なる偶然にすぎない。

同じ考え方は、一般的にどの活動に取り組むべきかを判断するときにも成り立つ。たとえば、おじががんで亡くなれば、あなたは自然とがん研究への募金活動をしようと思うだろう。誰かの死をきっかけに世界をよりよくしようと思うのは、まちがいなく立派な行為だ。しかし、特定の病気だけに肩入れするのは気まぐれではないだろうか？　もしおじが別の病気で死んでいたとしても、悲劇的であることに変わりはなかったはずだ。近しい人を失ったときに私たちが気にするのは、死ぬ前の苦しみであって、死因そのものではない。もちろん、愛する人を失った悲しみをバネにして、世界をよりよくしようとすることは大切だ。しかし、私たちがそのモチベーションを向けるべきなのは、人命を救ったり人々の生活を向上させたりすることだ。その具体的な方法をひとつに絞るのは、本来もっと手を差し伸べられる人々に対して不公平ではないかと私は思うのだ。

できるかぎりのよいことをしようと思うなら、私たちの行動が及ぼす影響について考える必要がある。そして、私たちの行動が人々の生活の向上にどう結びつくかを考える必要があるのだ。ボランティア活動であれ、キャリア選びであれ、〝エシカル〟商品の購入であれ、何かを決断するときはこう考えるべきだ。この活動にかかる時間やお金は？　何人がその影響を受けるか？　そして何より、人々の生活がどれくらい向上するのか？

こう考えることこそ、「限られた時間とお金をどう配分するべきか？」という難しい疑問に答える第1のステップだ。そして、最善の活動に取り組むことの重要性を理解するのが第2のステップだ。次章ではそのステップについて説明しよう。

第３章　何百人もの命を救う方法
——疑問２　これはあなたにできるもっとも効果的な活動か？

２００９年、ザンビア生まれの経済学者ダンビサ・モヨは、著書『援助じゃアフリカは発展しない』で、援助は「有害」なのでやめるべきだと主張した。[1] 彼女はこの本の前半で自身の意見をこうまとめている。「さて、振り返ってみよう。過去60年間にわたり、１兆ドルを超えるアフリカ向け援助が行われてきたにもかかわらず、見るべきものは多くはない」[2]。彼女のメッセージは多くの人々の心に響き、この本はベストセラーとなった。

援助に対して否定的な意見を持つのは彼女だけではない。２００６年、ニューヨーク大学の経済学者ウィリアム・イースタリーは、『傲慢な援助』と題する著書を記した。[3] 援助はせいぜい効果がなく、下手をすれば害を及ぼすという考え方を広めたイースタリーの著書は、国際的な援助活動は時間と労力のムダだと考える懐疑派たちにとってのバイブルとなった。「世界の貧困に関わる第２の悲劇は、過去50年間、先進国は２・３兆ドルもの援助を供与してきたにもかかわらず、本当に薬を求めている子どもたちに薬が届いていないという現実である。同様に、貧しい家庭にたった４ドルの蚊帳も行き渡らないし、５００万人の子どもの命を救うのに要する母親1人当たり3ドルのお金も届いていない」と彼は記す。[4]

実をいうと、私自身も長いあいだ懐疑派だった。大学卒業後、私は非営利組織の求人には応募しないことを決めた。腐敗した政府が援助された食糧を売って金儲けしているという話を聞き、そんな状況下では自分がよい影響を及ぼすことなんてとうていできないと思ったのだ。開発団体に寄付するたび、私は不安になった。本当に人々の助けになっているのか？ 困窮している人たちがたくさんいるこの世界で、私は恵まれた環境に生まれたことへの罪悪感を和らげようとしているだけなのではないか？

その後、私は開発援助について完全に誤解していたことに気づいた。開発援助の懐疑派たちが描く全体像は見当ちがいなだけでなく、世の中のために何かよいことをしたいと思っている人々にとってはあまり重要ですらない。

懐疑派たちが開発援助を批判する際によく犯すまちがいのひとつが、今までに投じられた金額をことさら強調する点だ。モヨが著書で訴えたように、1兆ドルが援助されてきたというと莫大な額に聞こえるが、あまりにも大きな数字すぎて一般人には理解しにくい。もう少し噛み砕く必要があるだろう。世界全体の年間合計生産高が87兆ドル。[5] アメリカの社会保障費用が年間およそ8000億ドル。[6] 化粧品の売上高が10年間で1兆7000億ドル。[7] そして2001年、ドナルド・ラムズフェルドは米軍に2兆3000億ドルの使途不明金があると発表した。[8] つまり、世界規模で見れば1兆ドルというのは目玉の飛び出るような額ではないのだ。この数値をもっと有意義な形式に変換してやれば、いっそうわかりやすくなる。援助支出が60年間で1兆ドルだとすれば、年間170億ドル弱だ。この額を同期間のサハラ以南のアフリカの平均人口、4億1200万人で割れば、ひとりあたりの受取額は年間40ドルにすぎない。[9] 1兆ドルの支出が数十年間、それも膨大な数の人々に分配されると考えれば、ひとりあたりの援助額は微々たるものになる。

もうひとつ、「見るべきものは多くはない」というモヨの主張もずばりまちがっている。「最底辺の10億人」、つまり過去数十年間で経済成長がもっとも緩やかだった国々の人々でさえ、生活の質は劇的に上がっている。1950年当時、サハラ以南のアフリカの平均寿命はたったの36・7歳だった。それが現在では56歳と、およそ50パーセント増加している。[10] つまり、ダンビサ・モヨが描く全体像は正確ではない。現実には、少額の援助で、世界の最貧困層の福祉が劇的に向上してきたのだ。

もちろん、相関と因果関係はイコールではない。欧米が援助を続けてきたのと同時期に貧困国の人々の福祉が改善したからといって、援助がその原因だという証明にはならない。たまたま時期が重なっただけか、何もしなければ貧困国はもっと発展していたはずなのに、援助のせいで発展にブレーキがかかった可能性すらある。しかし実際には、国際的な援助支出は平均的に見て信じられないほど有益だと考えるだけの有力な根拠がある。モヨは典型的な援助プログラムに着目して援助の不効率性を訴えている。しかし、発展途上国が援助によって受け取った便益の真の全体像をつかむためには、最高の援助プログラムに着目する必要があるだろう。

史上最高の援助プログラムの有力候補のひとつが、天然痘の撲滅だ。[11] 天然痘は恐ろしい病気だった。初めはインフルエンザのような症状に始まり、発熱、筋肉痛、倦怠感、頭痛が起きる。2週間もすると、口、舌、喉にわずかな病変が現われる。その直後、まずは頭部、次に顔面、そして全身の皮膚に膿疱ができる。天然痘に感染した人々の3割は死亡し、そうでなくとも一生ひどい跡が残る。20世紀だけで3億人以上の命を奪った天然痘だが、幸い1977年に根絶された。

これはどれだけの偉業なのか？　わかりづらいのでひとつ比較をしてみよう。たとえば、1973年に世界平和が実現していたとしたら、何人の命が助かっていただろう？　カンボジアのクメール・ルージュの殺害、ルワンダの大虐殺、二度のコンゴ戦争、９・１１テロ攻撃、アフガニスタンとイラクの戦争など、１９７３年以降に起きた戦争、大虐殺、テロの犠牲者数をすべて合計すると、なんと１２００万人にもなる。一方、天然痘は根絶前、年間１５０万～３００万人を死に至らしめた。[12] よって、天然痘による死亡を防ぐことで、40年間でおよそ６０００万～1億２０００万人の命が救われた計算になる。天然痘の根絶は援助の成功例のひとつであり、世界平和が実現した場合の5倍もの人命を救ったのだ。[13]

百歩譲って、懐疑派の主張を受け入れてみよう。仮に過去60年間で、対外援助は天然痘の根絶を除いてまったく成果をあげていないとする。簡単な計算をすれば、仮にそうであったとしても対外援助は掘り出し物だとわかる。過去50年間の世界の援助支出は2兆３０００億ドルだ（モヨの1兆ドルという数字はアフリカのみのもの）。[14] つまり、６０００万人の命が救われたという低い見積もりを用いたとしても、4万ドルでひとりの命が救えた計算になる。対照的にアメリカの政府部門は、ひとりあたり７００万ドル未満で人命が救えるなら、安全性を向上させるインフラに喜んで支出を行なう。[15] 正確な数字を挙げると、環境保護庁が９１０万ドル、食品医薬品局が７９０万ドル、運輸省が６００万ドルだ。つまり、対外援助の成果が天然痘の根絶だけだったとしても、現在アメリカが自国民を救うために喜んで支払うコストの１５０分の１の費用でひとりの死を防ぐことができたわけだ。[16]

この計算は、援助が〝有効〟なだけでなく、平均的に費用対効果が高いことも示している。しかも、この計算でさえ援助のプラスの影響を大幅に過小評価している。予防接種により、予防可能な病気による年間死亡者数は１９６０年の５００万人から２００１年の１４０万人まで下落した。そのあいだに世界人口が2倍になったにもかかわらず。マラリアによる死亡者数は年間３８０万人から約70万人まで、下痢による死亡者数は年間４６０万人から１６０万人まで下落した。もちろん、援助だけがその減少の理由ではないが、部分的に貢献していることは確かだ。援助に回されるお金は世界規模で見れば微々たるものであるにもかかわらず、これだけの成果があがっている。

事実、援助の懐疑派たちでさえ、世界規模の健康問題のような、開発計画のなかでも最良の部類のものは非常に効果的だと認めている。たとえば、『傲慢な援助』の著者ウィリアム・イースタリーは、「天然痘の根絶、河川盲目症やギニア虫症の激減、幼児の下痢性疾患を治療する経口補水療法の広がり、マラリア蚊に対抗するためのDDTの使用（のちに環境上の問題から避けられるようになったが）、はしかなどの子どもの疾患に対するWHOの予防接種プログラムの成功といったように、有名で目をみはる援助の成功談はいくつもある」と指摘している。[17] 彼は自身の見解を総括して、「〝援助の反対派〟と呼ばれる人々でも、援助がすべて失敗だと考えているわけではない。私たちがあなたがた援助機関に対して失敗への苛立ちをあらわにするのは、いくつも成功例を見てきて、まだまだ見足りないと思っているからなのだ」と評している。[18]

確かに、人々を助けようとしてほとんど役に立てなかった例はごまんとある。プレイポンプはその一例だ。しかし、援助が平均的に有効かどうかを評価するには、典型的な事例を見るだけでは不十分だ。最高の事例も見る必要がある。よいことをするという文脈でいえば、この点はとても重要だ。最高の活動は典型的な活動よりも桁違いに効果的なことも多いからだ。その結果、援助活動の典型的な便益はわずかでも、平均的な便益は非常に高くなりうるのだ。

私たちは「典型的」と「平均的」をよく混同してしまう。たとえば、北米の全女性の身長を測定してグラフ化したら、図3－1のようになるだろう。

典型的な北米女性（つまり、その女性より身長の高い人と低い人が半数ずついる状態）の身長は165センチメ

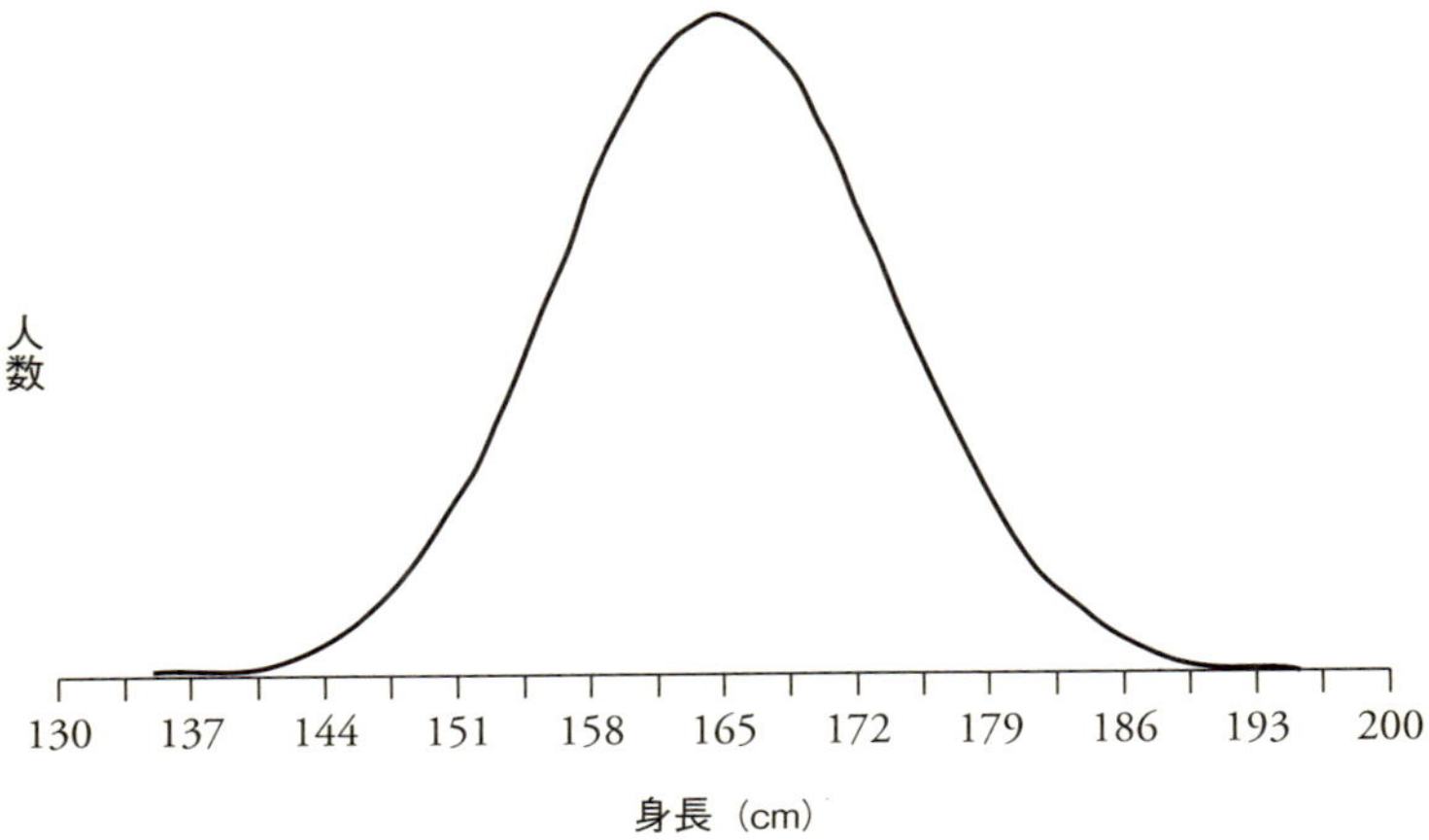

図 3-1　北米女性の身長

ートル。北米女性の平均身長（つまり、全女性の身長を合計して人数で割った値）もやはり165センチメートルだ。身長の場合、典型的な値と平均的な値は一致する。この種の分布は私たちにとってもっとも身近なもので、「正規分布」と呼ばれている。

しかし、すべての分布が正規分布になるとはかぎらない。図3－2を見てほしい。第1章のグラフと同じく、世界的な所得分布を表わしている[19]。

このグラフはそれぞれの所得階層に属する人の人数を示している。身長の分布とのちがいに着目してほしい。このグラフでは、曲線が右側に延々と「裾《テール》」を引いているのがわかる。実際、グラフを紙面に収めるため、年間所得6000ドルのところでグラフをぷっつりと切らざるをえなかった。現実には、世界人口の2割はそれ以上を稼いでいるのだが。

このような分布は「ファットテール分布」と呼ばれる（おそらく「80：20の法則」という言葉を聞いたことがあると思う。一連の活動の価値の8割は上位2割の活動から生み出されるという法則だ。この法則はファットテール分布について述べたものだ）。

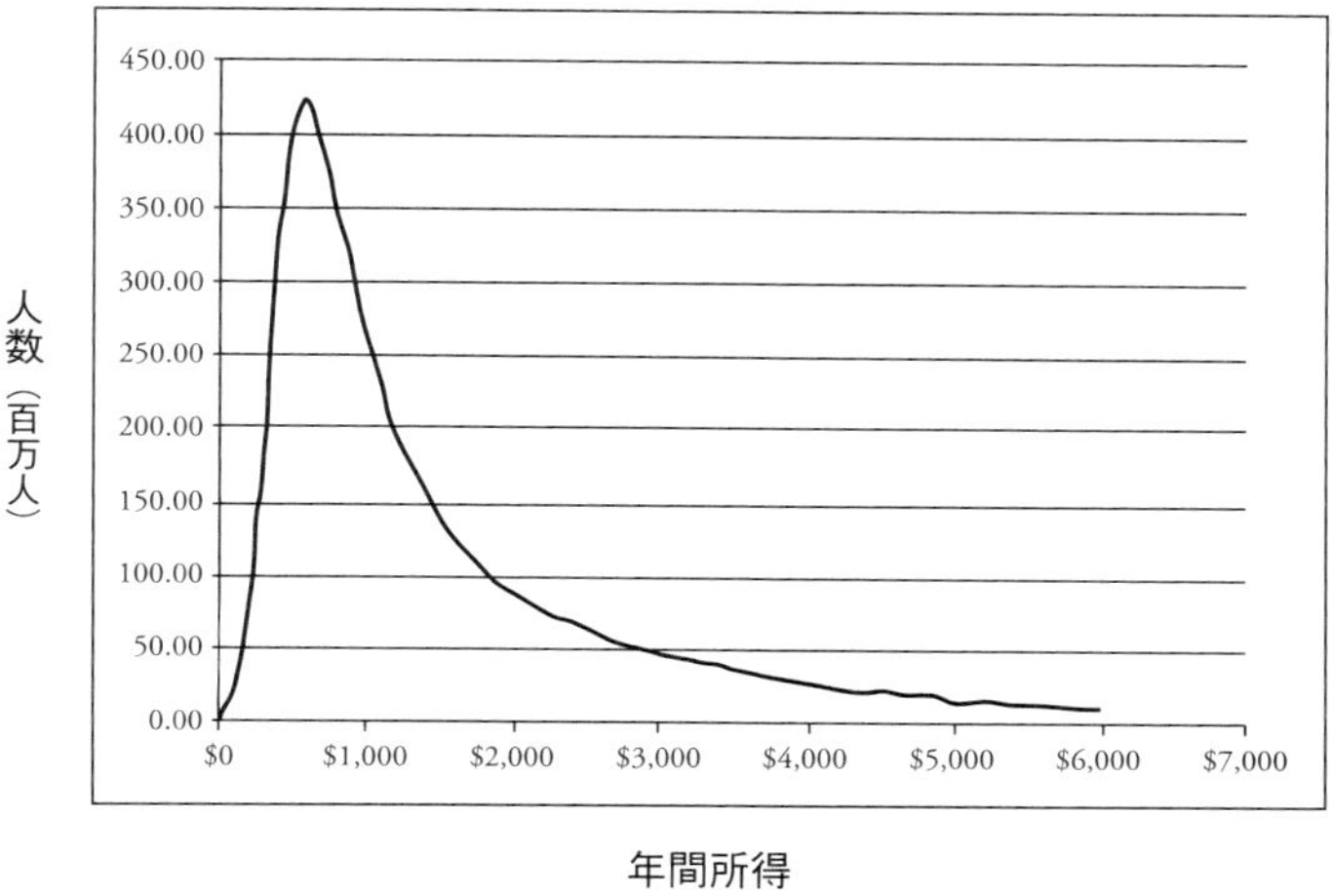

図3-2　世界的な所得分布

ファットテール分布が面白いのは、極端な事象によって特徴づけられるという点だ。極端に身長の低い人々や高い人々はほとんどいないが、極端なお金持ちはある程度いる（もし身長が所得と同じくファットテール分布なら、身長が80メートル以上あって、高層ビルを見下ろす人々もちらほら見かけるはずだ）。だからこそ、世界の平均年間所得１万ドルは、典型的な年間所得１４００ドルよりもずっと高いのだ。富裕層が平均を押し上げるからだ。

そのため、ファットテール分布は直感に反する。だからこそ、所得の不均衡は理解しづらい。私たちは自分が極端な例外だという事実を忘れてしまう。しかし、実際にはファットテール分布はかなり一般的に見られる。たとえば、ほとんどの人々はごく少数の都市で暮らしている[20]。地震の犠牲者の大半はめったに起こらない壊滅的な地震で亡くなる。一握りの単語が印刷物に登場する単語の大多数を占めている（つまり、言語を学ぶときは１０００語ほどの最頻出単語を先に学ぶほうが効率的だ）。慈善に関していえば、ファットテール分布はありふれているように見える。必ずしも価値の８割が上位２割の活動から生

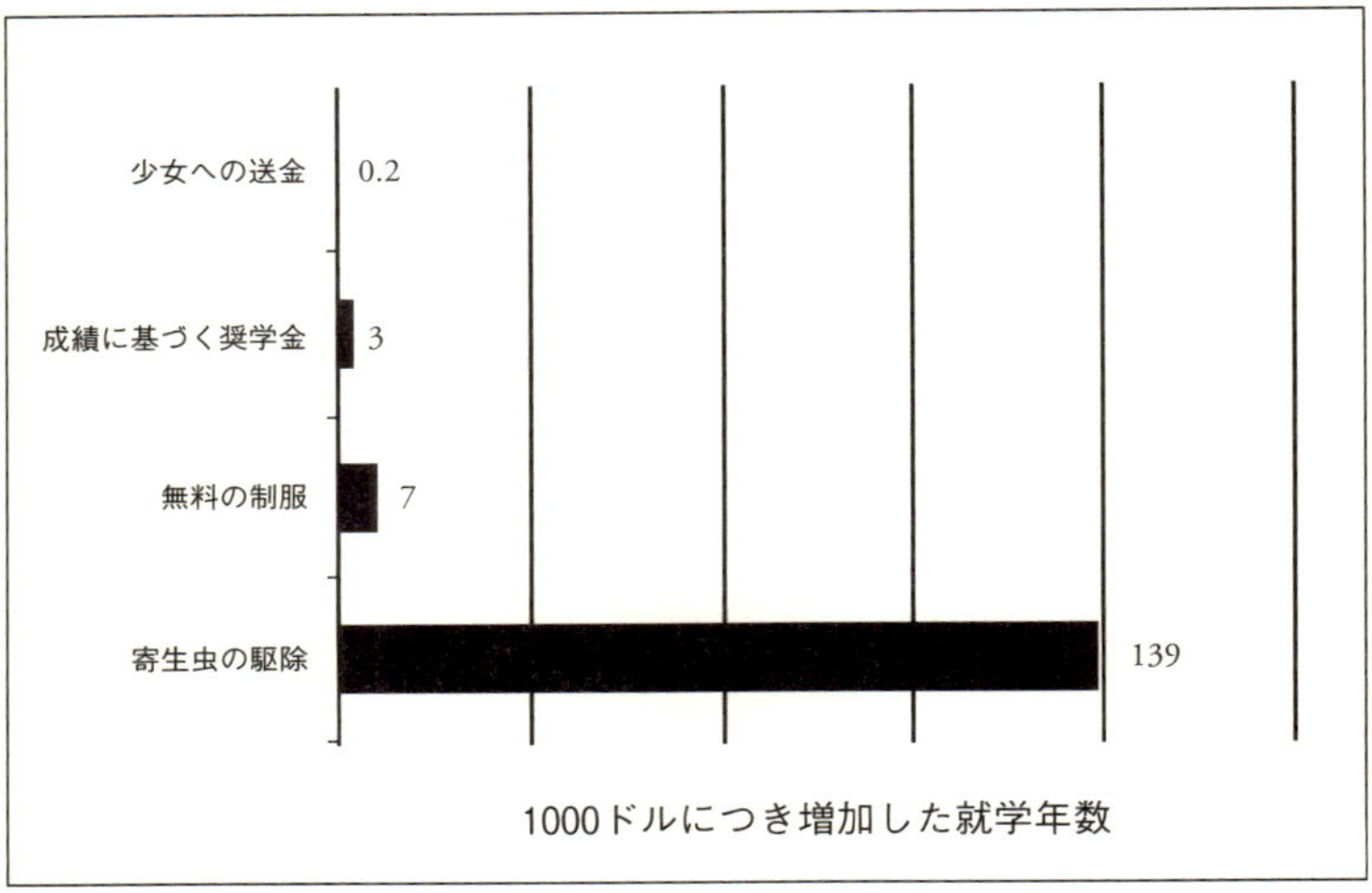

図 3-3 就学率の改善

み出されるわけではない。その比率はもっと極端な場合もあればそうでない場合もある。しかし、価値の大半が最高の活動から生まれているという一般則は広く成り立つだろう。

さまざまな援助活動の有効性をグラフにしたら、ファットテール分布になる[21]。世界をよりよくしたいと思うなら、この事実はたいへん重要だ。なので、ダンビサ・モヨの意見に対して私はこう指摘した。最高のプログラムはずば抜けて有効なので、平均的に見れば援助活動は非常に効果的といえる。しかし、私たちは平均的に有効なだけのプログラムに寄付する必要はない。最高のプログラムだけを選りすぐって支援すれば、桁違いによいことができるわけだ。

例として、ふたつの援助プログラムについて考えてみよう。ひとつ目は発展途上国の教育だ。

図3－3にリストされているプログラムは、いずれも目に見えるプラスの影響があるという意味では〝有効〟なプログラムだ。しかし、その効果となると大違いだ。学校に通う少女に現金の報酬を与えるというプ

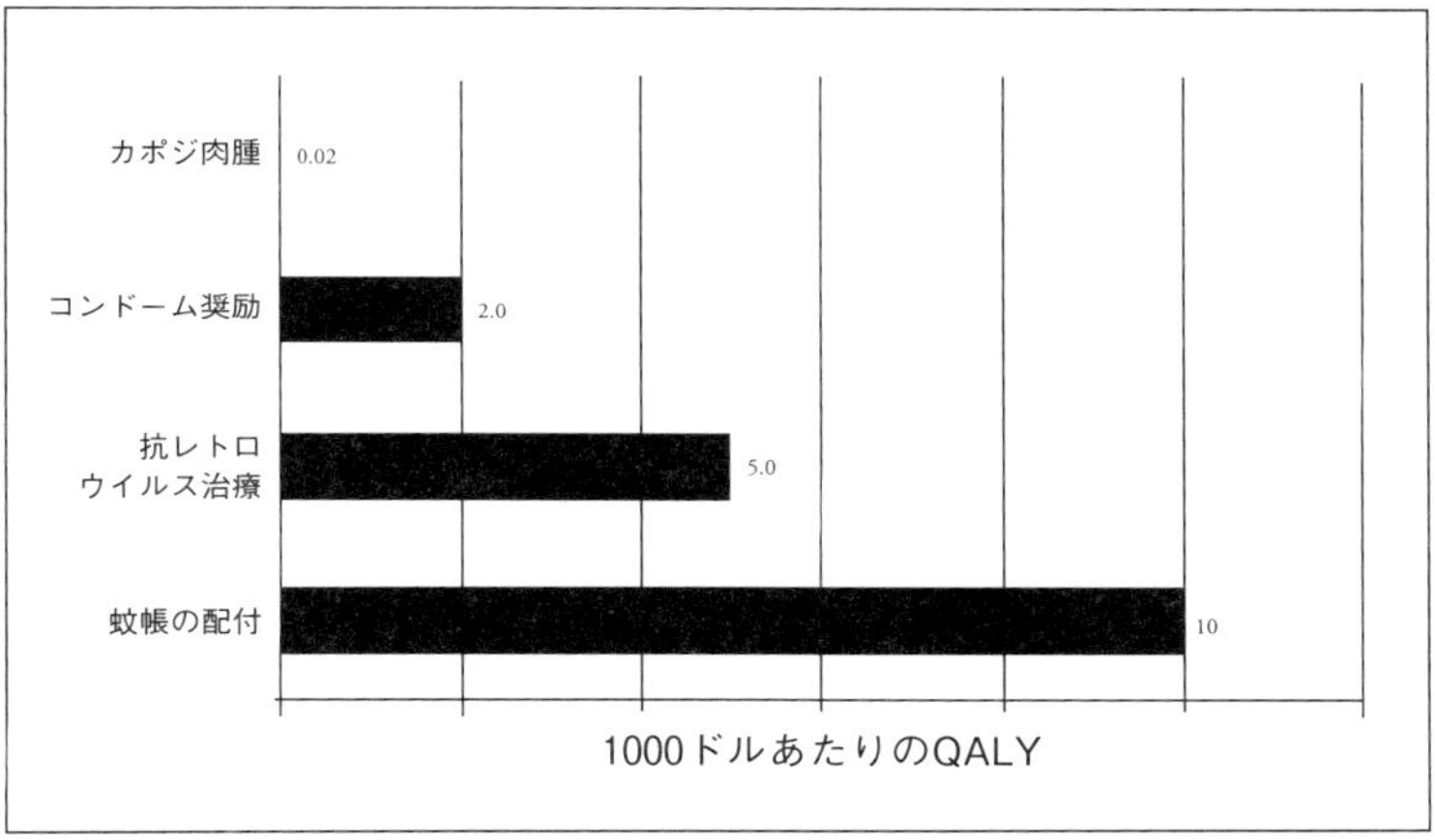

図3-4　健康プログラムの有効性

ログラムでは、就学年数は1000ドルあたり0・2年しか延びていない。小学校の制服の無料支給はそれより10倍効果的で、就学年数は1000ドルあたり7・1年も延びた。しかし、生徒の寄生虫の駆除はそれよりもさらに15倍効果的で、1000ドルあたり139年も延びた。

人々の役に立つという点でいえば、お金を効率的に使うのと、ものすごく効率的に使うのとの差は大きい。だから、「このプログラムはお金の効率的な使い方か?」ではなく、「このプログラムはお金の最高の使い方か?」と問うことが大事なのだ。

発展途上国の健康についても同じことが成り立つ。図3−4は、さまざまな健康プログラムの費用対効果をQALY単位で推定したものだ(1QALYは、ひとりの人間に完全に健康な生活を1年間提供することに相当する)[22]。

この結果は就学率の事例よりもいっそうすばらしい。たとえば、HIV感染者に見られるがんで、皮膚の表面や口内に痛々しい紫色の腫瘍を生じさせるカポジ肉腫について考えてみよう。カポジ肉腫は痛みを伴う腫れを手足に引き起こすことがあり、腫瘍が肺、肝臓、消化管にできると命にかかわるケースもある。ある推定によると、カポジ肉腫の切除手術は見た目上のメリットが主であり、その費用対効果は1QALYあたりおよそ5万ドルである。

カポジ肉腫の治療にお金を使うのは明らかにお買い得であり、アメリカやイギリスの政府、そして私自身が1QALY（つまり完全に健康な生活1年間分）に喜んで支払う金額を大きく下回る。[23] しかし、発展途上国の人々を助けたいなら、カポジ肉腫の治療に寄付するのは明らかに最適なお金の使い道とはいえない。先ほどの推定によると、コンドームの使用を奨励するほうが、カポジ肉腫を治療するよりも100倍も人々の利益になるし、抗レトロウイルス治療はそのまた2・5倍の利益になる。さらに、QALYという指標を使えば、まったく異なる病気を対象にしたプログラムどうしを直接比較できる。持続性の高い殺虫剤入りの蚊帳を購入および配付している「アゲンスト・マラリア基金」（マラリア撲滅基金）に寄付すれば、同じお金をカポジ肉腫の治療に費やした場合と比べ、推定500倍もの便益をもたらすことができる。

ここでもやはり、最高の活動に着目することがどれだけ重要かがわかる。ただ単に影響を及ぼすだけでなく、最大限の影響を及ぼせるようにしなければならないのだ。

こうして推定された費用対効果は単なる推定にすぎないことを覚えておくべきだ。カポジ肉腫、コンドーム配付、抗レトロウイルス治療の数値は、特定の文脈に基づいて出された個別の推定であり、楽観的に見積もられている可能性がある。蚊帳の配付に関する数値はそれよりも信憑性が高い。数値の計算においては、楽観的なバイアスを見越した修正を行なっているし、慈善団体が活動する具体的な文脈も考慮に入れている。それでも、この推定を絶対の真実ととらえるのは禁物だが、ファットテール分布に関していえば、おおまかな推定であっても意思決定にとても役立つ。先ほどのグラフの場合、最高のプログラムは最悪のプログラム（それでもよいプログラムにはちがいないのだが）の500倍も効果的だと推定されている。高いほうの推定が仮に50倍過大評価されているとしても、単に優良なだけでなく最高のプログラムに着目することは、とても重要といえるだろう。

どうすれば最大限に人々の役に立てるのか？　それをじっくりと考えれば、今までより少しだけよいことではなく、桁違いによいことができる。

ひとりの人命を救うところを想像してほしい。炎上する建物に飛びこみ、ドアを蹴破り、煙や炎のなかを突き進んで、幼い子どもを安全な場所まで引きずり出す。もしそんなことをすれば、一生の勲章になるだろう。それが数人の命ならどうだろうか。ある週は燃え盛る建物に飛びこみ、次の週は溺れかけている人を助け、その次の週は銃で撃たれようとしている人をかばったら？　きっと選ばれし人生を送っている気分になるだろう。ニュースになり、ヒーロー扱いされるにちがいない。

しかし、私たちはそれよりもはるかにすばらしいことができる。

もっとも厳密な推定によると、発展途上国でひとつの命を救うのにかかる費用はおよそ3400ドル（1QALYあたり100ドル）だ。[24] これは、富裕国の大半の人々ならほぼ同じ生活水準を保ちながら毎年寄付できるくらいの金額だ。やろうと思えば、生涯でたったひとつの命ではなく、働くあいだ毎年ひとつずつの命を救うことだってできるのだ。慈善団体に寄付するのは、燃え盛る建物のドアを蹴破るのと比べれば確かに地味な行動だが、それに匹敵する価値がある。もっとも効果的な慈善団体に寄付するという単純な行為ひとつで、何十人という命を救える。すばらしいとは思わないだろうか？

本章では、最高の慈善プログラムに着目することがいかに重要かを説明した。そして、最高のプログラムがどれだけ効果的なのかも見てきた。次章では、そうしたもっとも効果的なプログラムを見分けるためのひとつの経験則を紹介する。また、最高のお金の使い方ではなく最高の時間の使い方についても考えてみよう。

第4章　災害支援に寄付してはならない理由

——疑問3　この分野は見過ごされているか?

グレッグ・ルイスが医師になると決めたのは14歳のときだった。イングランドのソールズベリーという閑静な田舎町で生まれ育った彼にとって、その理由は医学の道を志すほかの多くの人々と同じだった。「私が医学を学ぼうとしているのは、人を助けたいからです」と彼は大学の応募書類に記した。(1)

事実、医学の道は世界をよりよくしたいと考える人々にとっては最高のキャリアだ。毎年、アメリカでは約2万人、イギリスでは8000人がメディカル・スクールへと進学しており、その数は年々増加傾向にある。医学が合っていない人々にとっても、世の中のためになるキャリアを選びたいという欲求は広まっている。ある調査によると、若者の7割は倫理的な要素が職探しにとって「重要」だと考えている。(2)「ティーチ・フォー・アメリカ」などの組織は、高い給料よりも世界をよりよくすることを重視する学生をターゲットにして爆発的に成長しているし、「ネット・インパクト」「アイディアリスト」「ethicalcareers.org」などの組織は、社会のためになる職業の選び方についてアドバイスを提供している。テレビ司会者で慈善家のオプラ・ウィンフリーでさえ、ウェブサイトで「世界を変える仕事」の例を挙げている。(3)

しかし、この点についてもう少し客観的に考察してみる必要がある。なぜなら、行動する前によいことをする方法をいまいちど問い直してみるというのが、効果的な利他主義の信条だからだ。果たして、仕事を通じて世の中に影響を及ぼすもっとも一般的な方法は、本当にもっとも効果的なのか？

医療を通じて大きな影響を及ぼそうとしたのが先ほど紹介したグレッグ・ルイスだ。高校の授業でオールAを取り、英国生物学オリンピックで国の代表を務めたあと、彼は夢を追い、ケンブリッジ大学で医学を学んだ。彼は大学でも才能を発揮し、21歳の若さで初の論文を発表した。ところが、医師として歩みはじめると、彼は自分が実際にどんな影響を及ぼしているのか、疑問を持ちはじめた。

そんなのは明白ではないだろうか？　彼は病棟にいるあいだ、施術を行なっているあいだ、日々何人もの命を救い、病気の人々を癒していた。彼の行動から恩恵を受ける人々は彼の目の前にいたのだ！

しかし、グレッグにとっては明白ではなかった。そこで、彼は研究室で磨いた調査力を活かして、新たな疑問を分析しはじめた。ほかの職業ではなく医師を仕事に選ぶことで、自分はいったいどれだけ世の中にとってよいことをしているのだろう？　調査の結果、彼は世の中に影響を与える最善の方法について、今までとはちがう見方にたどり着いた。彼の考え方を説明するには、効果的な利他主義の3つ目の重要な疑問について考える必要がある。この分野は見過ごされているか？

水とダイヤモンド、貴重なのはどっち[4]？

たぶん、みなさんの回答は真っ二つに分かれたと思う。水チームはこう主張するだろう。明らかに水のほうが貴重だ。水がなければ人間は死んでしまう。ダイヤモンドがなくなっても、今までほど美しい宝石がつくれなくなるだけ。たいした差ではない。一方、ダイヤモンド・チームはこう主張するだろう。明らかにダイヤモンドのほうが貴重だ。水のほうが貴重だと思うなら、1ガロン（約3・8リットル）の水と20カラットのダイヤモンドを取引しようじゃないか。フェアな取引だろう？

さて、どちらのチームが正しいだろうか？　両方ともまちがっていない。すべては文脈次第だ。ある意味、飲み水は私たちが生きていくのに欠かせないので、非常に価値がある。よって、飲み水の平均的な価値は高くなる。しかし、水がすでに豊富にあるなら（先進国）、追加の水1ガロンの価値はきわめて低い。欧米の先進国の市民である私が、1ガロンの余分な水を持っていたとしても、ある晩に少しだけ深いお湯につかれるくらいだ。だからこそ、私が今この文章を書いているニューヨーク市では、1ガロンの水道水が0・015ドル、つまり2セント足らずで買えるわけだ[5]。

一方、ダイヤモンドの平均的な価値が水よりずっと低いとしても、追加の（限界的な）ダイヤモンドの価値はずっと高い。単純に、市場に出回っているダイヤモンドが少ないからだ。つまり、水とはちがう意味で稀少なのだ[6]。もし私が生活に困窮していて、しかも手に入れたものを売れないとしたら、私は20カラットのダイヤモンドではなく1ガロンの水を選ぶ。しかし、現在の私は水が簡単に手に入るので、どちらかを選べと言われればダイヤモンドのほうを選ぶと思う。

この「水とダイヤモンド」のパラドックスは、経済学者たちのいう「限界原理で考える」ことの重要性を示している。あるものの平均的な価値について考えるのではなく、追加分の価値、つまり経済学でいう「限界効用」を評価するわけだ。

私たちは常に限界価値について考えている。たとえば、クリスマス・プレゼントに新しいセーターをもらったとする。そのセーターの価値はいかほどか？　その答えはあなたがすでに持っているセーターの枚数によって変わってくる。現在が冬で、あなたが1着も暖かい服を持たないホームレスだとしたら、その追加のセーターは低体温症を防いでくれるのでたいへん貴重だ。住むところはあるがセーターが少ないなら、追加のセーターは寒い日に着られる新しい服が増えるのでまあまあ価値がある。しかし、すでにセーターがありあまっているなら、追加の1着はかえって迷惑になる。引っ越しの荷物が増えるだけなので、実質的な価値はゼロだ。

新しいセーターの価値はあなたが所有しているセーターの枚数に従って小さくなる。所有しているセーターが多ければ、価値は負にさえなるかもしれない。実際、量が増えるほど価値が目減りしていくというのは、ほとんどのもの（すべてのものではないが）について成り立つ性質だ。ひとつ目のケーキはおいしくても、3つ目を食べ終えるころには少し気持ちが悪くなっているだろう。本書の1冊目は楽しい読書体験を与えてくれるかもしれないが、2冊目はドアストッパー代わりになるだけだろう。これが経済学者のいう「収穫逓減の法則」だ。

これまでは、発展途上国の教育改善や健康向上など、ひとつの具体的な活動分野のなかでさまざまなプログラムどうしを比較してきた。しかし、できるかぎりのよいことをしようと思うなら、どの活動分野に着目するかを問うことも必要だ。その点、収穫逓減の法則はさまざまな活動分野どうしを比較するための経験則を与えてくれる。ある分野がすでに多くの資金と注目を集めているなら、その分野に追加の資源を投じても、大きな影響を及ぼせるとは考えづらい。逆に、比較的見過ごされている分野なら、よいことをする最高の機会がまだ残されているはずだ。

災害支援について考えてみよう。2011年3月11日、記録が残っている1900年以降では4番目に大きい地震が日本の東北地方を襲った。(7) 津波は高さ40メートルにまで達し、内陸10キロメートルまで押し寄せた。この地震はあまりにも巨大だったため、日本の本州全体が2・4メートル東に移動した。数百万人が電気と水を奪われ、数万人が亡くなった。

そのわずか1年前の2010年1月12日、地震がハイチを襲った。[8] 震源はハイチの首都・ポルトープランスの約25キロメートル西、レオガン近郊だった。大統領官邸、国会議事堂、ポルトープランス大聖堂、刑務所を含む推定28万戸が倒壊。コレラが発生して数十万人が亡くなった。

どちらの地震でも、世界じゅうのメディアから大きな注目が集まり、大がかりな人道支援活動が行なわれた。ニュースは地震一色に染まり、支援団体が腰を上げ、世界じゅうの人々が義援金を贈った。いずれのケースでも、地震直後の国際支援は合計50億ドル近くにおよんだ。[9]

このふたつの災害はよく似ているように見える。両方とも地震が引き金となり、大規模な破壊を伴った。しかし、ふたつの災害は、国際支援がこれほど似通っているのが不思議に思えてくるほど、ふたつの点で大きなちがいがある。ひとつ目に、ふたつの災害は人的規模という点で劇的に異なる。その後の死者も含めて、日本の地震では1万5000人が亡くなった。一方、ハイチの地震は15万人だ。ふたつ目に、日本は世界第4の富裕国であり、この規模の災害に対処するだけの財源があった。しかしハイチにはなかった。ひとりあたりで見ると、日本はハイチより30倍も豊かだ。国家全体として見れば、日本はハイチより1000倍豊かだ。そのため、3月12日、地震発生の翌日に、日本赤十字社は次の声明を発表した。

日本赤十字社は、国際赤十字赤新月社連盟の支援を得ておりますので、外部からの支援は不要と判断いたしました。したがって、現時点ではドナー様からの寄付やその他の支援は求めておりません。[10]

国際社会が自然災害に対して合理的に対応するなら、より大規模な災害や、対処能力の低い貧困国の災害に資金が集まるはずだ。しかし、そうはならない。災害の規模や深刻度ではなく、むしろセンセーショナル性や報道の規模に比例して資金が割り振られているように見える。

私はなぜこの例を取り上げたのか？　世界に影響を及ぼしたいなら、ニュースで大々的に報じられている災害ではなく、あまり報道されていない災害に寄付すべきだという理由を物語っているからだ。たとえば2008年、中国の四川省を地震が襲った。たぶん初耳だと思う。私自身も本書を執筆しはじめるまでは知らなかった。この地震は中国のヘソである成都の北西80キロメートル地点で発生し、日本の地震の5倍以上、ハイチ地震の半数にあたる8万7000人が死亡した。それでも、国際支援は5億ドルしか集まらなかった[11]。ハイチや日本の地震のたった1割だ。どういうわけか、ほかの地震ほど広く報道されなかったため、それほど資金が集まらなかった。よって、寄付をすればより大きな影響を及ぼすことができただろう。

収穫逓減の法則は、一般的に災害支援よりも貧困と闘う最高の慈善団体に寄付するほうが理に適っている理由も説明する。毎日、多くの人々がAIDS、マラリア、結核のような簡単に予防できる病気で亡くなっていっている。これはハイチ、東北、四川の地震をはるかに上回る災害ともいえる。毎日、東北の地震の犠牲者を上回る1万8000人の子どもたちが予防可能な原因で死んでいる[12]。日本の地震の場合、支援団体は犠牲者ひとりあたりに換算すると33万ドルの寄付を受け取っている。対照的に、貧困関連の死因による犠牲者の場合、ひとりあたり平均1万5000ドルしか対外援助や慈善活動に費やされていない[13]。そのため、WHOや世界銀行の専門家たちはこう結論づけた。「保健関連の緊急介入は昔ながらの保健活動と比べて割高で効果に乏しい[14]」

慈善活動という点でいえば、ほとんどの人は直感に従い、昔から続いている問題よりも新しい出来事に反応してしまう。自然災害への反応はそのもっとも際立った事例のひとつだ。災害が発生すると、私たちの脳の感情中枢が燃え上がり、「緊急事態だ！」と判断する。私たちは病気、貧困、迫害のような日常的な緊急事態に慣れきっているので、常に緊急事態が起きていることを忘れてしまう。自然災害は劇的で新しい出来事なので、私たちの心をより大きく揺さぶる。その結果、私たちはそれをほかより重大で注目すべき災害だと誤解してしまうのだ。

あるニュースに心を打たれ、助けを差し伸べたいと思ったとしても、その衝動をぐっと抑えるほうがおそらく賢明だろう。あなたと同じように寄付しようとしている人はたくさんいるからだ。皮肉にも、収穫逓減の法則がこの点を浮き彫りにしている。もちろん、自然災害が発生したときに湧き上がる感情を行動に結びつけるのはいいことだ。ただし、そんなときはふと立ち止まって、同じような災害が常に起こっていることを思い出し、もっとも注目を集めている災害ではなく、あなたのお金をもっとも役立てられる場所へと寄付することを考えてほしい。

また、収穫逓減の法則は、富裕国ではなく貧困国の人々に利他的な活動を集中させるべきだという強力な根拠も示している。

たとえば、5万ドルあれば、1頭の盲導犬を訓練し、目の見えない人に提供できる。[15] 当然、その人の生活の質は大きく向上するだろう。しかし、同じ5万ドルで失明を完全に治せるとしたら、そのほうがより効果的なお金の使い方といえる。同じコストでより大きな便益をもたらせるからだ。5万ドルあれば、発展途上国のひとりに失明治療を施せるだけではない。トラコーマ（細菌感染によってまぶたが内側にまくれこみ、まつ毛が常に角膜を引っ掻く状態になる）の患者に失明を予防する手術を行なえば、500人を失明から救うことができる。[16] 富裕国に100ドルで失明治療ができる医療プログラムがあれば、とっくに十分な補助がなされているだろう。しかし、貧困国ではちがう。つまり、私たちは国内よりも貧困国の人々に対してのほうがずっと大きな貢献ができるのだ。

追加の資金でどの治療を行なうのがもっとも効果的かを判断するのにも、同じような考え方が成り立つ。がんは毎年820万人を死に至らしめており、全世界の死亡および健康障害の7・6パーセントを占めている（QALYの減少幅で測定した場合）。年間2170億ドルががんの治療に費やされる。[17] マラリアは全世界のQALYの減少幅の3・3パーセントを占めている。[18] 健康への悪影響という点でいえば、マラリアはがんの半分近く深刻といえる。なので、もし医療支出が問題の規模に比例するとすれば、マラリアの治療には年間1000億ドル程度が費やされるはずだ。しかし現実には、年間16億ドルしか費やされていない。これは期待される額の60分の1程度だ。

マラリア治療よりもがん治療にずっと多くの資金が集まるのはなぜか？　それはマラリアがもはや富裕国には存在せず、しかも低コストで解決できる問題だからだ（マラリアはアメリカでは1951年に根絶）。[19] がん治療がマラリア治療よりもずっと多くの資金を集めているということはつまり、限界効用で考えると、先進国のもっとも効果的ながん治療に寄付するよりも、発展途上国のもっとも効果的なマラリア治療に寄付するほうがはるかに人々の役に立てるということだ。アメリカの場合、公衆衛生の専門家たちは5万ドル未満で1QALYを提供できる医療プログラムをお値打ち品と考えている。[20] そして、1QALYあたり5万ドルをゆうに超える医療プログラムでも資金を調達できることは少なくない。一方、殺虫剤入りの蚊帳を配付してマラリアの広まりを防ぐなどすれば、たった100ドルで貧困国の人々に同じ便益をもたらすことができる。つまり、同じお金で富裕国の人々の500倍も貧困国の人々の役に立つことができる。[21]

これもまた100倍乗数の効果だ。私たちは世界の最底辺の10億人よりも100倍ほど裕福なので、自国の人々を助けるよりも数百倍、貧しい人々の力になれるわけだ。

ここまではお金の価値の逓減について話したが、時間についても同じロジックが成り立つ。実は、収穫逓減の法則はキャリア選びに対しても当てはまるのだ。再び、本章の冒頭で登場した理想に燃える医学生グレッグ・ルイスを例に取り、こんな疑問について考えてみよう。医師はどれくらい世の中の役に立つのか？

「この疑問についてはすでに広く研究ずみなのだろうと思っていました」とグレッグ・ルイスは言う。「医療サービスに携わろうとしている人なら誰でも、医師が増えることがどれだけ世の中の利益になるのかを知りたいと思うでしょう。ですから、この疑問を徹底的に掘り下げた人がまったくいないと知ったときにはびっくりしました」

この疑問に答えるのは簡単だと思うだろう。だから誰もきちんと調べようとは思わなかったのだと。ひとりの医師が救う命の数を確かめるには、すべての医師が生涯を通じて行なう救命手術や救命治療の数を合計すればいい。医師が治療する病気の数を調べるには、患者の生活を向上させる治療の数をすべて足しあわせればいい。ふたつの活動の便益を合計すれば、医師が世の中にとってどれくらいよいことをしたかがわかる。簡単でしょう？

グレッグ・ルイスも最初はそう考えた[22]。彼はさまざまな国々のデータを調べた。アメリカに関しては、アメリカの医療の便益の合計を国内の医師数で割った。「全米地域医療教育センター組織」の推定によると、アメリカには87万8194人の医師がいる[23]。また、疫学者のジョン・バンカーの研究によると、アメリカの医療がもたらす便益の合計は22億QALY、国民ひとりあたりに換算すると約7QALYと推定された（1QALYはひとりの健康的な生活1年分に相当[24]）。この計算に基づくと、ひとりの医師は22億÷87万8194＝2500QALYを提供しているということになる。この数値には命を救うことによる便益と生活の質を向上させることによる便益の両方が含まれる。この数値は直感的に理解しにくいので、「救った命」の数に換算して考えることもできる。医療経済学者たちは、「命を救うこと」の便益は平均で36・5QALY相当だと見積もっている。この計算に基づくと、ひとりの医師は生涯で70人の命を救うのに相当する便益をもたらしていることになる。グレッグは、この数値に看護師や病院管理者などの貢献が加味されていない点に気づき、数値を下方修正した結果、実際の数値は医師ひとりあたり25～30人くらいが妥当だろうと推測した。これでもなかなかの数字ではないだろうか？

これを「単純な見方」と呼ぼう。ほとんどの人々は直感的にこの見方を抱いているが、グレッグは正しい見方ではないと気づいた。ひとりの医師の平均的な価値を評価するという誤りを犯しているからだ。本章で説明してきたとおり、あなたの持つ影響力を評価しようとする場合には、平均で考えるのはまちがっている。むしろ、職業を通じて世界に影響を及ぼしたいと考えている若者は、あなたが医師になることで生み出される限界価値について考えるべきだ。

先ほどの単純な見方が成り立たない理由を見るため、あなたが国内の残りの地域から断絶された小さな町にいるとしよう。その町には、町内唯一の病院に3人の医師（アリス、ボブ、シャーロット）を雇うだけの財源しかない。3人が行なう医療活動は3種類。（i）心臓手術などの救命手術や救命治療、（ii）不安神経症の治療などの重大な健康の改善、（iii）咳や風邪などの軽い病気の治療。この病院では、3人がこの3種類の活動のそれぞれにおおよそ3分の1ずつ時間を費やしていて、町の医療ニーズは満たされている。3人はそれぞれ年間100件の救命手術を行なうので、単純な見方に従うなら、3人はひとりあたり年間約100人の命を救っていることになる。

ここで、この病院の予算が減り、シャーロットを雇いつづける余裕がなくなったとしよう。この町の住民にとってどれだけの痛手だろうか？　単純な見方によれば大打撃だ。シャーロットは１００件の救命手術を行なえなくなり、１００人が命を落とすだろう。

しかし、現実的に考えるとそれは起こらない。シャーロットが辞めれば、アリスとボブは優先順位を見直すだろう。重大な健康問題と救命手術や救命治療に専念できるよう、軽い病気は放置したり、ほかの医療関係者に任せたりするだろう。シャーロットがいない今、アリスとボブが年間１５０人ずつの命を救うことになる。なので、シャーロットが救命手術を行なっていたとしても、彼女がその病院で働いていたことによる貢献は、少ない医師では治療できない咳や風邪などの軽い病気を治療できたことくらいなのだ。

人命の救助は医師にできるもっとも重要な仕事だが、ほとんどの医師がいなくなっても結局は行なわれる仕事だ。前述のとおり、アメリカには推定87万８１９４人の医師がいる。あなたが87万８１９５人目の医師になったとして、いったいどれだけの差につながるだろう？　87万８１９４人の医師たちは、簡単に救える命という意味で、手の届く果物はすべて摘み取ってしまっている。87万８１９５人目の医師のあなたには、人々の健康を改善するはっきりとした機会は残っていない。心臓手術をバリバリとこなすよりも、軽い病気を治療する日々が待っている可能性のほうが高いのだ。

この考え方を用いると、ひとりの医師がどれだけよいことをするかを推定し直すことができる。あなたが医師（アメリカの87万８１９５人目の医師）になることによる貢献は、（i）アメリカの医師が87万８１９４人だった場合のアメリカの医療の便益の合計を、（ii）アメリカの医師が87万８１９５人になった場合のアメリカの医療の便益の合計から差し引いたものだ。いったいどれほどの差だろう？

グレッグは統計学を用いてその答えを求めた。彼は世界各国の医療の質と医師の数を調べ、経済力や教育などの影響も加味しつつ、このふたつの要因の関係をプロットした結果、先ほどの疑問の答えを求めることができた。アメリカにひとり医師が増えると、国民全体で年間4QALYのプラスになる。医師のキャリアを40年間とすれば合計160QALYだ。看護師などの医療関係者もこの数値に一部貢献していることを考えると、アメリカでひとり医師が増えると、キャリアを通じておよそ4QALY相当の便益がもたらされると結論づけられる。これでもすばらしい貢献だ。だが、思っていたほどではないだろう。すべての原因は収穫逓減にある。もちろん、医師の貢献の度合いは専門科によって異なる。この見積もりは全専門科の平均にすぎない。しかし、一部の専門科がほかの科よりもはるかに貢献しているわけでもないかぎり、医師の貢献度の評価にそう大きなちがいは出ないだろう。

富裕国で医師を目指しても、すでに国内で働いているおおぜいの医師のなかにあなたの労働力が加わるだけだ。つまり、医師になったとしてもあなたが直感的に思うほど大きな貢献はできないだろう。同じ理由から、医師は富裕国よりも貧困国で働くほうがずっと大きな影響を及ぼせる。グレッグはもう少し統計を分析してみた。海外に移住し、エチオピアなどの超貧困国で働いたら、どれだけ世の中に貢献できるだろうか？分析の結果、ずっと大きな影響を及ぼせると判明した。実に年間300QALY、つまり40年間のキャリア全体で約300人の人命を救えるという数値が出たのだ。これはイギリスで働いた場合の100倍以上の影響だ。ここでもやはり、100倍乗数が働いている。貧困国では医療に費やされる予算が富裕国よりもはるかに少ないため、富裕国よりも貧困国で働くほうがはるかによいことができるのだ。

「この分野は見過ごされているか？」と問い、本当の意味で見過ごされている分野だけに活動を集中させるのは、直感に反するかもしれない。だが、もっとも人気のある分野は、人気があるからこそ、大きな影響を及ぼしにくい。収穫逓減の法則を踏まえると、国内の貧困よりも世界の貧困、またはあまり報道されていない災害のように、比較的予算の少ない分野に活動を差し向けるほうが、ずっと大きな影響を及ぼせるのだ。

では、グレッグが最終的に選んだキャリアとは？　彼は貧困国に移住したのか？　結局、彼はイギリス国内で働きつづけることを決めた。その理由は次章で。

第5章　人類史上最高の英雄は無名のウクライナ人男性
――疑問4　この行動を取らなければどうなるか？

人類史上もっともよいことを行なった人物とは誰だろうか？　この疑問について調べるうち、私は『エスクァイア』誌の発表したリスト「世界最高の75人」に出くわした。[1]　堂々の1位に輝いたのは……俳優のマット・デイモンだ。さすがにそれはないだろう。

第3章で、私は人類史上最高の偉業のひとつとして天然痘の根絶を挙げた。史上最高の人間を探すなら、まずは天然痘の根絶に貢献した人々に目を向けるのがよさそうだ。実際、天然痘の根絶の立役者はほぼひとりの男性に絞られるといってもいい。

１９６６年、オハイオ州生まれのD・A・ヘンダーソン医師は、WHOの世界天然痘根絶対策本部長に就任した。[2]　弱冠38歳で、10年間の臨床経験しか持たない彼は、ほかのメンバーたちより15歳も年下だったが、敏腕を振るった。彼は根絶プログラムの指揮を任されるなり、大胆な目標を打ち立てた。10年以内に地球上から天然痘を一掃すること。驚くべきことに、このプログラムは成功し、１９６７年から１９７１年にかけて天然痘の流行国の数は31カ国から5カ国まで激減した。ヘンダーソンが開拓したのは、「包囲ワクチン接種」と呼ばれる画期的な手法だった。全員にワクチンを接種するのはお金も時間もかかる。そこで彼のチームは、大規模な報告を頼りに天然痘の発生を突き止め、天然痘の感染者を封じこめるとともに、一定半径以内の全員にワクチンを接種した。このプログラムは期待以上の効果を発揮し、自然に発生した天然痘の症例は１９７７年のソマリアをもって最後となった。こうして、天然痘は根絶に成功した史上初の病気となった。

ヘンダーソンはその功績により数々の称賛を浴びた。公共福祉賞、アメリカ国家科学賞、大統領自由勲章など、アメリカ市民にとって最高位の勲章を10以上も獲得し、さらに17の大学から名誉学位を受け取った。９・１１直後はジョージ・W・ブッシュ大統領のもとでバイオテロ対策の第一人者として活躍し、さらにはタイ国王からナイトの勲章を受章した。

しかし、私が言っている立役者というのは実はD・A・ヘンダーソンのことではない。

ヘンダーソンが雇われた時点で、天然痘を根絶するという政治的な意志はすでに固まっていた。たまたま仕事（それも彼が当初は望んでいなかった仕事）に空きがあり、その空きを埋めたのが彼だっただけの話だ。もちろん、彼が難題と闘ったわけではないとか、彼が英雄でないと言うつもりはないが、彼がいなくても、誰かが彼の役割を果たし、やがて天然痘を撲滅していただろう。その人物にはヘンダーソンほどの能力や行動力はなかったかもしれないが、ある程度の能力さえあれば、天然痘は根絶していただろう。

むしろ、私たちが目を向けるべきなのは影の英雄だ。それは１９８７年に亡くなったウクライナ人ウイルス学者のヴィクトル・ジダーノフだ[3]。本書の執筆時点で、彼のウィキペディア・ページは全部で4段落しかなく、オンラインで閲覧できる彼の写真は画質の粗い数枚の白黒写真だけだ。私の知るかぎり、彼の活動に対して目立った賞は与えられていない。

１９５８年当時、ジダーノフはソビエト連邦の保健副大臣を務めていた。同年5月、ソ連が10年ぶりに参加したミネソタ州ミネアポリスの第11回世界保健総会で、ジダーノフは天然痘の根絶という空想的な計画を提案した。当時、それまで根絶に成功した病気はひとつとしてなかった。誰も根絶が可能かどうかわからなかったし、よりにもよってソ連がそんな提案をするとは期待していなかった。しかし、彼は情熱、自信、楽観主義をもって自身のメッセージを伝え、大胆にも10年以内に天然痘は根絶できると言い切った。天然痘は人間特有の病気なので、蚊が媒介するマラリア等の感染症と比べて根絶しやすいと彼は訴えた。彼は領土が広大で交通網が貧弱なソ連が天然痘の撲滅に成功したことを指摘し、トーマス・ジェファーソンが種痘の発明者エドワード・ジェンナーに宛てた手紙を引きあいに出した。「私はこの場を借りて、全人類からあなたへの感謝の意を述べたい。医学がたった1回でこれだけ有意義な改善をもたらした例はいまだかつてなかった。未来の国々は歴史を調べて初めて、忌むべき天然痘という病気が存在したこと、そしてあなたによって根絶されたことを知るであろう(4)」

ジダーノフの説得力のある主張が実り、歴史上初めて、WHOはひとつの病気の完全な根絶計画に乗り出すことに同意した。

ジダーノフはどれだけよいことを行なったのか？　それを正しく評価するには、彼がWHOに働きかけなくても、天然痘はいずれ根絶されていたであろうという点を忘れてはならない。天然痘は十分すぎるほど重大な問題だったので、誰かが天然痘対策に乗り出していただろう。よって、天然痘の根絶で救われた1億2000万の命の多くは、どちらにせよ救われていたはずだ。それでも、ジダーノフがいなければ、天然痘の根絶活動の開始はそうとう遅れていただろう。仮に、ジダーノフのおかげで天然痘の根絶が10年早まったとしよう。とすれば、彼はひとりで1000万〜2000万の命を救った計算になる。これは30年間の世界平和に匹敵する。

普段、私たちは誰かの功績について考えるとき、「その人がやらなければどうなっていたか？」とは考えない。しかし、本来そう考えるべきだ。大事なのは誰がよいことを行なうかではなく、よいことが行なわれるかどうかだ。そして、あなたがどれだけよいことをしたかは、あなたの行動の結果として起きた出来事と、あなたがいてもいなくても起きていた出来事との差で考えなければならない。

たとえば、私の目の前で女性が倒れたとする。心臓発作だ。まわりには誰もいない。そこで、私は駆け寄って心肺蘇生を始める。心肺蘇生の経験はないけれど、必死で女性の心拍を再開させようとする。女性は息を吹き返すが、心肺蘇生が下手だったため、後遺症が残ってしまう。それでも、私がすばらしいことをしたのは明白だ。

では、女性が倒れたとき、そばに救急隊員がいたらどうだろう。その救急隊員ならまちがいなく障害を負わせずに女性の心拍を再開させられたはずだ。しかし、私が女性に駆け寄る途中で、救急隊員を押しのけて自分で心肺蘇生を始めたら？　やはり女性の命は救えるだろうが、私がやらなければ、救急隊員がいっさい女性を傷つけずに同じことをしていただろう。[5] この場合、私は自分の行動に対してどう感じるべきだろうか？　私はヒーロー？　なんといっても、〝命を救った〟わけだから。

もちろん、そんなわけはない。私がどれだけよいことを行なったかは、私が生み出した直接の利益ではなく、むしろ差によって決まる。結果だけを見れば、私はその女性の命を救ったわけだが、総合的に見ると私はむしろ害を及ぼしたことになる。

「ある出来事が起こらなければどうなっていたか？」と考えるのは、科学的推論の基本的な要素であり、「反事実の評価」と呼ばれる。しかし、反事実を無視してしまうという誤りは利他主義の世界では日常茶飯事で、重大な影響を及ぼすこともあるのだ。

デトロイト北西部で暮らす16歳のブランドンは、武装強盗、住居侵入、麻薬関連の犯罪でたびたび警察の世話になっていた。そこで彼は、恐ろしい刑務所暮らしの実態をその目で確かめるべく、オークランド郡刑務所へと連れていかれた。その目的は、塀のなかで一生を送るはめになる前に、人生について考え直す機会を与えることだった。ブランドンは、非行少年の刑務所1日体験番組「ビヨンド・スケアード・ストレート」のとある回に登場する中心人物だ(6)。

「スケアード・ストレート!」シリーズは、アーノルド・シャピロがプロデュースするドキュメンタリー番組として1978年に始まった〔「スケアード・ストレート」は恐怖を体感させることで危険行為や犯罪を未然に防ごうとする教育手法〕。看守が10代の非行少年や非行少女たちを刑務所内へと連れていき、3時間過ごさせるという実話を描いたものだ。囚人は少年少女たちに向かって叫び、脅しをかけ、レイプや暴行といった刑務所暮らしの恐ろしい実態を語る。すべては少年少女たちを犯罪の道から遠ざけるためだ。ドキュメンタリーの最後では、再犯者も一部いたがほとんどの者が非行から足を洗ったという事実が明かされる。このドキュメンタリーは大成功を遂げ、アカデミー賞や8つのエミー賞を受賞し、数々の続編が制作された。その最新版「ビヨンド・スケアード・ストレート」は、アメリカのA&Eで放映されている。本書の執筆時点では第8シーズンを迎えており、毎週無数の視聴者を釘づけにしている。

ブランドンの回で、彼は刑務所内に連れられてもなお、生意気で反抗的な態度を取りつづける。彼は鉄格子の向こうにずらりと群がる囚人たちと対面する。囚人たちはブランドンを罵倒し、「強がり坊やが来たって? お前も一緒にやろうぜ!」「本物のタフガイになりたいんだろ?」などと挑発しつづける。囚人たちはブランドンを威嚇し、やじり、看守は囚人たちの脅しがウソでないと釘を刺す。

そのあいだも、ブランドンはずっと不敵な笑みを浮かべている。面白がっているようだ。看守に諭されても、ブランドンは強がりつづける。「オレはラリったりしないぜ。こんなヤク中たちなんて怖くない。こいつらもオレと同じ空気を吸ってるし、オレと同じ血が流れてる」。彼は何度も何度も脅しに肩をすくめる。

ブランドンの態度が変わったのは、彼が囚人の「強制連行」を見たときだ。ある囚人がテーザー銃で撃たれ、椅子に縛りつけられ、強制的に鎮静させられたのだ。廊下に出ると、彼はとうとう我慢できなくなり、目に涙を浮かべはじめる。そこですかさず、看守は「私たちは君の味方だ」と伝える。君にはこんな場所に来てほしくない、と。

番組の最後に、それから1カ月後のブランドンが登場する。今回も笑みを浮かべているが、その目には反抗ではなく希望がにじんでいる。彼は家庭教師をつけ、悪友たちとつるむのをやめた。彼は再び刑務所を訪問し、前回食ってかかった看守たちに謝罪する。やっと自分がまちがっていたことに気づいたようだ。「刑務所を見学できてよかったよ。人生が変わったたし、今までよりいい人間になれたから」と彼は話す。「それに、自分が悪いことをしていたことにも気づいた。未来に希望が持てたよ」

「ビヨンド・スケアード・ストレート」は視聴者を非日常の世界へといざなう。エンターテインメントと感動的な成長ストーリーを足しあわせたような番組だ。番組の制作陣は、これは非常に有効な社会プログラムなのだと胸を張る。ブランドンのように非行少年の人生が180度ひっくり返る例は、例外ではなくむしろよくあることなのだという。オリジナル版「スケアード・ストレート!」の放映以来、全米の数百カ所の刑務所が同様のプログラムを導入した。一見すると、このプログラムはよいことずくめに思える。少年犯罪者の再犯率が下がるうえ、すばらしいテレビ番組にもなる。

しかし、本章の議論からご推察のとおり、スケアード・ストレートには負の一面もある。このプログラムの有効性を盛んに訴える人々はまちがっている。有効どころか、完全に有害なのだ。

　このプログラムについて、１０００人の少年少女たちのその後を評価する９つの精密な調査が行なわれた[7]。保健・社会プログラムに関する証拠を厳密に評価する非営利組織「コクラン共同計画」は、これらの９つの調査を精査した結果、うちふたつでは有効性がまったく認められず、残りの７つでは少年犯罪率がむしろ増加していたことを発見した。この報告書の著者たちは、調査されたスケアード・ストレート・プログラムによって、犯罪率が約60パーセント増加したと推定した。「分析の結果、この介入方法は何もしないよりも有害であることが判明した」と彼らは結論づけた。「このプログラムの効果は、固定効果モデルと変量効果モデルのどちらを仮定しても、メタ分析の方法にかかわらずほぼ一定であり、方向的に負であった」[8]。学界の用語では、これは最高に厳しい批判だ。どのような観点から見ても、スケアード・ストレート・プログラムは予防した犯罪よりも生み出した犯罪のほうが多かったと言っているわけだから。もうひとつ別の調査がある[9]。ワシントン州公共政策研究所は、心理療法やアンガーマネジメント〔怒りをコントロールするための心理療法プログラムの一種〕といったさまざまな予防的社会政策について、投資１ドルにつき生み出される社会的価値を推定した。調査対象となった60種類の介入方法のうち、圧倒的大多数のものはコストを上回る価値を生み出すことが証明された。有害だったのは３つのみで、そのうちのひとつはきわめて有害だった。そう、スケアード・ストレート・プログラムだ。スケアード・ストレートは犯罪率を上昇させ、刑務所の経費や地域社会へのコストを増大させるので、このプログラムに１ドルを投じるたびに社会は２０３ドルのコストをこうむると結論づけられた。

　それでも、スケアード・ストレート・プログラムは続けられているし、有効だともてはやされている。有害だと証明されているプログラムがなぜこうも人気を集めているのか？

　最大の問題は、有効性を盛んに訴える人々が、「このプログラムを実施しなければどうなっていたか？」

という観点でものを考えていないという点だ。彼らはスケアード・ストレート・プログラムに参加した非行少年が、それまでよりも犯罪を行なわなくなったのを見て（プログラムに参加した子どものなかで、翌年も犯罪に走るのは３人にひとり[10]）、成功と結論づける。しかし、犯罪率が減ったという事実だけでは、あるプログラムがその原因だと結論づけることはできない。スケアード・ストレートの場合、このプログラムを実施しなくても非行率は減少していたことが調査で証明されている。それどころか、スケアード・ストレート・プログラムを実施しないほうが、非行率はもっと減少していたのだ。つまり、スケアード・ストレート・プログラムはむしろ更生を妨げていることになる。

ではなぜ、スケアード・ストレート・プログラムは有効に見えるのか？　それは「平均への回帰」という現象で説明できるのではないかと思う[11]。ある日ゴルフが絶好調だったとすると、次回は十中八九、前回よりは調子が悪くなる。絶好調のラウンドは統計的に珍しいことなので、次回は普段に近いラウンドになる可能性が高いはずだ。また、現在極端なうつ状態にある人は、３カ月後には平均的に気分がよくなっているだろう。おそらくその人の平均的な気分に近づいているからだ。同じように、短期間に異常なほど頻繁に非行を繰り返し、矯正プログラムへと送られた少年少女は、それから数カ月間は普段どおりに近い行動を取る可能性が高い。

しかしこれだけでは、スケアード・ストレート・プログラムが実際には無意味なのに有効に見える理由しか説明できない。では、犯罪率がむしろ増加するのはなぜなのか？　真相は不明だが、ひとつの仮説がある。厳しい刑務所暮らしに耐え抜くタフさを自慢する囚人たちが、非行の抑止力ではなくむしろ少年少女たちのロールモデルの役割を果たしているという説だ[12]。非行少年や非行少女は囚人と自分を重ねあわせ、彼らの行動をまねようとする。改めて番組を見直してみると、どうやらこの仮説は正しそうだ。よくよく聞いてみると、囚人たちはそこが恐ろしい場所だから、法を犯すのはみっともないからではなく、お前はどうせ刑務所で暮らしていけるほどタフではないから、刑務所には来るなと言っている。

スケアード・ストレートの例はひとつの教訓を物語っている。大規模な社会プログラムを実行に移す前には、できるだけ対照試験を通じた厳密な検証を行なうことが大事なのだ。アマチュアの化学者が犯罪を抑止するとされる薬を発明したとしても、厳密な試験もなく何千人の子どもたちに投与したりはしないだろう。そうするのは危険だし、それどころか違法でもある。ところが、スケアード・ストレートのような新しい社会プログラムは、時に有効だという確たる証拠もなく実行されてしまう。厳密な試験を行なわなければ、ある社会プログラムが状況を改善しているのか、悪化させているのか、なんの影響も及ぼしていないのかは知りようがない。もちろん、プログラムの規模が小さすぎて、試験を行なうのがお金のムダである場合もあるし、厳密な試験自体が不可能な場合もある。しかし、社会プログラムを大規模に展開しようと思うなら、まずはその有効性を証明するという方針を基本的なスタンスとするべきだ。

「この行動を取らなければどうなるか?」という観点をつい忘れてしまいがちなのが、キャリア選びについて考えるときだ。すると話は再び医師のグレッグ・ルイスへと戻る。彼は統計を駆使し、医師が世の中にどれだけ貢献しているかを推定したのだった。

前章では、アメリカに医師がひとり増えると4人分の命が助かると推定した。しかしこれだけでは、医師になるのがどれだけよいことなのかをきちんと計算できていない。新しい医師がひとり増えるという単純な話ではないからだ。メディカル・スクールの在籍者数はかなり厳密に決められているので、あなたがメディカル・スクールに進学しないと決めれば、別の誰かが進学し、あなたの代わりに医師になるだろう。つまり、あなたが医師になることで、世の中に医師がひとり増えるだけでなく、誰が医師になるかも変えていることになる。あなたが及ぼす影響は、アメリカに87万8195人の医師がいることと87万8194人の医師がいることとの差ではない（前章ではそう計算したが）。実際には、あなたが医師になることで及ぼす影響と、あなたの代わりに別の誰かが医師になることで及ぼす影響との差なのだ。

この点を考慮すると、医師がひとりあたり生涯でおよそ4人の命を救うという推定は高すぎるとわかる。それでも、あなたが医師になるメリットはある。あなたがメディカル・スクールに進学すれば医師の質の平均が上がる（優秀な応募者から順番に選抜されると仮定した場合）。また、既存の労働力にあなたが加わることで医師の平均的な賃金がほんの少し下がるので、より多くの医師を雇用できる。しかし、貢献度は前章で説明したほど高くはならない。グレッグはこの点を加味し、ひとりの医師が生涯で救う命は4人ではなく、せいぜいその人が医師にならなければ救われなかったであろうひとりかふたり程度ではないかと推定した。それでも社会にとっては重大な貢献だが、私たちが期待するほどではないだろう。

この考え方は広く応用できる。たとえば、私は10代のころ、ある老人ホームで介護の仕事をしていた。私が及ぼしていた影響は？　最初、私は介護の仕事がもたらす直接的な利益について考えた。つまり、老人ホームの入居者の生活の向上だ。しかし、私が考えるべきだったのは別のことだ。私がいなければ、どんな人が代わりにこの仕事をしていただろう？　私はその人よりもいい仕事ができているか？　私はやる気だけは一人前だったけれど、のろまで経験も足りなかったし、家族を養わなければならない人など、私よりもお金に困っている人の仕事を奪っていただろう。そう考えると、全体として私がよいことをしていたのかどうかは不明だ。

グレッグがアフリカに行かなかったひとつの理由はそこにある。彼が非営利組織の職を引き受けたら、同じことをしようとしている別の誰かの職を奪うことになる。発展途上国に医師がひとり増えることによる影響は、年間およそ300QALYとかなり巨大だが、彼が誰かの職を奪ってまで及ぼせる影響はそれより小さくなるだろう。そこで、彼はこれまで考察してきたさまざまな要素を融合した別の道を選んだ。それは「寄付するために稼ぐ」という道だ。

寄付するために稼ぐというのは、まさしくその言葉どおりの行動だ。あなたが仕事を通じて及ぼす直接的な影響を最大化しようとするのではなくて、もっと多く寄付できるよう稼ぎを増やし、日々の仕事ではなく寄付を通じて人々の生活を向上させようとするのだ。ほとんどの人は「影響力のある」キャリアを選ぼうとするとき、この選択肢を検討しない。しかし、時間とお金はふつう交換可能だ。お金で人々の時間を買えるし、あなたの時間を使えばお金を稼げる。なので、仕事自体を通じて直接人々の役に立つキャリアだけが最高のキャリアだと決めつける道理はない。本気で世の中のためによいことをしようと思うなら、「寄付するために稼ぐ」という道も検討するべきだ。

グレッグ・ルイスの選択肢を見てみよう。彼が富裕国で医師になり、収入の一部をまったく寄付しなければ、キャリアを通じてふたりの命を救うことに相当する貢献を行なうことになる。最貧困国で医師として働けば、年間4人、35年間のキャリア全体で140人の命を救うことに相当する貢献を行なうことになる。しかし、国内に残って稼ぎの一部を寄付したら、いったい何人の命が救えるだろう?

イギリスの医師の平均年収は税引き前でおよそ7万ポンド。ドルに換算すると年収11万ドル、42年間のキャリア全体で460万ドルだ。[13] 腫瘍内科などの特に儲かる専門科を目指せば、その2倍近く、平均で年収約20万ドルは稼げる。[14] 先ほど、命を救うもっとも安上がりな方法のひとつがマラリア予防の蚊帳の配付だと話した。３４００ドルで５６０張《はり》の蚊帳を購入し、平均でひとりの命をマラリアから救うことができる。つまり、腫瘍内科の道に進めば、グレッグは年収20万ドルの半分を寄付したとしても、税引き前の年収10万ドルで悠々自適の生活を送れる（寄付金は課税控除される）。この寄付金で年間数十人の命が救われることになり、結果的には貧困国でじかに医師として働くよりもずっと多くの命を救えるだろう。

　こうして、グレッグは寄付するために稼ぐことを決意し、腫瘍内科を専門とする計画を立てた。「医師が及ぼせる影響を知ったとき、私はとても無力な気持ちになりました。医師として直接影響を及ぼすのでは、数人の命しか救えません」とグレッグは話す。「もちろんそれでもすごいことですが、期待していたほどではありませんでした。でも寄付を通じてなら、何百人という命を救えるんです」。グレッグにとっては、そもそも医学を志そうと思った理由が、寄付を始めるべきだと気づくきっかけにもなった。「まずは収入の１割くらいから寄付を始めました。でも、寄付したお金がまったく惜しくないことに気づいて、少しずつ割合を増やしていきました。今では5割近くを寄付していますが、むしろ今までよりよい人生が送れています。世界をもっとよくしたいと思っていた17歳の自分に恥じない生き方をしている気分ですよ」。２０１４年、グレッグは2万ポンドを寄付した。10人の命を十分に救える額だ。

　何より、寄付するために稼ぐことで、グレッグは彼がいなければ起きなかった影響を及ぼしている。彼が医師にならなくても、別の誰かが彼の代わりに医師になるだろうが、その医師はほとんど寄付をしないだろう（平均は約2パーセント[15]）。一方、貧困国の非政府組織（ＮＧＯ）で働いていたら、彼は別の医師の給与や医療用品に回されていたはずのお金をそのＮＧＯから受け取ることになる。しかし、稼ぎを寄付したらどうだろう？　グレッグは彼がいなければ起きなかったはずの影響を及ぼしているので、貧困国で直接働くよりもいっそうよいことができるだろう。そのうえ、住み慣れた故郷を離れる必要すらないのだ。

この点については考える価値がある。2007年、イギリスのドキュメンタリー映画制作者ルイ・セローは、ドキュメンタリー「中毒!? LA美容整形の実態!・Under the Knife」を発表し、ビバリーヒルズの整形手術業界の実態を暴き出した。番組のクライマックスで、彼はインタビュー相手の整形外科医を批判した。命を救うのではなく、映画スターの卵を少しばかり魅力的にするためにせっかくの才能や技術をムダにしているというのだ。ルイ・セローの意見は理解できなくもないが、これまでの議論を踏まえると見当ちがいだとわかる。本当に重要なのは、その整形外科医が決めたお金の使い道なのだ。

寄付するために稼ぐのは、よいことをする非常に有力な方法のひとつといえる。先進国の平均的な労働者でさえ世界規模で見ればトップクラスの収入を稼いでいるし、比較的少ないお金で世界の最貧困層の人々をおおいに助けている慈善団体はいくつもある。さらに、寄付するために稼ぐという方法は、従来の〝倫理的〟なキャリア選びのアドバイスとはちがって、誰にでも実行できる。世界を変えたいなら、非営利組織や公共部門、企業の社会的責任(CSR)といった分野で働きなさい、というのが従来のアドバイスだった。しかし、仕事を見つけるだけでも難しいのに、特定の部門で仕事を見つけるとなると至難のわざだ。でも、収入を増やすために残業したり、昇給や昇進を得るために仕事をがんばったり、より給料の高い仕事に転職したり、単純に生活費を切り詰めたりすることなら、もっと多くの人々にできる。それを実践し、寄付先を賢く選べば、富裕国のほとんどの人はいくらでもほかの人々の役に立てるのだ。

仕事を通じてよいことをするという話については、第9章でまるまる1章かけて詳しく述べたいと思うが、寄付するために稼ぐのは単なる方法のひとつにすぎず、必ずしももっとも効果的なキャリアの選び方とはかぎらない。その理由を解き明かすため、効果的な利他主義のもうひとつの重要な疑問について考えてみよう。

第6章
投票が数千ドルの寄付に匹敵する理由
——疑問5　成功の確率は？　成功した場合の見返りは？

「重大事故が発生する可能性はあまりにも小さいため、技術的観点からすると現実として考えられない」と福島第一原子力発電所の包括的な事故管理計画には書かれている。[1] この文章は、リスクについて正しく考えることの重要性を物語っている。

福島第一原発は、2011年3月に日本を襲った巨大地震の震源から180キロメートルほどの距離にある。この地震によって稼働中の原子炉がすべて自動停止した。これは危険な放射性物質が外部に漏れ出すメルトダウンを予防するための安全対策だったが、その後の津波が直撃し、発電所の冷却システムが機能しなくなると、3基の原子炉でメルトダウンが発生。放射線被曝による死者は出なかったものの、およそ16万人が家を追われ、1600人が病院の閉鎖などの状況がもとで避難中に亡くなった。福島第一原発事故は今でもチェルノブイリ以来最悪の原子力事故だ。

事故から4カ月後、日本政府は放射線防護、医学、法律などの分野の10人の独立した専門家からなる調査委員会を立ち上げ、野田佳彦首相に450ページからなる報告書を提出した。東京大学名誉工学教授の畑村洋太郎委員長は記者会見で、「福島の事故の根本的な原因は、彼ら〔規制機関や東京電力〕が想像を超える自然災害は起こらないと勝手に決めつけたことだ」と述べた。(2) 彼は報告書をこう締めくくった。「この事故は自然が人間の考えに欠落があることを教えてくれたものと受け止めなければならない」

本書ではこれまで、人々の役に立つ測定可能で具体的な方法に着目してきた。残念ながら、現実世界は必ずしもそう単純ではない。自分の行動が実を結ぶかどうかはわからないことが多いし、「この行動を取らなければどうなるか?」を把握するのは難しいので、自分の行動が本当に影響を及ぼすのかどうかは知りえないのがふつうだ。政治的な変化に影響を及ぼすとなると、この問題はいっそう顕著になる。あなたが政治的な活動を行ない、あなたの支援した政策が実現したとしても、ふつうはほかにもいろいろな要因が働いている。そのため、あなた個人が及ぼした影響を測定するのは難しい。

だからといって、もっと投機的でリスクの高い活動をあっさりとあきらめてしまうのはよくない。成功すれば巨大な影響を与えられるからだ。そうなると、リスクは高いが潜在的な利益も大きい行動と、確実に一定の影響を与えられる行動とを比較する手段が必要になる。

経済学と決定理論の分野では、そのための標準的な方法として、ある行動の「期待値」を調べるというものがある。単純な例として、私があなたに賭けを持ちかけたとする。コインを投げて表が出たら私があなたに2ドルを渡す。裏が出たらあなたが私に1ドルを渡す。あなたはこの賭けに乗るべきだろうか? 期待値の考え方に従うなら、乗るべきだ。

ある賭けの金銭的な期待値を計算するには、起こりうるすべての結果に注目する。それぞれの結果について、金銭的な利益または損失に、その結果が発生する確率を掛ければよい。この例の場合、起こりうる結果は表と裏の2通り。発生確率はどちらも50パーセントずつ。したがって、この賭けに応じた場合の金銭的な期待値は、（+2ドル×50％）＋（-1ドル×50％）＝0・50ドルだ。一方、賭けを断った場合の金銭的な期待値はきっかり0だ。賭けに応じたほうが期待値は高くなるので、あなたは賭けに乗るべきだ。

一般的に、一つひとつの結果の価値と発生確率がわかっている場合には、期待値を最大化するのが意思決定の最善の戦略とみなされている。経済学者、統計学者、ポーカーのプレイヤー、リスク管理の専門家など、常に不確実な結果に対処しなければならない人々がこの戦略を用いている。その理由を確かめるため、私が先ほどの賭けをあなたに何度も何度も申しこんだとしよう。長期的に見れば、あなたは賭けを断るよりも受け入れつづけるほうがまずまちがいなく得をする。具体的にいうと、あなたは賭けに1回応じるたびに平均で50セント儲かるだろう。

コイン投げの例では、金銭的な期待値について話をした。しかし、自分自身に何かを購入する場合には、金銭的な期待値を気にするとはかぎらない。1000ドルをそのまま受け取るより、100分の1の確率で10万1ドルがもらえる賭けに乗るほうが期待値は高いのだが、ほとんどの人は1000ドルのほうを選ぶだろう。これは合理的な行動だ。お金には収穫逓減の法則が成り立つからだ。ほとんどの人にとって、最初の1000ドルで生活がリッチになったときの喜びは大きいが、当選金10万1ドルの最後の1000ドルを使い果たすころには、同じ喜びは得られなくなっているだろう。ところが、慈善活動に関しては同じことは成り立たない。アゲンスト・マラリア基金に1000ドルを寄付すれば、160張の蚊帳を購入して配付できる。10万ドルを寄付すれば、1万6000張の蚊帳を購入して配付できる。世界の社会問題の規模はあまりにも大きいので、予算が増えたとしてもその価値は非常にゆっくりとしか目減りしていかない。もちろん、多少は目減りする。アゲンスト・マラリア基金が5000万ドル（現在の予算の数倍）を一気に受け取ったら、きっとそのお金を持て余してしまうだろう。そして、数十億ドルを蚊帳の購入に費やしたあとでは、それ以上蚊帳に寄付しても効果はない。蚊帳を必要としている人全員にもう蚊帳が行き届いているからだ。これまで説明したように、がん治療よりもマラリア治療にお金を使うほうが効果的なのは、ひとつにマラリア治療に集まる資金ががん治療と比べてほんのわずかだからだ。しかし、ほんの数百万ドルという単位で考えれば、どれだけのお金があっても、その利他的な価値が薄まることはないのだ。

期待値の考え方はどれだけ役立つのか？　一例として、少し不吉だが重要な期待値の応用方法について考えてみよう。それは活動別の死亡リスクの評価だ。喫煙、バイク、スキューバダイビング、MDMAの摂取、ピーナッツバターの摂取。どれも死亡リスクを高める。では、それぞれについてどれくらい心配するべきか？　公衆衛生の専門家はさまざまなリスクを比較するのに「マイクロモート」という単位を用いている。1マイクロモートは100万分の1の死亡確率に相当し、20歳の人にとっては30分、50歳の人にとっては15分、平均余命が短くなることを意味する。さまざまな活動をマイクロモート単位で比較すれば、相対的な危険性を簡単に評価できる。その結果は意外かもしれない。報告された死亡例に基づくと、MDMAを1回（2錠）摂取するのは1マイクロモートに相当する。[3] 一方、スキューバダイビングは5マイクロモート、[4] スカイダイビングは9マイクロモートだ。[5] スペースシャトルへの搭乗は1万7000マイクロモート、つまり死亡率1・7パーセントで、[6] ベースキャンプより上へのエベレスト登山（1万3000マイクロモート、死亡率1・3パーセント）にほぼ匹敵する。[7]

同じ考え方は、将来的な死亡リスクを増加させる活動にも適用できる。[8] 大さじ40杯のピーナッツバターの摂取は1マイクロモートに相当する。将来的な肝臓がんのリスクを高めるカビ毒の一種、アフラトキシンを摂取してしまう危険性があるからだ。たばこ1本は0・7マイクロモートで、遠い将来、肺がんで死亡する確率を高める。この点を考慮すると、たばこ１本を吸うたびに平均余命が５分縮まる。ちょうど１本を吸い終わるのと同じ時間だ。

移動リスクについて考えるときは、移動１時間あたりに失われる余命という観点から考えることができる。移動するたび、致命的な事故に巻きこまれるほんのわずかなリスクに直面するが、その確率は移動手段によって劇的に異なる。たとえば、１時間の自動車運転のあいだに致命的な事故に巻きこまれるリスクはおよそ１０００万分の１だ（つまり０・１マイクロモート）。20歳の人なら、１０００万分の１の確率で60年間分の余命を失うことになる。よって、１時間の運転で失われる余命の期待値は３分だ。失われる余命の期待値を見れば、移動手段によってリスクに大きな差があることがわかる。１時間電車に乗っても失われる余命の期待値はわずか20秒だが、バイクを１時間運転すると３時間45分の余命が失われる。[9]

期待値の考え方は、さまざまな活動のリスクを比較する手段を与えてくれるのに加えて、どのリスクを冒す価値があるかを判断するのにも役立つ。１時間だけ絶対に無事故でバイクを運転できるが、あとあと３時間45分だけ寿命を削られるとしたら、あなたはバイクを運転するだろうか？　ノーと答えたのに、日常生活で喜んでバイクを運転しているとしたら、あなたはおそらく死亡リスクをきちんと理解していないことになる。

期待値についてはっきりと考えることは重要だ。人間は低確率だが重大な結果をもたらす出来事を評価するのが苦手だからだ。心理学者たちの発見によると、人間は低確率の出来事を重視しすぎるか（宝くじの購入）、その逆にきっぱりと無視してしまうかのどちらか一方なのだという。[10]

すると話は福島第一原発の安全報告書に戻る。

包括的な事故管理計画の策定者たちは、大災害の発生確率がごく微小だという点では正しかった。しかし、その確率との向きあい方を誤った。彼らは「ごく微小」をゼロと同一視し、きっぱりと忘れてしまったのだ。彼らのミスは、まんがいち原子力発電所で大災害が起きたら、甚大な被害が出ると考えなかったことだ。この場合は1000人を超える死者だ。大災害の確率は小さくても、明らかに万全の安全対策を講じる価値はあった。

　福島の安全対策技術者たちは安全性を評価して被害を防ごうとしたが、低確率ではあるが重大な出来事を無視したために失敗した。同じように、何かよいことをしようとするときには、成功の確率とその成功の度合いの両方に敏感にならなければならない。つまり、成功は確実だがたいして見返りのない活動よりも、成功の確率は低いが成功した場合の見返りが大きな活動を優先すべきケースもあるのだ。この事実は、「ひとりじゃ何も変わらない」とよく言う人々が大きな誤解をしていることも示している。その際立った例が投票行動だ。

　ほとんどの人は選挙に行くべきだと考えている。しかし、選挙結果に実質的な影響を及ぼすという点では、選挙に行くのは時間のムダだと主張する経済学者は少なくない。シカゴ大学の経済学教授で『ヤバい経済学』の共著者のひとりであるスティーヴン・レヴィットは、以前に『ニューヨーク・タイムズ』で述べたのと同じ意見をブログに記した。

> 選挙結果に影響を及ぼそうと思って投票している正気の人間などひとりもいない。たとえば、過去100年間のアメリカ下院選挙を見てみると、投票によって結果が左右された［接戦の］選挙はたぶんひとつだけだと思う。私たちが投票に行く理由はもっと別のものだ。楽しいから。妻にいい顔をしたいから。愛国心を満たすため。

だが、まちがっても自分の1票で選挙結果が決まるなどと思ってはいけない。選挙に行く時間があるなら、ほかのことをするほうがほぼまちがいなく生産的だろう。[11]

しかし、期待値の考え方を踏まえると、レヴィットの結論は安直すぎる。選挙結果に影響を及ぼす確率が無視できるほど小さいとは言い切れない。まんがいち結果に影響を及ぼせたらどれだけ大きな見返りがあるかを考える必要がある。

幸い、一部の統計学者がその厄介な計算を行なってくれている。たとえば、2012年の選挙で全50州とコロンビア特別区の勝者を正しく予測した非凡な政治学者ネイト・シルバーがそのひとりだ。彼はコロンビア大学の統計学教授アンドリュー・ゲルマン、カリフォルニア大学バークレー校の法律学教授アーロン・エドリンと共同で、1票が2008年の大統領選挙の結果を左右する確率を計算した。[12]その結果、ひとりの有権者が選挙結果に影響を及ぼす確率は、平均約6000万分の1だと判明した。確かに低い確率だ。

次に、潜在的な見返りのほうを弾き出してみよう。その計算にはどうしても一定の推量が必要になる。まず、「私の応援する党が政権を握れば、私個人にどれだけの利益があるか？」と考えてみてほしい。あなたの応援する党が共和党なら、税金が安くなって得をするかもしれない。民主党なら、あなたの受ける公共サービスが充実して得をするかもしれない。議論のため、あなたの応援する党が政権を握るのはあなたにとって1000ドルの価値があるとする。市民ひとりあたり1000ドルというのは架空の数値だが、私はなかなかいい線を突いているのではないかと思う。[13]アメリカ政府の歳出は年間3兆5000億ドル。任期4年間で14兆ドル、市民ひとりあたり4万4000ドルだ。そのお金を2・5パーセントだけ効率的に使えば、市民ひとりあたり1000ドルの得になる。当然、政府は規制など別の手段を通じて、国民の生活をよくしたり悪くしたりもする。

レヴィットのような経済学者は、あなたが投票に行く価値の期待値は6000万分の1×1000ドルで0・0016セントにすぎないと主張するかもしれない。期待値がこれだけ小さいなら、明らかに投票に行く価値はない。

しかしこの推論では、あなた自身にとっての価値しか考慮していない。むしろ考えるべきなのは、よりよい政党が政権を握ることによる全体的な便益だ。よりよい政党が政権を握ることの価値が市民ひとりあたり1000ドルだという架空の数値を使うとすると、全アメリカ国民が得る価値の合計はアメリカの総人口3億1400万×1000ドル＝3140億ドルとなる。よって、よりよい政党に投票する価値の期待値は、成功の確率（6000万分の1）×全アメリカ国民にとっての価値（3140億ドルと仮定）で約5200ドルに相当する。そういう意味では、投票は（先進国の）慈善団体に数千ドルを寄付するのと同等の価値がある。超富裕層を除けば、これはかなり有効な時間の使い道だ。たとえば、投票に行かずに仕事をし、そのぶんの収入を寄付するよりもずっと効果的なのだ。

もちろん、この結論にはいくつか注意点がある。まず、アメリカ人ひとりあたりが得る便益の合計は、完全に架空の数値であり、うのみにしてはならない。どちらの政党のほうが本当によいのかわからない人にとっては、この数値は過大評価だと考えるのが妥当だろう。悪いほうの政党に投票してしまう確率が高くなるので、その人が投票に行く価値の期待値は下がるはずだ。そして、どちらに投票していいのかまったくわからない人の場合、投票に行く価値の期待値はゼロにまで落ちる。そうだとしても、問題はない。いずれにしても、あなたの応援する党が政権を握ることの価値を見積もり、計算を行なってみよう。あなたの応援する党が政権を握る価値の期待値が非常に小さいと思えば（たとえばひとりあたり20ドルにも満たない場合）、投票に行くのは合理的な利他的活動ではないと結論づけられる。

もうひとつ、より重要な注意点がある。投票が選挙結果を左右する確率は州によって大きく異なる。コロラド州、ニューハンプシャー州、バージニア州などの激戦区では、確率は１０００万分の1程度まで上がるので、投票に行く根拠は強まる。ひとりあたりの便益１０００ドルという架空の数値を使えば、あなたがよりよい政党に投票することでアメリカ国民が得る便益はひとりあたり3万ドルにもなるのだ。一方、安定した州では、あなたの票が結果を左右する確率はずっと低くなる。たとえば、マサチューセッツ州では、その確率はたったの10億分の1にすぎない。先ほどの仮定に従えば、投票に行く価値の期待値は３００ドルとなるが、それでも投票に行く価値は十分にありそうだ。一方、コロンビア特別区の場合、あなたの票で結果が変わる確率は１０００億分の1以下で、投票に行く価値の期待値はわずか3ドルまで落ちてしまう。

これまでは、期待値という考え方を用いて、よりよい政党に投票することが利他的活動として（平均的に）大きな意味を持つ理由を説明した。しかし、同じようなロジックはほかの分野にも応用できる。さまざまな問題に関して、私は次のふたつの意見をよく聞く。

- おおぜいの人々がこれをすれば、世の中は変わるのに。
- でも、ひとりの人間がやったところで何も変わらない。

しかし、期待値の考え方に従うなら、このふたつの意見は同時には成り立たない。

フェアトレードのコーヒー銘柄に切り替える、購入する肉の量を減らすといったエシカル消費活動について考えてみよう。工場式農場で苦しむ動物の数を減らすため、むね肉を購入するのをやめ、菜食主義に切り替えたとする。その人は世の中に影響を及ぼせるだろうか？　そうは思わないかもしれない。ある日、誰かがむね肉を買わないと決めたとしても、世界じゅうで肉を食べる残りの人々が鶏肉を買いつづければ、殺されて食用にされるニワトリの数になんの影響があるだろう？　ある日、むね肉の売り上げがひとつ少なくなったからといって、スーパーが鶏肉の仕入れ量を変えるとは思えない。しかし、数千、数万、数百万人がむね肉の購入をやめれば、まちがいなく飼育される食用ニワトリの数は減る。つまり、需要に見合う量まで供給は減るだろう。だが、すると矛盾が残る。個人の行動では変わらないものが、数百万人の行動で変わるのはいったいなぜなのか？　本来、数百万人の行動は個人の行動の総和にすぎないはずだ。しかも、適切に機能している市場では、商品の需要が減れば供給量も減るというのが経済学の鉄則だ。この矛盾をどう説明すればいいのだろう？

答えは期待値にある。あなたがむね肉の購入をやめても、ほとんどの場合はなんの影響も起きない。スーパーはその後も同じ量の鶏肉を仕入れるだろう。しかし、ごくたまにちがいが出る。店長はむね肉の販売数を分析し、1個の販売数のちがいで仕入れ量を減らすことを決めるかもしれない（たとえば、「月間のむね肉の販売数が5000個を下回った場合は仕入れを減らす」とかいう決まりがあるかもしれない）。しかも、仕入れ量を減らす場合には一気に減らすことになるだろう。あなたがむね肉を購入しないことでスーパーの仕入れに影響を及ぼすケースは、1000回に1回しかないかもしれないが、その1回で、店長はむね肉の仕入れ量を1000個減らすこともあるだろう。

これは単なる机上の空論ではない。経済学者たちはこの問題について調べ、消費者が動物性食品の購入を控えることで商品の供給量に平均でどの程度の影響が出るかを算出した。推定によると、消費者が1個の卵の購入を断念すると、最終的に卵の総生産が平均0・91個減るという。1ガロンの牛乳の購入をやめると、総生産は0・56ガロン減少する。その他の製品はその中間だ。1ポンドの購入を控えると、最終的に牛肉では0・68ポンド、豚肉では0・74ポンド、鶏肉では0・76ポンドだけ総生産が減少すると推定されている。[14]

同じロジックは、政治集会に参加する価値を考えるときにも成り立つ。ある集団が実現させたい政策があるとしよう。仮に、この政策に関する政治集会にひとりも参加しなければ政策は実現せず、100万人が参加すれば政策は実現すると全員が認めているものとする。あなたが集会に参加することによる影響は？　あなたはほかの数千人の参加者のなかのひとりにすぎない。確かにあなたの及ぼす影響は微々たるものだ。ここでもやはり、期待値で考えるとその答えがわかる。あなたが参加することでちがいが生じる確率はごくわずかだが、もしそうなった場合は大きなちがいが生じる。これは単なる推測的なモデルではない。ハーバード大学とストックホルム大学の政治学教授たちは、2009年4月15日に開催されたティーパーティー運動〔当時のオバマ大統領の政策に抗議するアメリカ保守派による一連の政治運動で「茶会運動」とも〕を分析した。[15]　彼らは選挙区ごとの天候のちがいを天然の実験として活用した。集会の日に天候が悪ければ、当然ながら来る人は少なくなる。この性質を利用して、彼らは集会の参加人数が影響力の差につながるかどうかを評価することができた。その結果、おおぜいが参加した集会ほど、政策に大きな影響を及ぼしたことがわかった。そして、集会が大きいほど、抗議者たちの選挙区を代表する国会議員は保守的な投票行動を取った。

利他的活動に関していえば、期待値の考え方は、よいことをする具体的で測定可能な手段と、より投機的ではあるが潜在的な見返りの大きな戦略とを比較するのに役立つ。その一例がキャリアどうしの比較だ。デウォーム・ザ・ワールド・イニシアティブなどの慈善団体に寄付するために稼ぐのは、確実によいことができる手段のひとつだが、それと比べると、たとえば政治の道に進むことの価値は漠然としている。こうした

キャリアどうしを比較するには？

「たぶんうまくはいかないでしょう」。ローラ・ブラウンは、コーヒーカップをテーブルに置きながら私にそう言った。[16] 私はイギリス最古のカフェ「グランド・カフェ」で、ローラのキャリアプランについて話しあっていた。哲学・政治学・経済学（頭文字を取ってＰＰＥ）を学ぶ大学2年生のローラは、その少し前にＰＰＥを学ぶ学生が議員に当選する確率について論じた新聞記事を読んでいた。興味を持った彼女は原典をあたり、私の組織「８００００アワーズ」の調査に行き着き、計算を念入りに調べた。[17] その結果、彼女は政治家の道を目指すと決意した。「十中八九、一流の政治家にはなれないでしょう。でも、成功すれば社会にとってものすごくよいことができる。だから挑戦する価値はあると思うんです」とローラは話した。

決断を下す前、ローラは政界を目指すか、高給与の仕事に就いて稼ぎを寄付するかで迷っていたが、どちらにせよ影響力の大きいほうを選びたいと考えた。そんな比較はムリだと思うかもしれない。そしてまちがいなく非常に難しい。それでも、期待値の考え方を活かせば合理的な答えを導き出すのは不可能ではない。政治家を目指すのは、寄付するために稼ぐのと比べて有力な選択肢になりうるのか？　８００００アワーズでは、それを確かめるためにごく大ざっぱな計算を行なった。

まず、成功の確率を算出する必要がある。下院議員になれる確率のもっとも単純な推定方法は、存命中のイギリス人のなかで生涯いちどでも下院議員になる人々の数（推定およそ３１００人。うち5人がいつかの時点で首相になる）を、イギリスの総人口（６４００万人）で割り算するというものだ。すると、下院議員になれる確率は2万分の1、首相になれる確率は１２００万分の1となる。しかし、ほとんどの人は政治家を目指さないし、イギリスの政治家の構成は特定の経歴を持つ人々にかなり偏っている。特に、オックスフォード大学の卒業生はイギリス政界には極端に多く、とりわけＰＰＥを学んだ卒業生が多い。たとえば、元首相のデイヴィッド・キャメロンと元野党党首のエド・ミリバンドは、いずれもオックスフォード大学でＰＰＥの学位を取得した。全６５０人の下院議員のうち、１００人以上がオックスフォード大学出身で（同大学の卒業生は年間わずか３０００人なのだが）、うち35人がＰＰＥを学んだ（ＰＰＥを学んだ卒業生は年間わずか２００人なのだが）。閣僚（行政権を持つ下院議員）の32パーセントがオックスフォード大学でＰＰＥを学んでおり、１９４５年以降の13人の首相のうち、９人がオックスフォード大学出身、うち３人がＰＰＥを学んだ。

これらの統計は、イギリスの政治的流動性や平等参画について残念な事実を物語っている。反面、利他精神を持ち、たまたまオックスフォード大学でＰＰＥを学んだ人にとっては願ってもないチャンスだ。ローラはまさしくそのひとりだった。私たちの計算では、過去オックスフォード大学でＰＰＥを学んで卒業し、政界入りを選んだ人々のうち、30人にひとりが下院議員になり、３０００人にひとりが首相になった。ローラの経歴を考えれば、彼女が議員になれる確率は十分にあったが、それでも失敗する可能性のほうがはるかに高かった。なので、政界を目指すのはリスクの高い冒険だった。

次に、政界入りを目指す価値の期待値を算出するためには、彼女が議員になった場合に及ぼす影響の大きさを計算する必要があった。

その値は非常に見積もりにくいので、私が「下限推論」と呼んでいる方法を用いることにする。彼女が政治家として及ぼす潜在的な影響を正確に推定するのが不可能だとすれば、これならまちがいなく過小評価（「下限」）だと断定できる推定を立ててみよう。そうすれば、彼女の影響力の大きさは正確にわからなくても、最低限これ以上はあると言うことができる。その最低限の推定に基づいてもなお、政治家になるほうが寄付するために稼ぐよりも世の中に大きな影響を及ぼせるとわかれば、彼女の影響力の期待値は政治家になるほうが大きいといえるだろう。

したがって、控えめに推定するため、ふたつのことを仮定する。ひとつ目に、ローラの及ぼす影響が下院議員（または閣僚、首相）になることだけによって生まれると仮定する。下院議員になれなかった場合、下院議員の特別顧問やシンクタンクの仕事など、政界内の別の仕事で及ぼす影響は考慮しない。ふたつ目に、下院議員として及ぼす影響は政府支出の増減によってのみ決まると仮定する。法律の立案など、政治家としての公的な立場を通じて及ぼすその他の影響は考慮しない。もちろん、このふたつの仮定は正しくないが、こうして計算された数値は過小評価であると言ってほぼまちがいないだろう。

したがって、彼女が下院議員として政府支出に及ぼす潜在的な影響のみを推定することとしよう。私たちはそれを年間ベースで推定した。[18] 年間、PPE出身の議員は政府支出にどれくらいの影響を及ぼすのか？年間、何人のPPE出身のオックスフォード生が政界を目指すのか？ ここでもやはり、控えめな推定を立てることにしよう。

まずは全議員（閣僚や首相も含む）が及ぼす年間の影響だ。2014〜2015年のイギリスの政府支出は7320億ポンド。[19] 法律的には、議員と閣僚が政府の政策や支出を決める。しかし現実的には、その支出の割り振りを自由に決められるわけでなく、その他の政治関係者、国際機関、有権者の意見によって制約を受ける。控えめに推定するため、この3つの要因によって議員や閣僚の影響がそれぞれ半分ずつになると仮定しよう。[20] そう仮定すると、議員や閣僚が影響を及ぼせるのは政府支出の8分の1となる。しかし、議員や閣僚が決めた政策を実際に実行するのは公務員だ。すると、議員や閣僚の持つ実質的な影響力はまたもや目減りする。影響が半分になるとすると、最終的に、全議員が影響を及ぼせるのは政府支出の16分の1、つまり年間約450億ポンドと推定できる。

次に、そのうちの何割にPPE出身の人々が影響を及ぼしているかを推定する。現在、下院議員の5パーセント、閣僚の32パーセントがオックスフォード大学でPPEを学んだ経験を持つ。ここで、閣外の全628人の議員の影響力と閣内の22人の議員（首相も含む）の影響力が同じだと仮定しよう。つまり、全議員が影響を及ぼす約450億ポンドに対し、各々のグループが半分ずつ影響を及ぼすものとする。（これもかなり控えめな仮定だろう。一般議員レベルよりも閣僚や首相レベルのほうがPPE出身者の割合は多いし、閣僚と首相の影響力は実際にはほかの全議員の合計よりも大きそうだ。）したがって、オックスフォード大学でPPEを学んだ人々は、毎年5％×225億ポンド＋32％×225億ポンド＝80億ポンドに影響を及ぼしていると推定される。PPEを学んだオックスフォード大学の卒業生は年間200人だが、政党政治に関連するキャリアを追求する人々はそのうちのわずか4分の1だ。よって、50人の卒業生がその80億ポンドの影響力を握っている。したがって、ローラ・ブラウンのような卒業生が及ぼす影響の期待値は、ひとりあたり1／50×80億ポンド＝1億6000万ポンドとなる。たとえば、国防費と海外開発援助費用の配分を見直したり、医療費の効率を改善したりすることで、これだけの影響を及ぼすことが期待できる。

これが彼女の持つ影響力の金銭的な期待値だが、この影響力にはどれくらいの価値があるのか？　彼女はお金の使い道を自由に決められるわけではないので、もっとも効果的な慈善活動に1億6000万ポンドをそっくりそのまま寄付するほどの価値はないだろう。さらに、そのお金の使い道に影響を及ぼす人間が彼女だった場合と別の誰かだった場合とで、お金の生み出す価値がどう変わるかを比較する必要もあるだろう。再び控えめな推定として、彼女が議員として影響を及ぼせるお金は、もっとも効果的な慈善活動に直接寄付されるお金の50分の1の価値しかないものと仮定しよう。だとすると、ローラが政治家になることで及ぼす影響の期待値は、もっとも効果的な活動に800万ポンドを寄付するのと同等であると推定される。

この数値を算出するまでのすべての段階で、控えめな仮定を立てた。彼女が議員や閣僚にならなければまったく影響を及ぼせないと仮定したし、議員は政府支出のみを通じて影響を及ぼすと仮定し、法律の立案などの影響は無視した。したがって、800万ポンドという数値は彼女の影響力を過小評価したものと考えられる。しかし、800万ポンドというお金は、寄付するために稼ぐと決めたとしてもとうてい寄付できる金額ではない。この悲観的な仮定に立ったとしても、ローラは政治家になるほうが寄付するために稼ぐよりも大きな影響を及ぼせそうだ。彼女はできるかぎり大きな影響を及ぼしたかったので、この推論をひとつの参考にして、政治の道を目指すことを選んだ。[21]

このように、寄付するために稼ぐのがもっとも影響力の大きいキャリア選びだとはかぎらない。この結論はPPEを学んだオックスフォード生だけに当てはまる話ではない。第9章では、成功確率は低いが成功した場合の見返りは非常に大きいキャリアをほかにもいくつか紹介したい。たとえば、研究や起業といった分野は、寄付するために稼ぐのとかなりいい勝負になるようだ。

期待値の考え方は、キャリアの評価だけでなく、政治的な変化に影響を及ぼす活動を評価するのにも使える。効果的な慈善団体への寄付は、確実によいことをするなかなか具体的で測定可能な方法のひとつだ。しかし、政治体制の変化がもたらす潜在的な見返りはいっそう大きい。適切な分野さえ見つかれば、政治運動に寄付や参加をするほうが、世の中にとってずっとよいことができるかもしれない。必ずしもそうした活動の価値の期待値を厳密に数値化する必要はないが、合理的な数値に基づいておおまかに推定するだけでも、期待値がどれくらいなのかがわかる。要するに、見返りが十分に大きければ、大穴狙いにも価値はあるということだ。

したがって、今後の行動方針を評価するときには、「どうせ成功しない」からといってムダだと即断してはいけない。一昔前なら過激だと考えられていた倫理観の多くが、今ではすっかり常識になっている。女性、

読者カード

みすず書房の本をご購入いただき，まことにありがとうございます．

書　名

書店名

・「みすず書房図書目録」最新版をご希望の方にお送りいたします．

（希望する／希望しない）

★ご希望の方は下の「ご住所」欄も必ず記入してください．

・新刊・イベントなどをご案内する「みすず書房ニュースレター」（Eメール）をご希望の方にお送りいたします．

（配信を希望する／希望しない）

★ご希望の方は下の「Eメール」欄も必ず記入してください．

（ふりがな） お名前　　　様		〒
ご住所　　都・道・府・県	市・郡 区	
電話　（　　　）		
Eメール		

ご記入いただいた個人情報は正当な目的のためにのみ使用いたします．

ありがとうございました．みすず書房ウェブサイト https://www.msz.co.jp では刊行書の詳細な書誌とともに，新刊，近刊，復刊，イベントなどさまざまなご案内を掲載しています．ぜひご利用ください．

郵便はがき

料金受取人払郵便

本郷局承認

5391

差出有効期間
2024年3月
31日まで

113-8790

東京都文京区
本郷2丁目20番7号

みすず書房営業部
行

通信欄

(ご意見・ご感想などお寄せください．小社ウェブサイトでご紹介させていただく場合がございます．あらかじめご了承ください．)

黒人、LGBTの人々に平等な権利が与えられるべきだという考えは、人類の歴史から見ればごくごく最近まで暴論だった。たとえば、ベンジャミン・フランクリンは1790年、アメリカ議会に奴隷制廃止を嘆願する書簡を記した。議会はこの嘆願について2日間議論した。奴隷制の支持者たちからはとめどない反論が押し寄せた。誰が奴隷所有者に補償を行なうのか？　人種の混合はアメリカの価値観や性質にどう影響するだろう？　それでも、奴隷制は撤廃され、今ではそうした反対意見を擁護するのは不可能だ。女性、黒人、LGBTの人々の権利向上を訴えてきた活動家たちの行動が正しかったといえるのは、すぐに成功する確率が高かったからではなく、成功した場合の見返りがあまりにも巨大だったからなのだ。

気候変動の問題に関しても、期待値の考え方は次の3つの点で役立つ。

ひとつ目に、人間の活動に由来する気候変動が起きているかどうかの議論は、どういう行動を取るべきかとはほとんど無関係であることが証明できる。この種の議論では、一方のグループは人間由来の気候変動が起きているという科学的なコンセンサスを指摘し、もう一方のグループはまだ議論の余地があると主張する。ひとつ明確にしておくと、人間由来の気候変動が起きているというコンセンサスが科学者たちのあいだでほぼまとまっているのは事実だ。数千人の気候科学者たちからなる国連支援の委員会「気候変動に関する政府間パネル」によると、「20世紀中盤以降に観測されている温暖化の中心的な原因が人間の影響である可能性はきわめて高い」という。[22]「可能性がきわめて高い」というのは、95パーセント以上の確率を意味する。ある論文は、地球温暖化について論じた4000件の論文を評価し、「そのうちの97・1パーセントが地球温暖化は人間によって引き起こされているという見解を支持していた」と報告した。[23]

しかし、この議論は別の意味で不可思議だ。人間由来の気候変動が起きているとすでに証明されていい、ないとしても、人間由来の気候変動が起きている可能性があるという時点で、行動するには十分なのだ。たとえば、あなたの自宅に少し過敏な一酸化炭素の検知器があるとしよう。5回に4回は誤作動だが、1回は正確だ。ある晩テレビを観ているとき、その検知器の警報が鳴ったとする。どうするだろうか？「たぶん誤作動だろう。気にするまでもない」と判断したとしたら、あなたは大きなまちがいを犯している。それが誤作動なのに、念のためにヒーターをオフにし、窓を開けたとしても、せいぜい体が冷え、お気に入りのテレビ番組を見逃すくらいだ。一方、本当に一酸化炭素が漏れているのに何もしなければ、死ぬ可能性まである。そう考えると、ヒーターをオフにするのが賢明だ。5分の1の確率で死ぬことのほうが、5分の4の確率でしばらくムダに寒い思いをすることよりも明らかに重大だ。

気候変動の問題もそれと変わらない。気候変動が起きているのに何もしなければ、何百万人の命が失われ、[24]世界経済は何兆ドルという損失をこうむる。[25]気候変動が起きていないのに行動を取ったとしても、被害はずっと低くてすむ。[26]低炭素技術の開発にある程度の予算をムダにし、[27]経済発展を少しだけ遅らせることにはなるだろうが、[28]それで世界が終わるわけではない。

ふたつ目に、政府だけでなく一人ひとりが気候変動の緩和に貢献すべき理由がわかる。あなたが一生涯に排出する温室効果ガスは、地球の気温を5億分の1℃ほど上昇させる。[29]一見すると、これは無視できるほど小さな差だ。この程度の差では、わざわざあなた自身の排出量を減らす必要なんてないと思うかもしれない。

しかし、この推論では期待値が考慮されていない。確かに、地球の気温が5億分の1℃上昇しても、ほとんどの場合は誰にも影響はないだろう。しかし、ごくたまに影響が出る。しかも、その場合の影響はとてつもなく巨大だ。[30]5億分の1℃の気温上昇のせいで、起きるはずのなかった洪水や熱波がごくたまに起こることもあるだろう。つまり、地球の気温が5億分の1℃上昇したことによって生まれる被害の期待値は巨大なものになる。[31]私たちはこのようなことを実感として知っている。なぜなら、何百万の人々が温室効果ガスを排出すると、その悪影響は巨大になるとわかっているからだ。そして、何百万人分の排出する温室効果ガスとは、個人の行動の積み重ねにすぎないのだ。

３つ目に、期待値の考え方は気候変動の深刻度や、私たちが起こさなければならない変化の規模を評価するうえで重要だ。私は気候変動がもたらす被害の経済的評価を初めて調べたとき、経済学者たちの多くが気候変動をそこまで深刻に評価していないことを知って驚いた。ほとんどの経済学者は、気候変動のもたらす被害は全世界のＧＤＰの2パーセント程度だと見積もっている。[32]もちろん、数兆ドルの損失と考えると巨大だ。しかし、近年の鈍い経済成長率と照らしあわせるとそう巨大とはいえない。過去10年間のひとりあたりの経済成長率はおよそ2パーセントなので、気候変動の影響で全世界のＧＤＰの2パーセントが失われたとしても、経済が1年間まったく成長しないのと同じことだ。[33]気候変動のせいで世界経済が1年だけ後戻りすると考えれば、そう恐ろしくはない。実際、２０１３年が２０１４年よりそこまで悪かったとは思えない。

個人のレベルでも同じことがいえる。二酸化炭素換算（CO_2eq）という単位は、メタンや亜酸化窒素など、二酸化炭素以外の温室効果ガスを含めたカーボン・フットプリントを測定する方法のひとつだ。たとえば、1トンのメタンは21トンの二酸化炭素と同等の温暖化を引き起こすので、1トンのメタンは二酸化炭素換算21トンということになる。[34]一般的な推定によると、二酸化炭素換算1トンあたりの社会的費用はおよそ32ドルだ。[35]現在と将来の両方のコストを含めれば、1トンの二酸化炭素、またはそれに相当する温室効果ガス（メタンや亜酸化窒素など）を排出すると、全人類が合計32ドルの被害をこうむる。平均的なアメリカ人は年間およそ二酸化炭素換算21トンを排出しているので、アメリカ人の排出する温室効果ガスがもたらす社会的費用はひとりあたり年間約６７０ドルとなる。[36]これもやはりかなりの額だが、世界の終わりとまではいえない。ほかの国々に住む人々の場合、温室効果ガスの排出による社会的費用はずっと少ない。たとえば、イギリス人は年間で二酸化炭素換算9トン程度しか排出していないので、ひとりのイギリス人が及ぼす被害は年間わずか275ドルだ。(37)

しかし、この標準的な経済分析では、期待値の考え方が忠実に活かされていない。気温が2～4℃上昇するというもっとも典型的なシナリオの影響しか想定していないからだ。この分析には、私たちの推定がまちがっていた場合の影響が考慮されていない。この点は特に重要だ。気候は驚くほど複雑なシステムであり、予測は難しい。なので、私たちの推定が正しいと断定するすべはないのだ。気温上昇について推定する気候科学者たちは、2～4℃をずっと上回る気温上昇の深刻なリスクがわずかながら存在するという点を認めなければならない。事実、気候変動に関する政府間パネルは、6℃を超える気温上昇の可能性が5パーセント以上、さらには10℃を超える破滅的な気候変動のリスクがわずかながらもあることを認めている。(38) 誤解しないでほしいが、私はこういうことがたぶん起こると言っているわけではない。実際には、まずありえないだろう。しかし、絶対にないわけではない。そして、まんがいち起これば、文明が崩壊するレベルの壊滅的な影響が出るだろう。(39) それはどれくらい深刻なのか？　具体的な答えを出すのは難しいが、壊滅的なレベルの影響がありうると考えるなら、私たちは気候変動を和らげることの重要性についてもういちど評価し直す必要があるだろう。その場合、二酸化炭素がもたらす社会的費用の真の期待値は、1トンあたり32ドルよりもずっと高くなる。だとしたら、経済学者たちの当初の推定よりもずっと本格的な排出量削減活動が必要になるだろう。

援助プログラムの価値の大部分が最高の援助プログラムから生まれるのと同じで（第3章を参照）、多くの場合、災害による被害の大部分は最悪の災害によってもたらされる。つまり、災害による死亡者数をグラフにすれば、ファットテール分布になる[40]。ナシーム・タレブは、起こることは非常にまれだが非常に大きな影響を及ぼす出来事のことを「ブラックスワン」と呼んでいる[41]。たとえば、戦死者の大半はいくつかの最悪の戦争で亡くなっている[42]。過去200年間に起きた400回の戦争のうち、第二次世界大戦だけで戦死者の約3割を占める。つまり、戦争を危惧するのであれば、特に規模が大きい戦争を未然に防ぐこと、またはその規模を制限することに励むべきだ。地震、洪水、伝染病についても同じことが成り立つ。

最悪の結果が起こるリスクが無視されていそうなケースでは、その予防に手を貸すのも、非常に有効な利他的活動といえるかもしれない。「スコール・グローバル・スレット財団」はまさしくその取り組みを行なっており、気候変動、病気の世界的流行、核兵器の拡散によって生じる世界的な大災害の確率を抑えるべく取り組んでいる[43]。現在、慈善団体の評価機関「ギブウェル」はこの分野への寄付がどれだけ効果的かを評価するため、さまざまな活動について調べている[44]。

前章までの説明を読んで、効果的な利他主義は、学童の寄生虫の駆除やマラリア予防の蚊帳の配付など、比較的便益を数値化しやすい活動だけを対象にしたものだと感じたかもしれない。本章の期待値の議論を読んで、そうでない理由をわかってもらえたら幸いだ。政治的な変化や防災など、一見すると〝数値化〟するのが難しそうな分野でも、それぞれの活動の価値について、証拠に基づいた厳密な考察を行なうことはできる。必要なのは、成功の確率と成功した場合の見返りの大きさを評価することだけだ。もちろんそうするのは簡単ではないが、最初からあきらめて適当に活動を選んだり、利他的活動をまったくしなかったりするよりは、本章で紹介したような評価を試してみるほうが、よりよい決定を下せるのではないだろうか。

これで、効果的な利他主義を実践するのに役立つ5つの重要な疑問をすべて紹介し終わった。何人がどれくらいの利益を得るか？　これはあなたにできるもっとも効果的な活動か？　この分野は見過ごされているか？　この行動を取らなければどうなるか？　成功の確率は？　成功した場合の見返りは？　次は、いよいよこれらの疑問を実世界へと当てはめ、効果的な利他主義を実践する方法について説明していこう。それがパートⅡのテーマだ。

パートII　効果的な利他主義を実践する

第7章　間接費やCEOの報酬額にまつわる誤解
――社会に最大の影響を及ぼす慈善団体はどれか？

私があなたに100ドルを渡して、次の3つの慈善団体のうちのどれかに全額を寄付するよう伝えたとしよう。いずれもアフリカの貧困国が直面する問題を解決しようとしている団体だ。あなたならどれを選ぶだろうか？

ひとつ目は「ブックス・フォー・アフリカ（BFA）」。BFAの目標は、アメリカから寄贈された本をアフリカ大陸へと届け、非営利のパートナー組織に配付してもらうことで、アフリカの教育水準を向上させること。1988年に創設されたBFAは、49カ国に2800万冊以上の本を届けてきた。BFAのウェブサイトにはアフリカの問題と彼らの解決策がはっきりと記されている。

アフリカの学童の大半は1冊も本を持っていません。多くの教室では1冊の教科書を10～20人の生徒で共有しています。ブックス・フォー・アフリカは目標達成に向けて大きな前進を遂げてきましたが、それでもアフリカの本不足はいまだに現実的な問題として残っています。本が置かれている場所でもその数はごく限られていて、がらんとした図書室の棚は本不足にあえぐアフリカの窮状を常に物語っています。アフリカの学童たちが本を通じて自立や人助けに必要なスキルを学べる日が来るよう、ブックス・フォー・アフリカには何百万冊という本を送りつづける義務があるのです。(1)

元国連事務総長のコフィー・アナンは個人的にＢＦＡを支持し、「ブックス・フォー・アフリカの理念はシンプルだが、その影響は革命的だ。人間にとって、読み書きの能力はまぎれもなく不幸から希望への架け橋になるのだ」と述べている。(2)

ふたつ目の組織は「ディベロップメント・メディア・インターナショナル（ＤＭＩ）」。アフリカの５歳未満児の死亡を防ぐことに取り組んでいる。そのために、ラジオ番組やテレビ番組の制作や放送を通じて、母乳による育児（子どもの健康を改善するため）、正しい手洗い（下痢性疾患の発生率を抑えるため）、マラリア予防の蚊帳の利用促進といった衛生教育を行なっている。１日に数回、１分間のラジオＣＭを放送することもあるし、教育メッセージを組みこんだ独立のメロドラマを制作することもある。ＤＭＩはこう記している。

全世界で毎年６３０万人の子どもたちが５歳未満で亡くなっています。２０１３年には、サハラ以南のアフリカの子どもたちの11人にひとりが５歳の誕生日を迎える前に亡くなりました。自分の子どもが危険な病気にかかっていることに気づけない親、気づいたとしても対処方法がわからない親が多く、医療サービス不足というよりもむしろ知識不足が多くの死につながっています。自分の赤ん坊が下痢を起こしていることに気づけば、母親は「ＤＭＩが推奨する」経口補水療法を子どもに施すことができます。そうすれば、子どもが５歳まで成長する可能性ははるかに高まるのです。(3)

現在、DMIはブルキナファソで活動を行なっており、コンゴ民主共和国、モザンビーク、カメルーン、コートジボワールでも同様のプログラムを実行する計画だ。

3つ目の組織は「ギブダイレクトリー」。彼らのプログラムは単純だ。ドナーからの寄付金をケニアやウガンダの最貧困層の人々に直接送金し、そのお金を好きなように使ってもらうのだ。「Mペサ」と呼ばれるシステムを通じて、携帯電話がいわば簡易的な銀行口座として使われる。おかげで、外国の銀行口座から貧しい人々にお金を手軽に送金することができる。ギブダイレクトリーは衛星画像を用いてわらぶき屋根の家(鉄製の屋根の家と比べて貧しい証拠)を探し、その家庭と接触して話を持ちかける。その家庭が同意すれば、ギブダイレクトリーは1年間分の総所得を少し上回る1000ドルを一括で送金する。ギブダイレクトリーはこう記す。

送金を受けた人々は自分たちにとってもっとも重要だと思う物事にそのお金を使います。私たちのほうから使い道を指図することはありません。私たちのケニアでの活動を独立に評価した「イノベーションズ・フォー・ポバティー・アクション」によると、送金を受けた人々は平均的に大きな増収につながるような幅広い目的にお金を使っていることが判明しました。一般的な使い道は、食糧の購入から、住宅や家畜などの有形資産への投資、子どもの教育への投資までさまざまです。(4)

この3つの慈善団体のうち、あなたの寄付金100ドルでもっともよいことができると思う組織はどれだろう？　本章では、その答えを出すのに役立つフレームワークを紹介したいと思う。

慈善団体を評価する一般的な方法のひとつは、その慈善団体の財務情報を確認し、資金の使い道を調べるというものだ。管理費はどれくらいか？　ＣＥＯの報酬額は？　寄付金の何割がその慈善団体の主要プログラムに費やされるのか？　この視点から15年間にわたって評価を行ないつづけているのが、もっとも人気の高い最古の慈善団体の評価サービス「チャリティ・ナビゲーター」だ。「賢いドナーは財務の健全性がその慈善団体の活動成果の強力な指標であることを知っている。大半の活動分野において、もっとも効率的な慈善団体は予算の75パーセント以上を活動やサービスに、25パーセント未満を資金調達や管理費に費やしていることは周知の事実だ」とチャリティ・ナビゲーターは記す。(5)

この基準を用いて、先ほどの３つの慈善団体を比較してみよう。

ブックス・フォー・アフリカの間接費は総支出（２０１３年で２４００万ドル）のわずか０・８パーセント、ＣＥＯの報酬額は総支出の０・４７パーセント（11万６２０４ドル）となっている。これらの理由や財務全般の透明性から、チャリティ・ナビゲーターはＢＦＡを７年連続で最高の４つ星と評価している。本書の執筆時点で、ＢＦＡはチャリティ・ナビゲーターの最高の慈善団体トップ10の第３位にランクインしていて、１００点満点中99・９３点という満点近い評価を得ている。

ギブダイレクトリーはチャリティ・ナビゲーターでは評価されていないが、やはりこれらの基準ではなかなかの好成績を収めるだろう。現時点で、ギブダイレクトリーに１ドルが寄付されるたび、おおよそ87セント（ウガンダの場合）から90セント（ケニアの場合）が貧しい人々の手に渡り、残りが登録、フォローアップ、送金のコストに費やされる。ギブダイレクトリーは資金調達に１ドルを費やすたびに１００ドルの寄付を調達している。これは平均の４ドルと比べるとかなりの額だ。間接費の比率は６パーセントであり、総支出２

20万ドルのうち12万4000ドルしか管理費に費やしていない。管理費の大部分は固定費なので、送金額が増えれば増えるほど、間接費の割合は大きく減少していくだろう。

対照的に、ディベロップメント・メディア・インターナショナル（DMI）の間接費は総予算の44パーセントにもおよび、ウェブサイトにはほとんど財務情報が公開されていない。[6] チャリティ・ナビゲーターはアメリカを拠点とする慈善団体のみを評価しているので、イギリスに拠点を置くDMIは評価していない。しかし、チャリティ・ナビゲーターの基準に従うなら、DMIがほかのふたつの慈善団体と比べて大きく見劣りするのは明白だ。

財務情報を用いて慈善団体どうしを比較するべきだという考え方はかなり影響力が高く、そのおかげでチャリティ・ナビゲーターは大きな成功を収めてきた。2012年、チャリティ・ナビゲーターのサイトは合計620万件の訪問を受け、100億ドルにおよぶ慈善団体への寄付に影響を与えたといわれる。[7] 今やチャリティ・ナビゲーターの指標はある慈善団体が効率的かどうかを判断する定番の物差しとなった。そして、直感的には理に適っているように見える。自分の信じる理念を支える慈善団体に貴重なお金を寄付するなら、寄付金がムダになっているのではなく、その理念の推進に役立っているという確信を得たいのは当然だ。この指標に基づくなら、最高の慈善団体がブックス・フォー・アフリカで、次がギブダイレクトリー、そして最下位がディベロップメント・メディア・インターナショナルという結論になるだろう。

しかし、これまでの章で学んできたことを踏まえると、この方法で慈善団体の有効性を評価するのはかなり筋違いだとわかるはずだ。[8]

手始めに、このロジックをあなた自身の個人消費に当てはめて考えてみよう。あなたがアップルのMacとマイクロソフトのPC、どちらを買うかで迷っているとき、どのような要因を考慮するだろう？　おそらく、両コンピューターのデザインや使い勝手、ハードウェア、ソフトウェア、価格を比較するだろう。アップル社とマイクロソフト社の管理費の割合だとか、両社のＣＥＯの報酬額なんて考えないはずだ。なぜそんなことを考える必要があるだろう？　消費者が気にするのは、出したお金でどういう製品が手に入るかだけだ。メーカーの細かい財務情報などほとんど関係ない。アップルが有能な経営陣を獲得するために大金を投じているとしたら、それはむしろ製品が一流である有力な証拠だと考えられるかもしれない。

自分の商品を買うときには財務情報を気にしないのに、なぜ他人のために商品を買うときには財務情報を気にするのか？　ひとつ、極例を挙げてみよう。私がお腹を空かせた警官にドーナッツを配る慈善団体を立ち上げたとする。私はこの使命に燃えているので、予算の０・１パーセントしか間接費には費やさず、残りのすべてをドーナッツの購入と配付に回すと決める。さらに、この慈善団体のＣＥＯである私はいっさい報酬を受け取らないとする。さて、私は本当にすばらしい慈善団体をつくったことになるだろうか？　第２章で説明したとおり、私たちが究極的に気にするべきなのはその慈善団体が及ぼす影響だ。ある団体に１００ドルを寄付したら、そのお金で何をしてくれるのか？　その結果、人々の生活は向上するのか？

この疑問に答えるには、各慈善団体に寄付した場合の具体的な結果を比較すればいい。ブックス・フォー・アフリカは寄付金50セントにつき1冊の本を貧しい人々に届けている。ギブダイレクトリーは寄付金1ドルにつき90セントを貧しい人々に渡している。ディベロップメント・メディア・インターナショナルは１５０万ドルを費やし、特定の国で衛生教育を促進するマスメディア活動を展開している。しかし、こうした数値だけではあまり意味がない。同じ１５０万ドルで３００万冊の教科書を届けるのと、貧しい人々に１３５万ドルを送金するのと、健康を保つ方法を広めるのとでは、どれがよいのか？　この疑問に答えるには、それぞれの支出が人々の生活に与える影響を理解する必要がある。

ひとつ目に調べなければならないのは、その慈善団体の実施するプログラムの影響について、質の高い証拠（エビデンス）があるのかどうかだ。一見すると、教科書の配布が有益なのは当たり前だが、有益だという有力な証拠は驚くほど少ないし、むしろ有害だという証拠もいくつかある。開発経済学者たちは教科書の配布について検証してきた結果（マイケル・クレマーを覚えているだろうか？）、教科書を配布しても教師の指導がなければ、生徒の成績には目に見える効果がまったくないか、せいぜい成績優秀な生徒にしか効果がないことがわかった。(9)

この点からして、ブックス・フォー・アフリカは避けるべきだ。管理費の割合が少ないという理由で〝効率的〟とうたわれているが、本当に重要なのは、1ドルあたりでどれだけよいことが行なわれるかなのだ。ブックス・フォー・アフリカは世界の最貧困層に目を向けているという点では有望な慈善団体だし、一見するかぎりでは有効そうなプログラムを実施している。しかし、残りのふたつの慈善団体のプログラムが有効であるという証拠のほうがずっと信憑性が高い。なので、BFAが3つの慈善団体のなかでもっとも効果に乏しいというのが私の意見だ。

明らかに、間接費の割合やCEOの報酬額よりもまともな基準が必要だ。そこで、ドナーが寄付先を決める前に考えなければならない5つの疑問を挙げておこう。これらの疑問は、受け取った寄付金でもっとも人々の生活を向上させている慈善団体を8年前から評価しつづけている機関「ギブウェル」が用いている基準をベースにしている。

①この慈善団体の活動内容は？　何種類のプログラムを実行しているか？　それぞれのプログラムに関して具体的に何を実行しているのか？　複数のプログラムを実行している場合、その理由は？

②各プログラムの費用対効果は？　その慈善団体は特に重要な課題に取り組んでいるか？　具体的な証拠が示すそのプログラムの費用対効果は？

③各プログラムが有効であることを裏づける証拠の信憑性は？　その慈善団体が実施するプログラムが有効であることを裏づける証拠は？　そのプログラムが有効であることを証明する試験は行なわれているか？　その慈善団体はプログラムの成果をきちんと監視し、評価しているか？

④各プログラムはどれくらい適切に実施されているか？　その慈善団体のリーダーたちはほかの分野で成功経験があるか？　慈善団体の透明性は高いか？　過去の失敗をきちんと認めているか？　代わりとなる寄付先はあるか？　その慈善団体のほうがほかの寄付先よりもよいと結論づけるだけの有力な根拠はあるのか？

⑤その慈善団体は追加の資金を必要としているか？　追加資金の使い道は？　ほかのドナーからありあまるくらいの寄付が集まっていない理由は？

このフレームワークを使えば、管理費のような不備のある基準ではなく純粋な影響力に基づいて慈善団体を評価できる。そこで、このフレームワークの一つひとつの側面について順番に説明していこう。また、このフレームワークを用いて残りのふたつの慈善団体、ギブダイレクトリーとディベロップメント・メディア・インターナショナルを比較してみたいと思う。

この慈善団体の活動内容は？

これは当たり前の疑問にも思えるが、ある慈善団体がしていると考えられている活動と、その慈善団体が実際にしている活動が大きく食いちがうケースも多い。たとえば、先進国の医療慈善団体の多くは、マーケティングやウェブサイトで研究活動を大きくアピールしているが、実際には研究活動に費やされるお金は予算のほんの一部であり、残りはほかのプログラムに費やされている。私はこの事実を知って驚いた。たとえば、アメリカがん協会はプログラム支出の43パーセントを患者の支援、21パーセントを予防、14パーセントを発見および治療に費やしており、がん研究には22パーセントしか費やしていない。[10] アメリカALS協会（アイス・バケツ・チャレンジで有名）はプログラム支出の41パーセントを啓蒙や専門教育、24パーセントを患者や自治体へのサービスに費やしており、研究には35パーセントしか費やしていない。[11] この事実自体が寄付しない理由になるわけではないし、マーケティングがまぎらわしいとケチをつけるつもりもないが、寄付金で研究だけでなくいろいろな活動が支えられていると知っていたら、その慈善団体の評価のしかたが変わるだろう。

ギブダイレクトリーとDMIの活動についてはすでに説明ずみだ。では、その有効性は？

各プログラムの費用対効果は？

ある慈善団体は一定のお金で何を実現してくれるのか？　それを見積もるためには、単なる有効性ではなく、常に費用対効果に着目しなければならない。慈善団体Aと慈善団体Bが同じくらい効果的に駆虫薬を配付できるとしても（つまり同じくらいきちんと配付してくれるとしても）、慈善団体BがAの半分のコストでそれを実現できるなら、慈善団体Bに寄付するほうが2倍効率的だということになる。

費用対効果を推定する最初のステップは、その慈善団体がプログラムを実行するのにかかるひとりあたりのコストを計算することだ。たとえば、ふたりの子どもを平均2年間マラリアから守ることができる蚊帳を1張配付《はり》するのにおよそ6ドルかかるので、ひとりの子どもを1年間守るのにかかるコストは1・5ドルということになる。ギブダイレクトリーの場合、最貧困層の人々の手元に90セントを届けるのに1ドルのコストがかかる。ＤＭＩの場合、衛生教育キャンペーンを1年間実行するのに視聴者ひとりあたり40～80セントのコストがかかる。[12] 最終的には、こうした活動が人々の幸福にどう影響を及ぼすかを算定する必要がある。これらの数値だけでは、ギブダイレクトリーとＤＭＩのどちらのほうがよいことをしているのかは判断できない。それを評価するためには、各プログラムが人々の生活に及ぼす実際の影響を評価しなければならない。

当然ながら、ギブダイレクトリーについて真っ先に問うべき疑問は、「送金を受け取った人々はそのお金をどう使うのか？」というものだ。[13] 教育に使うのなら万々歳だし、ドラッグやアルコールに使うとしたら気がかりだ。幸い、もっとも一般的なお金の使い道は、家畜などの資産の購入や、わらぶき屋根から鉄の屋根への交換だと判明している。平均すると、送金されたお金の39パーセントが資産の購入にあてられている。こうした資産は非常に高いリターンを生み出すようで、数年以上にわたって年間14パーセントもの利益を生み出す可能性がある。

また、現金の送金には目に見えない効果もいくつかあるようだ。送金を受け取った人々の報告によると、主観的な幸福度が大幅に上がり、丸1日食べ物を食べられない日が大幅に減ったという。また、女性のエンパワーメントの指標も著しく改善したが、調査期間中には健康や教育の大きな改善は見られなかった。

推定されたギブダイレクトリーのプログラムの費用対効果は非常に高いが、ＤＭＩのプログラムはそれを上回る。

私たちが当たり前のように知っている健康上の知識はたくさんある。たとえば、アメリカでは誰もがたびたび手を洗う。手洗いは私たちが子どものころに植えつけられた教えだ。また、私たちは手がきれいに見えるからといって本当にきれいだとはかぎらないことを知っていて、石鹼を使う。しかし、多くの貧困国の人々は手洗いを教えられていない。あるいは、石鹼を貴重品とみなしているので、手洗いに使うのをためらう。このことは重大な影響を持つ。下痢は発展途上国では深刻な問題であり、年間76万人の子どもたちが主に脱水症で命を落とす。[14] たとえるなら、毎日5機のジャンボジェット機が墜落して、乗客乗員が全員死亡するのに等しい。こうした死の大部分は、石鹼によるこまめな手洗いなど、衛生環境のシンプルな改善で避けられる。[15]

DMIの広告はものすごく陳腐だ（ある広告では、赤ちゃんがいろいろな病気と会話するが、最終的には母乳のおかげでやっつけることができる）。[16] しかし、こうした広告を通じて、DMIは出産直後の授乳の重要性や蚊帳の適切な使い方など、重要な情報をひとりあたりにすると低コストで提供できるのだ。

DMIの及ぼす影響を評価するには、おなじみのQALYをひとつの尺度として用いることができる（1QALYはひとりの健康的な生活1年分に相当する）。マスメディアを通じた衛生教育の調査やモデルによると、およそ10ドルで1QALYを提供できると推定されている。第3章で、殺虫剤入りの蚊帳を配付すれば、たったの1００ドルで1QALYを提供できるという話をした（３４００ドルでひとつの命を救える計算になる）。そして、それでも十分に驚異的な事実だと指摘した。しかし、1QALYあたり10ドルという推定が正しいとすれば、それよりも10倍よいことができる。DMIに寄付すれば、たった３６０ドルでひとつの命を救えるのだ。

DMIがもたらす増収、幸福感、エンパワーメントの価値を算出するのは、QALYや救われる人命の数と比べると難しいが、比較の方法に関してどのような合理的仮定を立てたとしても、先ほどの数値に基づけばＤＭＩが明らかな勝者に見える。

この点を確かめるため、１０００ドルの送金で５人前後からなる世帯の年間所得がおおよそ2倍になるという事実に着目してほしい。とても甘い仮定として、投資利益のおかげで倍の収入が10年間にわたって続くとしよう。つまり、世帯全体が送金後の10年間、送金なしの場合の2倍裕福になるものとする。そこで、こんな疑問について考えてみよう。約３人の命を救うのと（ＤＭＩに１０００ドルを寄付した場合）、５人の所得を10年間にわたって2倍にするのとでは（ギブダイレクトリーに寄付した場合）、どちらのほうがメリットは大きいか？　同じ予算で３人の命を救うメリットのほうが大きいのは明白だろう。

よって、推定された費用対効果に基づけば、ＤＭＩに寄付するほうがよさそうだ。しかし、ＤＭＩとギブダイレクトリーをきちんと比較するには、このフレームワークの残りの要素についても考える必要がある。

各プログラムが有効であることを裏づける証拠の信憑性は？

費用対効果が非常に高いというあやふやな証拠しかない慈善団体と、費用対効果がまあまあ高いという非常に有力な証拠がある慈善団体とでは、だいたい後者のほうを選ぶべきだ。ある推定を裏づける証拠が弱ければ、その推定は楽観的に見積もられている可能性が高く、真の費用対効果はそれよりもずっと低くなる。

たとえば、慈善団体のウェブサイトやマーケティング資料にある主張を裏づける証拠はとてもあやふやなことが多く、時には完全な誤解を招くものもある。たとえば、慈善団体「ナッシング・バット・ネッツ」（せめて蚊帳だけは）のウェブサイトには、「時には10ドルの蚊帳1張が生死を分ける」とある。[17] ある意味では正しい。確かに蚊帳は命を救うので、蚊帳1張が命を救うこともある。しかし、蚊帳に守られていない子ども全員がマラリアで死ぬわけではないので、10ドルでひとつの命を救えるという主張は正しくない。そして、ナッシング・バット・ネッツのメッセージをしっかりと読まなければ、単純に10ドルでひとつの命を救えると誤解してしまうかもしれない。確かに、貧困国では比較的低コストで人々の命を救ったり生活を向上させたりすることができるが、そこまで安上がりなわけではないのだ。（いちおう確認しておくと、世界の最貧困層の人々でさえ1日60セントで生活している。もし10ドルでひとりの命が救えるなら、貧困国の家庭は命を救う製品を買うために数週間分の貯蓄や借金さえできないことになる。）

プログラムの有効性に関する主張は、学術調査に基づいていればいっそう信頼性が高まる。メタ分析（調査に関する調査）が行なわれていればいっそう信頼できる。それでも、ある慈善団体の実施するプログラムがメタ分析で調査されたプログラムと微妙にちがう可能性はあるので、完全に信頼できるわけではない。その点を踏まえると、慈善団体が独立した監査や査読を伴うランダム化比較試験を行なっていれば理想的だろう。

証拠の信憑性がそこまで重要なのはなぜか？　理由は単純だ。多くのプログラムは機能しないし、機能するプログラムとそうでないプログラムを見極めるのは難しいからだ。スケアード・ストレート・プログラムを評価するとき、プログラムに参加する前後の少年少女の非行率だけを見ていたら、すばらしいプログラムだと結論づけてしまっていただろう。ランダム化比較試験の結果を見て初めて、この場合は相関と因果関係がイコールではないこと、そしてスケアード・ストレート・プログラムがむしろ害を及ぼしていることがわかったのだ。

証拠の信憑性が低いもっとも痛烈な例のひとつがマイクロクレジットに関するものだ。マイクロクレジットとは、非常に貧しい人々に少額のお金を貸し出すマイクロファイナンスの一種であり、ノーベル平和賞受賞者のムハマド・ユヌスやグラミン銀行で有名だ。直感的には、マイクロクレジットは費用対効果がものすごく高いように見える。受け取ったマイクロローンを元手にビジネスを興し、貧困から抜け出した人々の逸話はごまんとある。しかし、質の高い調査を行なうと、マイクロクレジット・プログラムは所得、消費、健康、教育にほとんど（またはまったく）効果を及ぼしていないことが証明された[18]。マイクロローンは起業ではなく食品や医療といった追加の消費活動にあてられることが多く、ローンの利息は非常に高いのがふつうだ。さらには、長期的な財務の安定を犠牲にして短期的な増収をはかろうという誘惑を生み出し、悪影響を及ぼすケースもある。家族の食費や医療費をまかなうためにローンを組み、返済不能な債務に陥ってしまう場合があるのだ[19]。最新の証拠によると、マイクロクレジットは平均的には人々の生活をやや向上させるようだが、決してさまざまな成功談が描いているような万能薬とはいえない[20]。

こうした注意点を念頭に置き、ギブダイレクトリーとＤＭＩをどう比較すればよいか？　この点では、ギブダイレクトリーのほうが明らかに勝る。現金の送金はもっとも詳しく調査されている開発計画のひとつであり、世界じゅうの多くの国々で生活を向上させることが証明されている[21]。また、送金が効果的かどうかのお墨付きも手軽に与えられる。自分のもっとも切実なニーズを誰よりもわかっているのはその人自身だ。なので、送金を受け取った人々は自分にとって役立つ用途でそのお金を使うことができるのだ。最後に、独立系の開発シンクタンク「イノベーションズ・フォー・ポバティー・アクション」はギブダイレクトリーに関するランダム化比較試験を行なっている[22]。なので、送金プログラム全般の有効性だけでなく、ギブダイレクトリーの実施する送金プログラムの有効性についても確信が持てる。

送金はシンプルなプログラムであり、有効であるという証拠の信憑性も高いので、いわば寄付に関する〝インデックス・ファンド〟的なものとしてとらえることができる。インデックス・ファンドに投資した資金は、株式市場と同じ割合で増加（または減少）する。インデックス・ファンドへの投資は、もっとも手数料が少ない株式投資の方法だ。一方、アクティブ運用の投資信託は、割高な運用手数料がかかるため、投資する価値があるのは、その投資信託が市場平均を大きく上回る場合、つまり追加の投資利益が追加の運用コストを上回る場合に限られる。同じように、貧しい人々に直接現金を送金するのではなく、別の慈善プログラムに寄付する価値があるのは、そのプログラムの余分な運営コストを帳消しにするほど大きな見返りが期待できる場合に限られるだろう。言い換えるなら、よほど説得力のある理由でもないかぎり、私たちが勝手にお節介を焼くよりも、貧しい人々自身にお金の使い道を決めてもらうほうが効果的だと考えるべきなのだ。

マスメディア教育の場合は、直接送金よりも効果的だと考えるだけの有力な根拠がある。マスメディアを通じた衛生教育は個人では買えないし、仮に買えるとしても、貧困国の人々はおそらく衛生教育の価値を正確には理解していないだろう。市場原理だけではマスメディアによる衛生教育は提供できないので、政府や非営利組織の手による資金提供や実施が欠かせない。

しかしながら、マスメディア教育のほうが送金よりも費用対効果が高いと考えるだけの有力な根拠があるという事実だけでは、実際に費用対効果が高いことの証明にはならない。マスメディア教育の有効性を裏づける証拠を調べてみると、直接送金の有効性を裏づける証拠よりも信憑性が低いということがわかる。

マスメディア教育に関する証拠の出所は主に3つあり、いずれも1QALYあたり約10ドルという推定が出されている。ひとつ目に、マスメディアを通じた衛生教育プログラムに関する調査がいくつか発表されている。しかし、どれもギブダイレクトリーのプログラムに関する調査と比べるとはるかに質や関連性が低い。ふたつ目に、DMIが介入の開始前に作成した数学的モデルがある。一般的に、数学的モデルの質は仮定次第だが、このモデルに組みこまれた仮定は楽観的な可能性もある。3つ目に、DMIが自身のプログラムに対して実行しているランダム化比較試験の中間結果がある。DMIのプログラムは多数のローカルラジオ放送局があるブルキナファソを拠点としている。そのため、DMIは7つの地区でプログラムを実施し、その7地区とプログラムを実施していない別の7地区で衛生関連の指標を監視することで、死亡率や病気の罹患率を比較し、プログラムの効果を確かめることができる。この中間結果は非常に明るいものだが、自己報告に基づいているため、死亡率などの指標と比べると正確ではない。

つまり、DMIの1QALYあたり10ドルという数値を裏づける証拠は、ギブダイレクトリーの費用対効果を裏づける証拠と比べると信憑性が低い。この事実はDMIよりもギブダイレクトリーを選ぶ理由になる。ギブダイレクトリーのプログラムの有効性を裏づける証拠のほうが確かなので、ギブダイレクトリーの推定はおおむね正確だと確信できる。一方、DMIの主張する1QALYあたり10ドルという数値は楽観的に見積もられている可能性がある。[23]

各プログラムはどれくらい適切に実施されているか？

ある慈善団体のプログラムの費用対効果が非常に高く、それを裏づける証拠の信憑性がきわめて高いとしても、プログラムの実施がお粗末な可能性はある。たとえば、マラリア予防の蚊帳の配付は、きちんと実施されればとても費用対効果の高いプログラムだが、もしも蚊帳を受け取った人々が蚊帳なんて必要ないとか、蚊帳は役立たないと考えていれば、蚊帳を別の目的で使ってしまうかもしれない。たとえば、ケニア政府が配付した蚊帳の調査で、人々がしばしば蚊帳を魚の捕獲や乾燥に使い回していることがわかった。[24] だからこそアゲンスト・マラリア基金などは、蚊帳をきちんと取りつけてもらえるよう、蚊帳を受け取った人々に正しい使い方やメリットを説明し、事後訪問や写真撮影を行なっている。

ある慈善団体の実施がお粗末だとわかっているならまだいいほうだ。それ以上によくあるのは、ある慈善団体がプログラムを適切に実施しているかどうか自体がわからないという問題だ。大半の慈善団体は、実施しているプログラムに関して情報をほとんど公開していないので、その有効性を評価するのは難しい。

ギブダイレクトリーとDMIはいずれも、実施の質という点では優秀なようだ。ギブダイレクトリーは一流の開発経済学者が運営しているし、DMIはラジオ教育に関する幅広い経験と実績を持つ人物が運営していて、一流の疫学者や開発経済学者たちからなる諮問機関を持つ。いずれも透明性が非常に高い。ギブダイレクトリーは、送金を仲介する現地の代理人に賄賂を支払わざるをえなかった受取人の割合まで発表している（本書の執筆時点では0・4パーセント）[25]。こうした事実を認めているのはたいへん心強い。失敗を揉み消すのではなく、失敗を認めて是正していく心構えがあるという証だからだ。

その慈善団体は追加の資金を必要としているか？

プログラムの費用対効果が非常に高く、それを裏づける証拠の信憑性がきわめて高い慈善団体が見つかったとしても、まだ問うべき疑問はある。あなたの寄付はちがいにつながるのか？ 効果的なプログラムの多くは、きわめて効果的だという理由ですでに十分な資金提供を受けている。たとえば、発展途上国の政府はふつう、結核、ポリオ、ジフテリア、破傷風、百日咳、はしかなど、低コストな予防接種プログラムの費用を提供しており、既存の医療制度を通じてこうしたワクチンを提供している。また、これらのプログラムは世界的なワクチン同盟「GAVI」からも巨額の支援を受けており、GAVIは2011年から2015年までに目標の37億ドルを上回る43億ドルの資金を受け取った。[26] こういうプログラムにとって、世界規模の展開を阻んでいる最大のハードルは、資金不足というよりもむしろ実施的な側面なのだ。

もっと小さな規模でも同じことがいえる。一般的に、あるプログラムにもっと資金を受け取る余地が残っているとしても、慈善団体が急速に拡大するのは難しいこともある。ある慈善団体が少し前に思いがけない大金を受け取ったとしたら、追加の寄付金を効果的に活用することはできないかもしれない。おそらく、２０１３年のアゲンスト・マラリア基金はそういう状況だったのだろう。２０１２年にギブウェルがアゲンスト・マラリア基金を最有力の慈善団体として推奨すると、寄付金の額は合計１０００万ドルまで急増した。しかし、アゲンスト・マラリア基金はその寄付金をスムーズには使えなかった。つまり、アゲンスト・マラリア基金への追加の寄付は、それまでの寄付と比べると効果的ではないということだ。そのため、ギブウェルは２０１３年にはアゲンスト・マラリア基金を推奨するのをやめた。（しかし、アゲンスト・マラリア基金は２０１３年に受け入れ能力の拡大に成功したため、ギブウェルは２０１４年に再び推奨した。）

ギブダイレクトリーとＤＭＩはどちらも追加の資金を活かす余地があるが、ギブダイレクトリーのほうがＤＭＩよりも追加の資金を有効活用できるだろう。２０１５年、ギブダイレクトリーは追加の２５００万〜３０００万ドルの寄付金を効率的に活用する余地があり、１０００万ドル程度を調達できる見込みとなっている。[27] 一方、ＤＭＩは１０００万ドルを効率的に活用する余地があり、２００万〜４００万ドル程度を調達できる見込みになっている。[28] さらに、送金にあてられるお金の上限のほうがマスメディア教育にあてられるお金の上限よりもずっと高い。送金プログラムの場合、もしかすると数千億ドルをあてることも不可能ではないが、たとえ全世界でマスメディアによる衛生教育を展開したとしても、それよりはずっと少ないコストですむだろう。

現状では、このちがいは問題にならないが、それぞれの慈善団体の資金調達の状況次第では、DMIに寄付しないひとつの根拠になるかもしれない。もしあなたが寄付しようとしまいと、DMIが資金不足を補えるとしたら、あなたの寄付はほとんど意味をなさないのだ。

これで私たちのフレームワークの5つの要素がすべて出揃った。さて、同じ100ドルで世の中に対してよりよいことができるのはどちらの慈善団体だろうか？　お察しのとおり、私がギブダイレクトリーとDMIのふたつをあえて選んだのは、答えがはっきりとしないからだ。これまで論じてきた検討材料のうち、もっとも重要なのは推定される費用対効果と証拠の信憑性の問題だ。推定される費用対効果はDMIのほうがギブダイレクトリーよりも高いが、その推定を裏づける証拠の信憑性はDMIのほうがギブダイレクトリーよりも低い。どちらの慈善団体を選ぶかは、明らかにされている費用対効果の見積もりをどれくらい信用するべきかによって大きく異なる。そしてそれは、あなたがそのプログラムをどれくらい楽観的に（または悲観的に）とらえるかによって変わってくる。これは私たちがよいことをしようとするときによく直面する悩みだ。まあまあの影響を及ぼせることを裏づける有力な証拠がある活動と、それよりもずっと大きな影響を及ぼせる可能性はあるが、そのことを裏づける証拠があやふやな活動とでは、どちらを選ぶべきだろうか？

もし今すぐどちらかを選べと言われたら、私は第6章で説明した「期待値」の考え方に基づき、ギブダイレクトリーではなくDMIに100ドルを寄付するだろう。たぶん、DMIの実際の費用対効果は1QALYあたり10ドルという数値を大きく下回ると思うが、もしこの数値がおおよそでも正しければ、DMIの費用対効果はギブダイレクトリーよりもずっと高いことになる。よって、DMIに寄付することの価値の期待値はギブダイレクトリーより高くなると考えられる。しかし、ギブダイレクトリーが有効であることを裏づける証拠の信憑性を費用対効果の低さよりも重視し、ギブダイレクトリーに寄付すると決める人がいたとしても、まったく責めるつもりはない。慈善団体の有効性を評価するのは難しい。そして、ギブダイレクトリーとＤＭＩはどちらも、最貧困層の人々に大きな利益を届けているすばらしい慈善団体なのだ。

ここでは、３つの具体的な慈善団体を例に挙げ、費用対効果が高いのはそのうちのふたつだと判断した。しかし、世界のほかの慈善団体はどうだろう？　残念ながら、私のフレームワークをすべての慈善団体に当てはめて考察するだけの時間と紙面はないので、本章の締めくくりとして、ギブウェルの調査に基づく費用対効果の高い慈善団体をいくつかリストアップしてみたいと思う。また、それぞれの慈善団体が合格点に達している理由も手短に説明する。ただし、その前にいくつか注意点を述べておきたい。

ひとつ目に、「ワールド・ビジョン」「オックスファム」「ユニセフ」といった巨大な慈善団体はこのリストには含まれていない。これらの慈善団体はさまざまなプログラムを実施しているので、評価するのがとても難しい。また、仮に詳しく評価できたとしても、これらの慈善団体がこれからリストアップする慈善団体ほど効果的だとは考えにくい。ある慈善団体がいくつものプログラムを実施しているとしたら、必然的により効果的なプログラムとそうでないプログラムが含まれるだろう。だとしたら、単純にもっとも効果的なプログラムに資金を集中させるべきだ。たとえば、一般的に災害支援はもっとも効果的なお金の使い道ではないという話をしたが、多くの巨大慈善団体は災害支援にそうとうな労力を費やしている。

ふたつ目に、リストアップされている慈善団体の少なさに驚くと思う。世界には価値のある慈善団体がもっとたくさんあるはずでは？　そのとおりだ。が、だからといってそのすべてに寄付すべきだということにはならない。第３章で説明したとおり、最高の慈善団体は単に優良なだけの慈善団体よりも桁違いに効果的なことも多い。使えるお金が限られていることを考えると、ただ単にすばらしいだけの慈善団体ではなく、選りすぐりの慈善団体にお金を集中させるべきなのだ。

3つ目に、私の挙げる慈善団体のほとんどが貧困国で健康関連のプログラムを実施していることに気づくと思う。すでに説明したとおり、先進国よりも貧困国のほうが簡単に、しかも少ないお金で人命を救えるので、私たちは貧困国にこそ目を向けるべきだ。しかし、教育、飲み水の供給、経済の強化についてはどうなのか？ いずれも有望な分野ではあるが、世界の健康の問題はふたつの点で突出している。まず、健康分野にはまぎれもない成功実績がある。天然痘の根絶はその最たる例だが、ポリオ、はしか、下痢性疾患、ギニア虫症といったその他の健康分野に関しても、開発援助は大きな貢献を行なってきた[29]。それと比べると、援助と経済成長との因果関係ははっきりとしない[30]。次に、その性質から、健康への介入が有効であることを裏づける証拠のほうが信憑性は高い。アメリカでアルベンダゾールという薬が回虫の駆除に有効だとしたら、おそらくケニアやインドでも有効だと結論づけてまちがいないだろう。人体の構造は世界各地でそうちがいはないからだ。一方、インドで成功した教育プログラムがケニアでも成功すると断言するのはずっと難しい。文化や教育のインフラが大きく異なるからだ。

もちろん、「世界の健康に着目する」という経験則には例外もある。たとえば、ギブダイレクトリーは経済の強化に取り組む慈善団体だ。第10章ではずっと幅広い活動分野にも目を向けるが、世界の健康ではなくそうした活動に取り組むべきだという主張は、当然ながら臆測的な側面が強くなる。

こうした注意点を踏まえたうえで、効果的な利他主義を実践する有力な慈善団体の評価機関「ギブウェル」の判定に基づき、きわめて費用対効果の高い慈善団体をいくつか紹介しよう（2015年1月時点）。ここでは、推定される費用対効果、証拠の信憑性、実施の質、追加資金を受け取る余地の4つの観点から、それぞれの慈善団体を格づけしていく。これらの格づけは、私がリストアップした慈善団体どうしを比較するためだけに用いてほしい。というのも、たとえば私がこのあとのリストで「まあまあ効果的」と評価した慈善団体は、ここに挙げられていない慈善団体と比べれば抜群に効果的だからだ。完全を期すため、そして比較のため、本書ですでに紹介したギブダイレクトリー、ディベロップメント・メディア・インターナショナル、デウォーム・ザ・ワールド・イニシアティブ、アゲンスト・マラリア基金といった慈善団体もいちおう含めてある。

最高の慈善団体

ギブダイレクトリー（GiveDirectly）[31]

活動は？　ケニアとウガンダの貧困世帯に条件なしで直接送金を行なっている。

推定される費用対効果は？　まあまあ高い。1ドルを寄付すると、ケニアとウガンダの最貧困世帯に90セントが届けられる。その結果、投資、消費、教育支出、主観的な幸福度が高まる。

証拠の信憑性は？　きわめて高い。送金プログラムの有効性を裏づける調査が数多く行なわれている。また、ギブダイレクトリーは独立系の評価機関と協力し、自身のプログラムに対するランダム化比較試験を行なっている。

実施の質は？　きわめて効果的に実施されている。この慈善団体は有力な開発経済学者が運営にかかわっており、非常にオープンで、透明性が高く、自身に対して客観的。

追加資金を受け取る余地は？　きわめてある。２０１５年、ギブダイレクトリーは追加の２０００万～３０００万ドルの資金を効率的に活用する余地があると見積もっており、同期間におよそ１０００万ドルを調達できる見込み。将来的にそれ以上の規模へと拡大する可能性も非常に大。

ディベロップメント・メディア・インターナショナル（Development Media International; DMI）[32]

活動は？　ブルキナファソの住民に基本的な衛生問題について啓蒙するラジオ番組の制作と運営を行なっている。今後はコンゴ民主共和国、モザンビーク、カメルーン、コートジボワールにも活動を展開する予定。

推定される費用対効果は？　きわめて高い。過去の調査に関するＤＭＩの見解と、ＤＭＩ独自の数学的モデルによると、費用対効果は１ＱＡＬＹあたり10ドル前後。

証拠の信憑性は？　まあまあ高い。外部の調査機関と協力して自身のプログラムに関するランダム化比較試験を行なっているが、最終的な死亡率データがまだ集まっていない。現在のデータは自己報告に基づくもの。

実施の質は？　非常に効果的に実施されている。ＣＥＯのロイ・ヘッドは発展途上国でのラジオ番組の運営経験が豊富。ＤＭＩは一流の疫学者たちと協力して有効性を監視しており、オープンで、透明性が高く、自身に対して客観的。

追加資金を受け取る余地は？　おおいにある。新たな４カ国に活動を拡大するため、２０１５年にはおよそ１０００万ドルを活用する余地があると考えており、およそ２００万～４００万ドルを調達できる見込み。

デウォーム・ザ・ワールド・イニシアティブ（Deworm the World Initiative）[33]

活動は？　ケニアやインドの政府が学校を中心とする駆虫プログラムを実施できるよう技術支援を提供している。

推定される費用対効果は？　非常に高い。自分たちで駆虫プログラムを実施する代わりに、政府に技術支援を提供しているため、デウォーム・ザ・ワールド・イニシアティブが負担するコストは子どもひとりあたり年間約３セントときわめて低い。

証拠の信憑性は？　非常に高い。ふたつの本格的なランダム化比較試験（うちひとつは長期追跡調査を含む）によると、寄生虫の駆除は教育や経済に大きな利益をもたらすようだ。しかし、自分たちで駆虫プログラムを実施する代わりに、政府に技術支援を提供している以上、デウォーム・ザ・ワールド・イニシアティブの支援がなければ駆虫プログラムが実行されていなかったかどうかは不明。

実施の質は？　非常に効果的に実施されている。活動内容についてたいへんはっきりと公開されている。

追加資金を受け取る余地は？　それほどない。２０１５年と２０１６年の両年において２００万ドルの追加資金を活用する余地があるが、最低でもそれぐらいの額は集まる見込み。

住血吸虫症対策イニシアティブ（Schistosomiasis Control Initiative; SCI）[34]

活動は？　サハラ以南のアフリカ諸国の政府に、学校や自治体を拠点とする駆虫プログラムを実施するための資金を提供。その後、助言の提供、監視、評価を実施している。（住血吸虫症は寄生虫感染症の一種。当初、

ＳＣＩはその名称どおり住血吸虫症だけに活動を絞っていたが、現在ではほかの寄生虫感染症も治療している。）

推定される費用対効果は？ 非常に高い。寄生虫の駆除にかかるコストは子どもひとりあたり年間1ドル未満。

証拠の信憑性は？ 非常に高い。ふたつの本格的なランダム化比較試験（うちひとつは長期追跡調査を含む）によると、寄生虫の駆除は教育や経済に大きな利益をもたらすようだ。

実施の質は？ まあまあ効果的に実施されている。ギブウェルはＳＣＩの活動に関する透明性や情報公開について一定の懸念を示している。

追加資金を受け取る余地は？ まあまあある。２０１５年、ＳＣＩは追加のおよそ８００万ドルの寄付金を効率的に活用する余地があると考えているが、２０１５年にどれくらいの資金を調達できる見込みなのか、資金が十分に集まる可能性があるのかどうかは不明。

アゲンスト・マラリア基金（Against Malaria Foundation）[35]

活動は？ サハラ以南のアフリカの貧困世帯に持続性の高い殺虫剤入り蚊帳を購入し、配付するための資金を提供している。

推定される費用対効果は？ 非常に高い。6ドルでふたりの子どもを平均2年間マラリアから守ることができる蚊帳を1張配付できる。費用対効果は１ＱＡＬＹあたり推定１００ドル。

証拠の信憑性は？ 非常に高い。蚊帳の有効性を裏づける複数のランダム化比較試験とふたつのメタ分析が行なわれている。

実施の質は？ きわめて効果的に実施されている。透明性や情報公開がきわめて優れている。

追加資金を受け取る余地は？　きわめてある。２０１５年、アゲンスト・マラリア基金は２０００万ドルを効率的に活用する余地がある。

リビング・グッズ（Living Goods）(36)

活動は？　ウガンダで家々を回り、マラリア、下痢、肺炎の治療薬、石鹸、生理用ナプキン、避妊具、ソーラー・ランタン、高効率コンロなどの衛生関連商品を安価で販売したり、健康管理に関するアドバイスを提供したりする地域の衛生推進者たちのネットワークを運営している。

推定される費用対効果は？　非常に高い。リビング・グッズが自身のプロジェクトを対象に行なっているランダム化比較試験の推定によると、リビング・グッズのプログラムに３０００ドルを投じるたびにひとつの命が救われるほか、さまざまなメリットが生じるという。一方、ギブウェルは1万１０００ドルでひとつの命を救えると推定している。

証拠の信憑性は？　まあまあ高い。リビング・グッズが実行しているプログラムそのものに対して、独立した調査機関による高品質な調査が行なわれている。しかし、ここにリストアップされているほかのプログラムのように、複数の調査に基づく証拠はない。

実施の質は？　まあまあ効果的に実施されている。リビング・グッズはオープンで、情報提供に関してはまあまあ透明性が高い。しかし、継続的な監視や評価は限られている。

追加資金を受け取る余地は？　まあまあある。リビング・グッズの今後3年間の予算は年間およそ１０００万ドル。年間２００万～３００万ドルほど不足する見込み。

ヨウ素グローバル・ネットワーク（The Iodine Global Network; IGN）[37]

活動は？　塩をヨウ素で強化する政府の活動をサポートする。その後、実施されたプログラムの進捗を監視し、国に応じたガイダンスを提供する。

推定される費用対効果は？　非常に高い。ヨウ素の欠乏は、発展途上国で肉体や知能の発育阻害の大きな原因となっている。ヨウ素の強化は低コストでこうした問題を緩和できる。このプログラムに1ドル投資するたびに27ドルの経済的便益があるとの推定もある。[38]

証拠の信憑性は？　まあまあ高い。ヨウ素による塩の強化は十分な研究がなされているプログラムであり、人々の生活の大幅な改善につながることが証明されている。しかし、ＩＧＮはみずからヨウ素の強化プログラムを実施しているわけではないので、ＩＧＮの活動のおかげでヨウ素添加塩を摂取する人々が増えているかどうかを評価することが重要だ。この点はまだ不明。

実施の質は？　非常に効果的に実施されている。ＩＧＮはオープンで透明性が高く、微量栄養素の欠乏に関する第一人者たちによって運営されている。

追加資金を受け取る余地は？　あまりない。ＩＧＮの２０１４年の予算はわずか50万ドルだったが、２０１５年には１００万ドルを効率的に活用する余地があるとギブウェルは見積もっている。現時点ではそのうち40万ドルしか調達できておらず、60万ドルの追加調達の余地がある。

私の評価をすべてまとめたのが表７－１だ。

表 7-1　慈善団体の評価

	推定される費用対効果	証拠の信憑性	実施の質	追加資金を受け取る余地
ギブダイレクトリー	●●	●●●●	●●●●	●●●●
ディベロップメント・メディア・インターナショナル	●●●●	●●	●●●	●●●
デウォーム・ザ・ワールド・イニシアティブ	●●●	●●●	●●●	●
住血吸虫症対策イニシアティブ	●●●	●●●	●●	●●
アゲンスト・マラリア基金	●●●	●●●	●●●●	●●●●
リビング・グッズ	●●●	●●	●●	●●
ヨウ素グローバル・ネットワーク	●●●	●●	●●●	●

●●●●――きわめて高い（最善、最高）
●――あまり高くない（最低）

第8章　搾取工場の商品を避けるべきでない道義的理由
——消費者として社会に最大の影響を及ぼすには？

衣料品会社「アメリカンアパレル」は、無地のTシャツをはじめとする「ファッショナブルなベーシック商品」の販売で知られ、「スウェットショップ・フリー」（搾取工場はいっさいなし）をウリにしている。ウェブサイトの会社概要ページにこうある。

私たちの衣料品工場労働者は競合他社の最大50倍もの賃金を受け取っています(1)

バングラデシュの衣料品工場労働者の年間所得は平均600ドルほど。しかし、アメリカンアパレルのベテラン労働者は3万ドル以上を稼ぎ、総合的な医療補助などの福利厚生を受けることができます。アメリカンアパレルの衣料品は、正当な報酬を受け取るモチベーションの豊かな従業員によってつくられています。彼ら彼女らはただ仕事に就いているのではなく、キャリアを築いているのです。仕事ぶりをはっきりと認め、内部で昇進を行なうのが私たちの社風です。そして何より、すべての労働者が会社の方向性に対して影響力や発言権を持っています。アメリカンアパレルではこの制度を「スウェットショップ・フリー」と呼んでいます。これは2002年に私たちがつくった言葉です。

アメリカンアパレルの人気は「エシカル消費」へと向かうトレンドの一例にすぎない。エシカル消費とは、正当な待遇を受けている労働者のつくった商品をなるべく買うようにすることで、購買力を通じて世界をよりよい場所にする運動だ。

本章では、効果的な利他主義の視点からエシカル消費について考え、それが世の中にとってよいことをする効果的な方法なのかどうかを検証してみたいと思う。ここでは、搾取工場、フェアトレード、低炭素生活、菜食主義について話していく。最終的には、エシカル消費が名前負けした活動であること、少なくとも世の中に影響を及ぼすほかの方法と比べれば効果に乏しいことを示したいと思う。まずは搾取工場について考えよう。

搾取工場《スウェットショップ》とは、主にアジアや南米の貧困国にあり、かなり劣悪な労働条件のもと、富裕国のために織物、玩具、電子機器などの商品をつくっている工場を指す。(2) 労働者は1週間に6、7日、16時間労働を行なっていることも多い。時には食事休憩やトイレの使用すら禁止されていることがある。エアコンはまずなく、工場内はとても暑い。健康や安全性は無視されていることが多く、雇用主が労働者を虐待するケースもある。

搾取工場の状況は非常に劣悪なので、搾取工場で生産された商品をボイコットする人々も多い。「スウェットショップに反対する学生連合」「スウェットショップに反対する全国運動」「スウェットフリー・コミュニティーズ」、そして絶妙な命名の「ノー・スウェット・アパレル」（汗ひとつかかない衣料品）など、搾取工場労働の撲滅に取り組む組織も増えていっている。そのため、ナイキ、アップル、ディズニーなど、搾取工場労働に頼って商品を製造している大企業に対して、世論の反発が高まっている。

この運動には高貴な目的がある。搾取工場に反対する活動家たちは、人々がこれほど劣悪な環境で働いていることにゾッとしている。それはもっともなことだ。しかし、不買活動を通じて搾取工場に抗議する人々は、第5章で説明したとおり、「この行動を取らなければどうなるか?」という視点が抜けている。私たちは、自分たちが搾取工場の商品をボイコットすれば、工場は経済的な圧力に負けて廃業し、労働者たちはもっとましな就職先を見つけるだろうと思いこんでいる。

しかし、それは正しくない。発展途上国では、搾取工場の仕事はむしろよい仕事なのだ。工場で働けなくなれば、低賃金で肉体を酷使する農業労働、ごみあさり、失業など、ふつうはいっそう劣悪な状況が待ち受けている。『ニューヨーク・タイムズ』のコラムニスト、ニコラス・D・クリストフは、ごみ集積場からプラスチックをあさってリサイクル業者に売っているカンボジア女性のピム・スレイ・ラスへのインタビューで、こうした状況を描き出した。「工場で働きたい」と彼女は言った。「少なくても日がよけられるでしょ。ここはすごく暑いの」[3]

搾取工場が比較的よい仕事を提供しているという明確な証が、発展途上国の人々からの巨大な需要だ。搾取工場の労働者のほぼ全員が自分の意志で働いており、なかにはあの手この手で工場の仕事にありつこうとする人々もいる。21世紀初頭、ラオス、カンボジア、ビルマの400万人近くが搾取工場の仕事に就くためにタイへと移住し[4]、今でも多くのボリビア人がブラジルの搾取工場で働くため、国外追放のリスクを冒してブラジルに密入国している[5]。ブラジルの搾取工場労働者の平均年収は2000ドル[6]。たいした額ではないが、農業や鉱業が主であるボリビアの平均年収よりは600ドルも高い。同じように、搾取工場労働者の平均日当は、バングラデシュが2ドル、カンボジアが5・5ドル、ハイチが7ドル、インドが8ドルだ[7]。もちろん少額ではあるが、多くの国民が1日あたり1・25ドルで暮らしている国々では、こうした仕事に需要が集まるのは理解できる。搾取工場の状況はとても劣悪なので、人々が国外追放のリスクを冒してまでそこで働こうとするのは、私たちにとって想像しにくい。しかしだからこそ、第1章で説明したとおり、世界の貧困は想像を超えるほど激しいのだ。

実際、左派と右派のどちらの経済学者たちのあいだでも、搾取工場が貧困国に利益をもたらしているという点では意見が一致している。ノーベル賞を受賞した左派の経済学者ポール・クルーグマンは、「この種の雇用の成長は世界の貧困層にとって大きな朗報であるというのが経済学者たちのあいだで圧倒的に主流な見解だ」と述べた。[8]また、極度の貧困層にいっそう手を差し伸べるべきだと声高に主張しているコロンビア大学の経済学者ジェフリー・サックスは、「私の懸念は搾取工場が多すぎることではなく少なすぎることだ」と述べている。[9]これほど多くの経済学者たちが搾取工場を支持している理由は、低賃金で労働集約型の製造が、換金作物に基づく経済を豊かな産業化社会へと発展させる足がかりになるからだ。[10]たとえば、産業革命当時、欧米は100年以上にわたって搾取工場労働を利用し、その結果として生活水準を大きく向上させた。しかし、20世紀になると産業化のための技術がすでに確立していたので、当時の国々はずっと急速にこの発展段階を通り抜けるまでに長い年月がかかったのは、産業化のための技術が新しいものだったからだ。この発展段階を通り抜けた。香港、シンガポール、韓国、台湾という東アジアの4カ国の「タイガー経済」は、急速な発展の例だ。どの国も、20世紀初頭のきわめて貧しい農耕社会から、20世紀半ばの低賃金の生産国、そしてここ数十年で工業化された経済大国へと進化した。

搾取工場は貧困国に好影響を及ぼすので、そこでつくられる商品をボイコットすれば、貧困国の人々の暮らし向きはいっそう悪くなる。これは机上の空論ではない。1993年、アメリカ合衆国アイオワ州選出後任上院議員のトム・ハーキンは、児童労働に関する法案を議会に提出した。この児童労働抑止法案が議決されれば、児童労働を用いる国々から商品を輸入するのは違法となるはずだった。当時、バングラデシュには既製服を生産する搾取工場で働く子どもたちがおおぜいいた。この法案が議決されるのではないかという不安から、工場はすぐさま5万人の児童労働者たちを解雇した。アメリカ合衆国労働省によると、大半の子どもたちは学校に行ったりもっとましな仕事を見つけたりする代わりに、「より小規模で未登録の下請け衣料品工場や、その他の部門で仕事を見つけたと考えられる」という。[11] 一般的に、多国籍企業のほうが現地の搾取工場よりもずっと賃金が高いことを考えれば、こうした若者たちの暮らし向きはいっそう悪くなっただろう。事実、ユニセフの調査によると、解雇された衣料品工場の児童労働者の多くが、路上販売や売春など、生きるために苦肉の策に頼らざるをえなくなったという。[12]

もちろん、搾取工場の労働者たちが強いられている厳しい状況には怒りや恐怖を感じるべきだ。[13] しかし、搾取工場でつくられた商品をボイコットして国産の商品に切り替えるのは、正しい反応とはいえない。[14] そもそも人々に搾取工場で働きたいと思わせるような極度の貧困を撲滅しようとすることこそ、正しい反応なのだ。

では、アメリカンアパレルとはちがって貧困国の人々を雇いながらも、より好待遇を提供しているとされる「ピープルツリー」「インディジェナス」「クイチ」などの企業の製品を買うのはどうだろう？　そうすれば、搾取工場に頼るのを避けつつ、極度に貧しい人々によりよい雇用機会を提供できるだろう。

消費者の圧力によって本当に貧しい人々に利益を還元できるなら、私は大賛成だ。しかし現実的には、私は「エシカル消費」がその意図どおりに機能するという確信がいまひとつ持てない。この点を確かめるため、非常に貧しい人々によりよい労働条件を提供する最大の取り組み、フェアトレードについて考えてみよう。

フェアトレード認証とは、貧困国の労働者により高い報酬を支払うための取り組みだ。一般的にはバナナ、チョコレート、コーヒー、砂糖、茶など、発展途上国で栽培された食品に対して用いられる。フェアトレード認証は、最低賃金の支払いや安全要件の順守など、一定の条件を満たす生産者にのみ与えられる。フェアトレード認証にはふたつの利点がある。ひとつ目に、生産者には商品に対して一定の最低価格が保証される。たとえば、コーヒーの生産者は、市場価格が1ポンドあたり1・4ドルを下回ったとしても確実に1・4ドルを受け取れる。ふたつ目に、生産者には市場価格に上乗せして「ソーシャル・プレミアム」が支払われる。コーヒーの場合、市場価格が1・4ドル以上であれば、1ポンドあたり20セントが追加で支払われる。このソーシャル・プレミアムは、民主的に選ばれた地域プログラムに使用される。

フェアトレード商品の需要は急増している。フェアトレード・ラベルが登場したのは1988年のことだが、早くも2014年にはフェアトレード認証を受けた商品に全世界で69億ドルが消費された[15]。外国の農家が正当な賃金を受け取れるよう、喜んで多めの代金を支払う人々がこれほどおおぜいいるという事実はなんとも心強い。しかし、フェアトレード商品の購入を検討する際には、通常のコーヒーよりもフェアトレード・コーヒーに何ドルか余分に支払うことが、実際のところどれだけ貧困国の人々のプラスになるかを考える必要がある。「ほとんどプラスにならない」というのがさまざまな証拠から導き出される答えだ。その理由は3つある。

ひとつ目に、フェアトレード商品を購入しても、ふつうは世界の最貧困層にはお金が届かない。フェアトレードの基準を満たすのは難しく、一般的に最貧困国の人々にはフェアトレード認証を取得する余裕がない。たとえば、フェアトレード・コーヒーの生産の大部分は、エチオピアなどの最貧困国よりも10倍も裕福なメキシコやコスタリカが占めている。[16] 第1章で、お金の価値の減少するスピードや世界的な格差がどれだけ大きいかを説明した。つまり、仮にフェアトレード商品を買うことが農家の収入を増やすよい方法だとしても、比較的裕福な国々で生産されているフェアトレード商品を買うくらいなら、最貧困国で生産されているフェアトレードでない商品を買うほうが、与えられる影響は大きいかもしれない。コスタリカはエチオピアより10倍ほど裕福なので、平均的なコスタリカ人にとっての数ドルよりも、平均的なエチオピア人にとっての1ドルのほうが価値は高いのだ。

ふたつ目に、フェアトレード商品に支払われる余分なお金のうち、最終的に農家の手に渡るのはほんの一部だ。残りは中間業者の手に渡る。フェアトレード財団は割増価格の何割がコーヒー生産国に渡るのかを発表していないが、独立の研究者たちがいくつか推定を出している。世界銀行の経済コンサルタントのピーター・グリフィス博士は、あるイギリスのカフェ・チェーンの場合、フェアトレード・コーヒーの上乗せ価格のうち、貧困国のコーヒー輸出業者に渡る割合は1パーセントにも満たないことを発見した。[17] フィンランドの教授のヨニ・ヴァルキラ、ペルッティ・ハパランダ、ニーナ・ニエミは、フィンランドで販売されているフェアトレード・コーヒーの上乗せ価格のうち、コーヒー生産国に渡る割合はわずか11パーセントにすぎないことを発見した。[18] INCAEビジネススクールのバーナード・キリアン教授らは、アメリカではフェアトレード・コーヒーがふつうのコーヒーと比べて1ポンドあたり5ドル増しで販売されるが、コーヒー生産者は上乗せ分の8パーセント、つまり1ポンドあたり40セントしか受け取っていないことを発見した。[19] 対照的に、ギブダイレクトリーに1ドルを寄付すれば、最終的に90セントが貧しい人々の手に渡ることを思い出してほしい。

3つ目に、最終的に生産者の手に渡るそのごく一部のお金も、賃金の増加につながるとはかぎらない。フエアトレード認証を受けた組織の商品の価格はまちがいなく上がるが、だからといってその組織のもとで働く農業労働者の賃金が上がるとはかぎらないのだ。ロンドン大学東洋アフリカ研究学院（ＳＯＡＳ）のクリストファー・クレイマー教授が率いる研究チームは、エチオピアとウガンダのフェアトレード労働者の収入について、４年がかりの調査を行なった[20]。その結果、フェアトレードの労働者たちはフェアトレードでない同様の労働者たちと比べて体系的に賃金が安く、労働条件が劣悪であることがわかった。また、最貧困層の人々は大成功ともてはやされている「地域プロジェクト」にまったく関与していないことも多かった。クレイマー教授はこう指摘した。「イギリス国民はフェアトレード認証を取得したコーヒー、紅茶、花に割増料金を支払うことで、貧しいアフリカ人の生活に〝影響を及ぼせる〟と信じこまされてきた。今回の４年がかりのプロジェクトで入念な実地調査と分析を行なった結果、私たちの調査した場所では、フェアトレードは賃金労働者、つまり農村部のもっとも貧しい人々の生活を向上させるのに有効なメカニズムではないと結論づけられる[21]」

これまでの調査に関する独立した評価でも、ほぼ同じ結論が出ている。証拠は少ないものの（これ自体は気がかりだ）、これまでに行なわれた調査では一貫して、フェアトレード認証によって農業労働者の生活は向上しないという結果が出ている[22]。フェアトレード財団自体が委託した評価でさえ、「フェアトレードへの参加が労働者に影響を及ぼすという証拠は限定的だ」と結論づけている[23]。

この点を踏まえると、フェアトレード商品を買う理由はほとんど見当たらない。フェアトレード商品を買ったとしても、せいぜい比較的裕福な国の人々にちょっとした小銭を与えられる程度だ。それなら、安いほうの商品を買って、その差額を前章で紹介した効果的な慈善団体のひとつに寄付するほうがずっとよいことができるだろう。

エシカル消費のもうひとつの重要な分野が「エコ」だ。ひとりあたりで見ると、アメリカ国民はどの大国よりも多くの温室効果ガスを排出している。アメリカの成人ひとりあたり年間平均で二酸化炭素換算21トンを生み出している。（繰り返しになるが、二酸化炭素換算とは、メタンや亜酸化窒素など、二酸化炭素以外の温室効果ガスを含めたカーボン・フットプリントを測定する方法のひとつだ。）これまで説明してきたとおり、気候変動は重大な問題なので、何かしたいと思うのは自然な衝動だ。低炭素なライフスタイルへと切り替えるのはそのわかりやすい方法だろう。

残念ながら、温室効果ガスを削減する一般的な方法の多くはあまり意味がない。[24] よく聞くアドバイスのひとつとして、電子機器を使っていないあいだ、待機状態にしておかずに主電源をオフにするというものがある。しかし、この行動はほかにできる行動と比べるとほとんど効果がない。1回お風呂につかるだけで携帯電話の充電器をまる1年間コンセントに入れっぱなしにする以上の二酸化炭素を排出するし、テレビをまる1年間コンセントに入れっぱなしにしたとしても（待機電力の使用という点では最悪レベルの行為だ）、自動車を2時間運転するより二酸化炭素の排出量は少ない。もうひとつよくあるアドバイスは、部屋を出るときには電気を消せというものだ。しかし、照明は家庭のエネルギー消費の3パーセント程度しか占めていないので、家でまったく照明を使わなくても、削減できる二酸化炭素の排出量は1トンに遠くおよばない。[25] ビニール袋もよく懸念の対象になるが、非常に甘く見積もったとしても、ビニール袋の使用を完全にやめて削減できるのは二酸化炭素換算で年間100キログラム、つまり総排出量の0・4パーセント程度にすぎない。[26] 同じように、地産地消の効果も過大評価されている。食品に関する二酸化炭素排出量のうち輸送が占めるのは10パーセント程度で、80パーセントは生産が占める。[27] なので、その食品が国内と国外のどちらで生産されたかよりも、どういう種類の食品を買うかのほうがずっと重要なのだ。たとえば、週に1日だけ赤肉や乳製品を断つほうが、国内で生産された食品だけを購入するよりも二酸化炭素排出量は抑えられる[28]。実際、同じ食品でも国内生産品のほうが輸入品よりも二酸化炭素排出量が多い場合すらある。ある調査によると、ヨーロッパ北部の国内生産のトマトの二酸化炭素排出量は、スペインで栽培されたトマトの5倍だった。温室の暖房や照明による排出量のほうが輸送によって生まれる排出量を大きく上回っていたからだ[29]。

二酸化炭素排出量を削減するもっとも効果的な方法はいくつかある。ひとつは肉の消費量を減らすこと（とりわけ牛肉は、年間で二酸化炭素換算1トン近い削減につながることもある[30]）。もうひとつは移動距離を減らすこと（自動車の運転距離を半分にすれば二酸化炭素換算で年間2トンの節約[31]、ロンドン－ニューヨーク間の飛行機での往復を1回やめれば1トンの節約になる[32]）。そしてもうひとつは自宅で電気やガスを節約すること（特に一戸建ての場合、屋根裏への断熱材の取りつけで1トンの節約になる[33]）。

しかし、排出量削減にもっと効果が高い方法がもうひとつある。それは「オフセット」（相殺）と呼ばれる方法だ。自分自身の温室効果ガスの排出量を減らすのではなく、別の場所で温室効果ガスの排出を減らす（なくす）活動へと資金を提供するのだ。

環境保護主義者たちはしばしばカーボン・オフセットを批判する。イギリスのジャーナリスト、ジョージ・モンビオはこう主張する。

私たちが飛行機や車に乗って排出する二酸化炭素は厳然たる事実であり証明可能だが、オフセット活動によって吸収される二酸化炭素のほうは実証が難しい。多くのオフセット活動は成功し、必要な期間にわたって機能しつづけるだろうが、一部の企業が進出している植林活動のように失敗に終わるものもあるだろう。また、二酸化炭素の削減を主張するためには、本来そうした活動が行なわれるはずではなかったということを証明する必要もある。メキシコが養豚場で発生するメタンを回収することはなかったとか、インドの人々が自発的に新型のコンロを買うことはなかったということをね。つまり、反事実的な未来をのぞきこまなければならない。私はいまだかつて、カーボン・オフセット企業の人間でそういう超能力を持っている人物に出会ったためしがない。

　トラベルケアのオフィスやBPのガソリンスタンドで、独善、政治的無関心、自己満足を買うことはできても、地球の命を買うことはできないのだ。[34]

多少芝居がかっているとはいえ、モンビオの懸念はごもっともだ。企業が実施するオフセット活動の効果に不安を抱いている人は多いだろう。たとえば、多くの航空会社は、顧客が航空券を購入する際、割増料金を支払うことで飛行中に排出される二酸化炭素を相殺できるオプションを提供しているが、顧客の側としては、その航空会社がきちんと二酸化炭素を相殺してくれると信じて航空券を購入するよりない。しかし、航空会社がきちんと相殺してくれるかどうか不安な人もいるだろう。どちらにしても行なわれる予定だった活動に資金を回すかもしれないし、自分たちの活動による温室効果ガスの削減量を過大評価するかもしれない。その場合、あなたが二酸化炭素を相殺するために支払った料金では、あなたの排出する二酸化炭素の一部しか相殺できないことになる。

しかし、モンビオの懸念はカーボン・オフセットそのものに対する有力な反論とはいえない。本当に効果的なオフセットの方法を見つけるための研究が必要だということを示しているにすぎないのだ。私の組織「ギビング・ワット・ウィー・キャン」はまさにそれを行なった。私たちは寄付金で温室効果ガスの排出量を削減していると主張する100以上の組織を調べ、二酸化炭素換算1トンの温室効果ガスの排出をもっとも効果的に防げる組織を割り出した。最終的に私たちがベストだと結論づけたのは「クール・アース」という慈善団体だ。

クール・アースは、実業家のヨハン・エリアシュと国会議員のフランク・フィールドによって2007年にイギリスで創設された[35]。ふたりは熱帯雨林の保護や、森林伐採が環境に及ぼす影響に強い関心を持っていた。クール・アースは主にアマゾンの森林伐採を防ぐことで地球温暖化と闘うことを目指している。彼らは寄付金を用いて熱帯雨林の共同体の経済的な発展を促し、共同体が土地を森林伐採業者に売らなくてもやっていけるよう支援している。クール・アースは熱帯雨林を直接購入するわけではなく、地域社会を経済的に支援して、熱帯雨林の住民が木々の販売よりも高利益の事業を営めるようにしている。そのなかには、財産権の保護、地域のインフラの改善、熱帯雨林の住民が生産物を高値で販売できる市場の斡旋といった活動も含まれる。こうして、クール・アースの行なっている活動は、気候変動を抑制すると同時に、熱帯雨林の住民たちの生活も向上させているのだ[36]。

この開発援助にも近い間接的なやり方を見ると、果たしてこれが森林を守る効果的な方法なのだろうかと疑問に思うかもしれない。しかし、地域がすでに森林を守りたいと思っているのに、森林を切り売りせずにはやっていけないとしたら、別の戦略を探す手助けをすることは、比較的低コストで影響を及ぼす有力な手段といえるだろう。実際、クール・アースのプログラムが効果的であるという証拠が出ており、クール・アースの活動エリアではその周囲と比べて森林伐採が格段に少ない[37]。さらに、クール・アースの人々は支援を差し伸べる地域を戦略的に吟味している。熱帯雨林の重点エリアを保護すれば、ずっと幅広い地域を違法伐採から守る森の〝防壁〟をつくることができる。

クール・アースによると、およそ100ドルで1エーカーの熱帯雨林の伐採を防ぐことができ[38]、熱帯雨林1エーカーあたり260トンの二酸化炭素が蓄えられる[39]。つまり、たった38セントで1トンの二酸化炭素の排出を防げるということだ。

ただし、私たちはなるべく控えめに評価したかったので、クール・アースの主張する数値をうのみにせず、独自の見積もりを立てた。クール・アースの実績を調べた結果、私たちは最大でも154ドルで1エーカーの熱帯雨林を保護することができ、それが防壁となってさらに4エーカーの熱帯雨林が守られると推定した。クール・アースによって保護されていない同様の熱帯雨林は30パーセントが伐採されていたので、クール・アースは103ドルで1エーカーの熱帯雨林を保護していることになる[40]。しかし、クール・アースが熱帯雨林の一部地域を保護したとしても、伐採業者は熱帯雨林の別の部分を伐採するだけかもしれない。私たちはこの点に気づき、経済データを用いてこの点を加味した結果、クール・アースが1エーカーを保護するたびに0・5エーカーの伐採が回避されると推定し、熱帯雨林の保護コストを1エーカーあたり206ドルと算出した。

1エーカーあたり260トンの二酸化炭素を蓄えるという推定は、すでに低く見積もられている。土壌に蓄えられる二酸化炭素や、二酸化炭素以外の温室効果ガスを考慮していないからだ。しかし、森林が将来的に伐採されてしまうリスクは依然としてあるので、私たちは1エーカーあたり153トンへと推定を下方修正した。

これらの数値を総合すると（206ドルで153トンの二酸化炭素の排出を防止）、最善の推定は1トンあたり1・34ドルとなる。なるべく控えめに計算したとはいえ、この数値はまだ楽観的すぎるかもしれない。そこで、万全を期して300パーセントの誤差を組みこみ、5ドルで1トンの二酸化炭素の排出を防げるという数値を使うことにする。

この数値を用いると、アメリカの平均的な成人は自分の排出する二酸化炭素をすべて相殺するために年間105ドルを支払う必要があるだろう。これはかなりの額だが、ほとんどの人々にとっては、飛行機に乗るのをやめるとかいう大幅なライフスタイルの変更を行なうよりはずっとラクだろう。そう考えると、あなたの二酸化炭素排出量を削減するもっとも手軽で効果的な方法は、単純にクール・アースに寄付することだといえる。

カーボン・オフセットには別の反論もあるが、いずれも説得力に乏しい。たとえば、ジョージ・モンビオは先ほど引用した記事のなかで、キリスト教徒が罪のゆるしを得る見返りにキリスト教会に金銭を支払っていた中世の慣行にたとえて、カーボン・オフセットのことを「免罪符の販売」と評した。[41] 風刺ウェブサイト「チートニュートラル」（浮気の中和）は、同じテーマで次のようなサービスを提供している。「人間は浮気をすることにより、世の中の悲痛、苦しみ、嫉妬を増大させています。チートニュートラルは、絶対にパートナーを裏切らないと誓った人々に寄付を行ない、あなたの浮気を相殺いたします。あなたの生み出した苦しみや不幸は中和され、あなたは清い心を取り戻せるでしょう[42]」

しかし、どちらのたとえにも欠陥がある。免罪符を買っても、あなたが他人に与えた危害やあなたの犯した罪が〝消える〟わけではない。一方、効果的なカーボン・オフセットを行なえば、そもそもあなたの排出する二酸化炭素によって誰かが危害をこうむること自体を防げるのだ。たとえ生涯ずっと二酸化炭素を排出しつづけたとしても、それと同時に二酸化炭素を効果的に相殺することができれば、全体としては気候変動になんら貢献していないことになる。同じように浮気を〝相殺〟したとしても（本当にそんなことができるならの話だが）、傷つく人がいることに変わりはない。たとえ浮気の数の合計は一定だったとしてもだ。一方、カーボン・オフセットならあなたの排出する二酸化炭素によって誰かが傷つくのを防げる。もともと浮気をしていないのと〝同じ〟ことになるのだ。

エシカル消費のもうひとつの分野が肉の消費と菜食主義だ。先ほど述べたとおり、肉（特に牛肉）を控えるのは、二酸化炭素の排出量を削減する効果的な方法のひとつだ。しかし、先ほど説明したとおり、クール・アースに寄付すればおよそ5ドルで1トンの二酸化炭素を相殺できる。ベジタリアンになるより5ドルを寄付するほうがラクだと思うなら、環境保護の観点から菜食主義を擁護する理由はあまりない。

菜食主義を擁護する理由としては、動物福祉の観点のほうが大きい。家畜の圧倒的大多数は工場式農場で飼育されており、ほんの少し安く生産するためだけに、不要な苦痛を与えられている。工場式農場の動物が暮らす状況については、さまざまな本、雑誌、ドキュメンタリーで広く取り上げられているので、ここではその残酷な詳細については述べないでおく。[43] 個人的には、私は思いやりを持って動物を扱うべきだと考えている。だから、私は長年ベジタリアンだ。

しかし、動物福祉に関する主張は、動物によって説得力にかなり差がある。動物の種類によって受ける苦しみが大きく異なるからだ。実際、鶏肉と卵を控えるだけで、あなたの食生活から動物の受ける苦しみの大部分を取り除ける。その理由は、ニワトリが置かれている環境と、一定のカロリーを摂取するのに必要なニワトリの数にある。

食用に飼育される動物のうち、ブロイラー、採卵鶏、ブタは圧倒的に劣悪な環境に置かれている。[44] 家畜の福祉を定量的に推定した研究として、私が唯一見つけることができたのは、経済学者で農業の第一人者であるベイリー・ノーウッドによるものだ。[45] 彼はさまざまな動物の幸福度をマイナス10から10までの尺度で評価した。マイナスの数値は、動物から見れば生きているよりも死んだほうがましであることを示す。彼の評価によると、肉牛は６、乳牛は４。一方、ブロイラーは平均でマイナス１、ブタとケージ飼いのめんどりにいたってはマイナス５だ。つまり、肉牛はひどい苦痛を受けているニワトリやブタと比べればまだましな暮らしを送っているということになる。

もうひとつ考慮すべき点は、食事をつくるのに必要な動物の数だ。平均的なアメリカ人は年間28・５羽のブロイラー、０・８羽のめんどり、０・８羽の七面鳥、０・３７頭のブタ、０・１頭の肉牛、０・００７頭の乳牛を消費する。この数値だけを見ると、鶏肉の消費を控えるほうが、食生活のほかの部分を変更するよりもはるかに影響が大きそうだ。しかし、ほとんどのブロイラーは６週間しか生きないので、動物が工場式農場の劣悪な環境で過ごす時間を気にかけるなら、動物の数ではなく動物の生存年数について考えるほうがよさそうだ。１年間に、平均的なアメリカ人の胃袋に入る動物の生存年数は、ブロイラーが３・３年（年間28・５羽消費×１羽あたり６週間生存＝３・３年）、採卵鶏が１年、七面鳥が０・３年、ブタが０・２年、肉牛が０・１年、乳牛が０・０３年となる。

これら２点を踏まえると、あなたの食生活から動物の苦痛を取り除くのにもっとも効果的な方法は、まず鶏肉、次に卵、その次に豚肉を控えることだ。そうすれば、もっとも長い期間、もっとも多くの動物をもっとも大きな苦しみから救えることになる。

この点は動物福祉を擁護する人々にとって大きな意味を持つかもしれない。彼らはよく菜食主義の環境保護的な利点を訴えるし（この点についてはすでに説明したとおり）、肉を食べない人は心疾患のリスクが低くなるという研究結果を持ち出して、菜食主義の健康上の利点を訴える。とりわけ、牛の飼育で大量の二酸化炭素が排出されるうえ、赤肉が心臓病などの健康問題と関連しているという理由で、食生活から牛肉を抜くべきだと訴えている。しかし、こうした環境や健康に対するメリットを聞いて、人々がせっかく牛肉を控えたとしても、そのぶんを鶏肉で補ってしまえば、むしろ動物の苦痛は増える可能性もある。

先ほど、カーボン・オフセットはライフスタイルを大きく変更するよりも手軽に、しかも効果的に二酸化炭素排出量を削減する方法になるかもしれないと説明した。ここでも同じ議論が成り立つだろうか？　自分自身が肉を断つのではなく、動物愛護団体に寄付し、ベジタリアンになるはずのなかった誰かをベジタリアンに生まれ変わらせれば、自分自身が肉を食べたことを〝相殺〟できるのではないか？　私はそうは思わない。温室効果ガスの排出と肉の消費では決定的なちがいがある。温室効果ガスの排出を相殺すれば、誰かが被害をこうむるのを防げる。しかし、肉の消費を相殺しても、工場式農場で苦しむ動物が入れ替わるだけだ。つまり、肉を食べておいてそれを相殺するのは、温室効果ガスの排出を相殺するよりも、むしろ浮気をしておいてそれを相殺しようとするのと似ている。誰もがそんなことをするのは倫理的でないと認めるはずだ。

動物の苦しみを気にかけるなら、まちがいなくもっとも苦痛を生む畜産物（少なくとも卵、鶏肉、豚肉）を控えるか、ベジタリアンまたはヴィーガンに転身して、食生活を改めるべきだ。しかし、そこで立ち止まる必要はない。動物の命に影響を与えるという点でいえば、あなた自身の行動を変えることで与えられる影響よりも、寄付を通じて与えられる影響のほうが大きそうだ。私が設立を支援した調査慈善団体「アニマル・チャリティ・エバリュエイターズ」によると、菜食主義に関するパンフレットを配布している「マーシー・フォー・アニマルズ」（動物に慈悲を）や「ヒューメイン・リーグ」（人道連盟）に寄付をすれば、およそ100ドルでひとりの人に1年間、肉食を控えさせることができる。[46]　つまり、あなたが年間それ以上の額を動物愛護団体に寄付できるとしたら、あなた自身がベジタリアンになるかどうかよりも、動物愛護にいくら寄付するかのほうが、総合的な影響という点では大きくなるわけだ。

これまで、一般的にあなたの消費習慣を変えるのは、ほかの方法と比べると影響力という点で効果に乏しいということを説明してきた（ただし、期待値の法則が示すように、あなた自身の行動を変えるのが効果的なケースもあるだろう）。問題が世界の貧困であれ、気候変動であれ、動物の福祉であれ、どの商品を買うかよりも、どこにいくら寄付するかのほうが、影響という点ではずっと重要なのだ。

よくよく考えてみると、それは当然のことだ。寄付をすれば、もっとも効果的な活動だけに確実に的を絞ってお金を使える。最高の活動と単に優良なだけの活動との差が桁違いであることを考えれば、これは大きい。逆に、エシカル（倫理的）な商品をもっと買うためにお金を費やすのは、社会にとってよいことをする的を絞った方法とはいえない。

それどころか、もっと悪いことが起こる可能性もある。エシカル消費のブームがむしろ世界に害を及ぼす可能性すらあるのだ。心理学者たちは、ひとつよい行動を取った人々が将来的によい行動を控えることで帳尻を合わせようとする「モラル・ライセンシング」という現象を発見した[47]。

たとえば、最近の実験で、被験者たちは全般的に〝エコ〟な商品群（エネルギー効率の高い電球など）または全般的にふつうの商品群（通常の電球など）のいずれかのなかから、ひとつの商品を選ぶよう告げられた[48]。その後、それとは無関係な視覚的課題を実行するよう言われた。対角線で仕切られた四角形がコンピューター画面上に表示され、20個のドットが画面上に点滅する。被験者たちはキーを押して線の左右どちら側にドットが多いかを答える。正解は常に一目でわかるようになっており、実験者たちはテスト結果が将来の実験の設計に利用されるのでなるべく正確に答えてほしいと強調した。しかし、被験者たちは答えが正しいかどうかにかかわらず、左と答えた場合には０・５セント、右と答えた場合には５セントがもらえると伝えられた。つまり、被験者にはウソをつく金銭的な動機があったわけだ。しかもその場にはひとりきりだったので、ウソを指摘される心配もなかった。さらに、封筒から自分で報酬を受け取るよう言われたので、お金を盗む機会すらあった。

結果は？〝エコ〟商品を購入した人々はふつうの商品を購入した人々と比べて、ウソをついたり盗みを働いたりする可能性が著しく高かった。彼らは倫理的な行動を示したことで、非倫理的な行動を取る機会が現われたときにそうする許可証《ライセンス》を無意識のうちに自分に与えたのだ。

驚くことに、よいことをすると口にしただけでもモラル・ライセンシング効果が生じる場合がある。別の調査で、半数の被験者は講義を理解する手助けを求めている外国人学生を助けるところを想像するよう言われた。その後、慈善団体に寄付する機会を与えられると、彼らは外国人学生を助けるところを想像するよう言われなかった残りの半数の被験者と比べて、寄付金の額が大幅に少なかった。

モラル・ライセンシングは、人々が実際によいことをするよりも、外面や気分を重視する傾向にあることを示している。エネルギー効率の高い電球を買って世の中に〝貢献〟してやったのだから、そのあとで小銭をちょろまかしても人間的な価値が下がることはないだろうと考えるのだ。

多くの場合、モラル・ライセンシング効果はそこまで意思決定の内容そのものと関連しているわけではない。人々に世界をよりよくするのに効果的な行動を取ってもらえば、その人がほかの面で利他的な活動を多少控えたとしても、十分にお釣りは来る。また、より大きな活動に向けた第一歩となるようなちょっとした行動を取ってもらえば、モラル・ライセンシング効果自体が生じないかもしれない(49)。しかし、人々があまり効果のない利他的行動を取った結果、その埋めあわせとして将来的に効果的な行動を控えるのは致命的だ。たとえば、人々がフェアトレード商品を買った結果、もっと効果的な活動に時間や労力を捧げなくなるとしたら、フェアトレード商品の購入を奨励するのは全体として有害かもしれない。

本章では、エシカル消費のメリットは入念に的を絞った寄付と比べると小さいという話をした。次章では、あなたが驚くべき影響を及ぼすことのできる分野を見ていきたいと思う。それはあなたのキャリアだ。

第9章　「情熱に従え」の落とし穴
――世の中に最大限の影響を及ぼせるキャリアは何か？

ピーター・ハーフォードはデニソン大学の最終学年を迎えると、人生の岐路に立たされた。(1)　これからどう生きていくべきか？　政治学と心理学を専攻する22歳の彼は、個人的なやりがいがあり、なおかつ世の中に大きな影響を及ぼせるキャリアを選びたかった。大学院進学は彼と同じような志を持つ人にとってはいちばんわかりやすい選択だったが、ほかにどのような選択肢があるのか、そしてそのなかからどう選べばよいのかがわからなかった。

ピーターのように、キャリアを通じて世の中に影響を及ぼしたいと思っている若者たちは、どう決断を下すべきだろうか？　もしあなたがすでに社会人で、もっと大きな影響を及ぼせる仕事への転職を検討しているとしたら？　第5章で、「寄付するために稼ぐ」のが世の中に影響を及ぼすひとつの方法だと説明したが、もちろん唯一の方法ではない。世の中に影響を及ぼすキャリアの道は無数にあり、その一つひとつにメリットとデメリットがある。と同時に、決断のリスクも大きい。生涯で8万時間以上もの時間の使い道を決めるわけだから、キャリア選びに十分な時間をかけるのは当然のことだ。仮に生涯の労働時間の1パーセントを費やして残りの99パーセントの時間の使い道を考えるとすれば、８００時間、つまり20週間分の労働時間をキャリア選びに費やすことになる。これだけの時間をキャリア選びに費やしている人は少数派だと思うが、そうするだけの価値はあるかもしれない。

この数年間、私たちの組織「８００００アワーズ」では何百人というピーターのような人々や社会人にコーチングを行なってきた。ほとんどの人々が、キャリアの次のステップを見つけ出すのにこれから紹介するフレームワークが役立つと言ってくれている。あなたにふさわしいキャリアを選択するうえで、考えなければならない要因は山ほどあるが、次のフレームワークは最重要な要因に着目するのに役立つことだろう。次のような疑問について考えてほしい。

私とこの仕事との個人的な相性は？　私はこの仕事にどれくらい満足できるだろう？　この仕事にワクワクするか？　長く続けられそうか？　ほかの人々と比べて、または別のキャリアを選ぶのと比べて、私はこの種の仕事が得意か？　またはこれから得意になれそうか？

この仕事を通じて私が及ぼせる影響は？　私自身の労働、私が管理する人材や予算、私が稼ぐお金、手に入る公的な発信力など、私が影響を及ぼせる資源はどれだけあるか？　私がこうした資源を向けられる活動はどれだけ効果的なのか？

この仕事は私の将来的な影響力にとってどれだけプラスになるか？　この仕事は私のスキル、人脈、信用をどれだけ高めるか？　この仕事は私の将来的な選択肢をどれだけ広げるか？　次にやりたくなりそうな物事について学ぶ機会がどれだけあるだろう？

この3つの重要なキャリア選びの要因について、ひとつずつ順番に説明していこう。

個人的な相性

個人的な相性とは、あなたがその仕事をどれだけバリバリとこなせるかを指す。その仕事を楽しめるかどうかは重要な要因のひとつだ。仕事の満足感自体を目的にする人々も多いが、満足感は影響力について考える際にも重要な要因だ。仕事が楽しくなければ、生産性は落ち、燃え尽きやすくなるだろう。当然、長期的に影響を及ぼしにくくなる。(2) しかしながら、心から楽しめる仕事を探す際には注意が必要だ。世の中には聞こえのよい偽情報が山ほどある。だが、仕事に満足を得るための正しい道は、必ずしも直感だけではわからない。

2005年6月12日、スティーブ・ジョブズはスタンフォード大学の卒業生の前に立ち、人生のアドバイスを伝えた。

だから何かを信じなければなりません。勇気、運命、人生、カルマ、なんでも。いつか点と点がつながると信じていれば、たとえ踏み固められた道をはずれたとしても、自分の本心に従う自信が湧いてくる。それこそが大きなちがいにつながるのです。

ぜひみなさんも愛せる何かを見つけてください。それは仕事も恋人も同じです。仕事はあなたの人生の大部分を占めることになるでしょう。仕事で心からの満足を得る唯一の方法は、あなたがすばらしいと信じる仕事をすること。そしてすばらしい仕事をする唯一の方法は、自分の仕事を愛することなのです。そういう仕事がまだ見つかっていないのなら、探しつづけてください。あきらめてはいけません。恋愛に関する物事と同じように、愛するものが見つかったらそうとわかるはずです。そして、すばらしい恋愛関係と同じく、時がたつにつれて愛が深まっていくものなのです。だから探しつづけること。決してあきらめてはいけません。(3)

ジョブズのメッセージは心に響くし感動する。実際、キャリア選びに関するアドバイスでは、たいてい「本心に従おう」「情熱に従え」といった決まり文句が並ぶ。ジェニー・アングレスの自己啓発書『これからのキャリア Career Ahead』の第1段落は、「あなたの愛する仕事をしなければならない。本書を読めばその方法がわかるだろう」と締めくくられている。(4) イギリスの作家アラン・ワッツがナレーションを務める人気のユーチューブ動画「お金の問題じゃなかったら? What If Money Was No Object?」も、似たようなアドバイスをしている。(5)「私がうずうずするものは?」と自問し、その答えを追い求めないかぎり、「あなたは人生で完全に時間をムダにすることになる。生活のためにいやいや何かをする、つまりやりたくもないことを延々としつづけるはめになる。そんなのはバカげている」と彼は言う。もっとも極端なものになると、キャリア選びに関するアドバイスは恋愛のアドバイスに近くなる。完璧に相性の合う相手が見つかったときには一瞬でピンと来る、と。

しかし、言葉どおりに受け取るとすると、「情熱に従え」というのはひどいアドバイスだ。あなたと〝相性〟の合うキャリアを探すことは重要だが、決まった形の〝情熱〟を見つけ、その情熱とぴったり一致する仕事を探し求めなければならないと考えるのはまったくもってまちがっている。果たして、あなた自身の情熱に従うのは、あなたの愛する仕事をして個人的な満足感を得るための近道なのだろうか？　あなたの最大の興味を突き止め、その興味とぴったり〝一致〟する仕事を見つけ、何がなんでも追求するのは、正しいキャリア選びの方法なのだろうか？　証拠を見るかぎり、その答えはノーのようだ。

ひとつ目に、ごく単純にほとんどの人々は仕事の世界とぴったり一致する情熱を持っていない。カナダの大学生を対象とするある研究によると、学生の84パーセントは情熱を持っていたが、その90パーセントはスポーツ、音楽、芸術と関連していた。[6] しかし国勢調査データを見ると、スポーツ、音楽、芸術分野の仕事は全体の３パーセントにすぎない。情熱に従う学生が半数しかいなかったとしても、大多数の学生は仕事を得られないだろう。これでは、「情熱を持てる仕事をしなさい」というアドバイスはむしろ害を及ぼす可能性すらある。

実際、あなたが何かに情熱を持っているということは、たいていその分野で仕事を見つけるのが難しいことを示している。同じ情熱を持つほかの全員と競いあわなければならないからだ。これがスポーツ界や音楽界の現実であり、飛び抜けて有能な（または幸運な）人々だけが安定した生活を送れる。アメリカでは、高校生アスリートのなかでプロスポーツの世界に進めるのは１０００人にひとりにも満たない。[7] 仕事につながる情熱を持たない大多数の人々にとって、「情熱に従え」というアドバイスは人々を不安な自分探しへと追いこみ、誤ったキャリアへと迷いこませる可能性もある。

ふたつ目に、人間の興味は変わる。心理学者のジョルディ・コイドバック、ダニエル・T・ギルバート、ティモシー・ウィルソンは、人間の興味は私たちの想定以上に変わるため、その重要性が過大評価されていることを証明した。[8] 10年前、あなたがいちばん興味を持っていたものはなんだろう？　たぶん今とはまったくちがうものだったろう。現在情熱を持っているものだけにとらわれていたら、すぐに興味を失うような活動に全力で取り組むはめになるかもしれない。

3つ目に、仕事の満足感を決定づける最大の要因は、個人的な情熱がどうこうではなくその仕事自体の特徴だ。だから、あなたがたまたま現時点でいちばん興味を持っている物事に基づいてキャリアを選ぶのではなく、一定の重要な特徴を満たす仕事を探すべきなのだ。そういう仕事が見つかれば、情熱はおのずとついてくる。

研究によると、仕事への満足感につながるもっとも一貫した要因は、モチベーションを高める職務だ。その種の職務は次の5つの要因に分解できる（心理学では「職務特性理論」として知られる[9]）。

①**自律性**――あなた自身で仕事のやり方をどの程度コントロールできるか？

②**完結性**――その仕事は業務全体のどれくらい大きな割合を占めているか？　最終成果に対するあなたの貢献ははっきりと見えるか？　それとも、あなたの貢献はずっと巨大な最終成果のごく一部にすぎないのか？

③**多様性**――その仕事ではどれくらい多様な活動、技術、才能が必要になるか？

④**フィードバック**――あなたの仕事の成果を評価するのはどれくらい簡単か？

⑤**貢献度**――あなたの仕事はどれくらい「ちがいを生み出す」か？　つまり、ほかの人々の幸福にどれだけ前向きな貢献ができるか？

これらの要因は、仕事の満足度だけでなく、モチベーション、生産性、会社への忠誠心ともかかわりがある[10]。さらに、先ほどの要因はフロー状態を生み出すのに必要な要因と似ている。フローとは、目の前の活動に完全に没頭しているためにムダな考えや時間の流れをいっさい感じなくなる楽しい心の状態であり、一部の心理学者たちは心から満足した体験をする重要なポイントだと主張している。[11]

ほかにも仕事への満足感にとって重要な要因はいくつかある。[12] 仕事の達成感、同僚からのサポート、公正な給与や適度な通勤時間といった〝精神衛生〟にまつわる要因など。ここでもやはり、その仕事にあなたの〝情熱〟が含まれているかどうかはほとんど関係がない。情熱はいろいろな仕事に見つかるものなのだ。

こうした証拠から判断すると、情熱に従うのは、あるキャリアが幸せにつながるのかどうかを判断する有効な手段とはいえない。むしろ、情熱は適切な特徴を備えた仕事から自然と生まれてくるものなのだ。スティーブ・ジョブズでさえそうだった。若いころ、彼は禅に熱中した。彼はインドを旅し、LSDにはまり、剃髪し、ローブをまとい、禅僧になるために日本に移住することも本気で考えた。[13] 彼は片手間で現金を稼ぐため、初めはいやいやエレクトロニクス業界に進んだ。彼はテクノロジーに精通する友人のスティーブ・ウォズニアックのビジネスに手を貸しつつ、オールワン・ファームで時間を過ごした。アップル・コンピュータの誕生そのものも偶然の産物だった。ジョブズとウォズニアックは回路基板をコンピューターの愛好家に販売しようとしたが、地元のあるコンピューター・ショップのオーナーが組み立てずみのコンピューターなら買ってもいいと言った。ふたりは金儲けのチャンスとばかりに飛びついた。本当の意味でアップルやコンピューティングに対するジョブズの情熱が花開いたのは、勢いや成功を手中に収めはじめたあとだったのだ。[14]

では、あなたが愛せる仕事を見つけるために、あなたの本心、直感、うずうずする感覚に従うのはどうだろう？　さまざまな証拠によるとこの方法もうまくいかない。私たちはどうすれば自分が幸せになれるかを予測するのが苦手だからだ。

私たちはある出来事が自分の感情にどういう影響を及ぼすかを予測するとき、頭のなかでシミュレーションを行なう。試験中の不安な気持ちを想像するとき、私はまず試験を受けるところを想像し、それによって不安を感じる。この不安は、私が実際に試験を受けたときに感じるであろう感情を示している。心理学的な観点からいうと、まだ経験していない出来事の影響をシミュレーションする能力は非常に強力なスキルで、ほかの動物と比べて人間のほうがはるかに優れている。しかし、私たちが行なうシミュレーションは私たち自身をいくつかの必然的なバイアスへと導く。たとえば、私たちの嗜好や好みは正確には予測できないような形でどんどん変化していく。子どもなんて絶対にいらないと思って人生計画を立てても、30歳になって考え方が劇的に変化するかもしれない。

シミュレーションに基づく未来予測は完璧でないことも多い。未来の出来事のシミュレーションは難しいし、その出来事の一瞬一瞬について考えることはできないので、脳はもっとも重要な情報だけに着目することになる。しかし、これでは私たちの感情的な反応に大きな差をもたらす細かい面を見落としてしまうかもしれない。たとえば、終身在職権を手に入れた教授は、平均すると終身在職権を手に入れる前に期待していたよりもずっと不幸せであることがわかっている。[15] なぜか？　達成感や名声といった終身在職権のプラス面に注目しすぎるあまり、退屈な学部会議の数が増えるといったマイナス面を見落としてしまったから、というのがひとつの説明だ。つまり、キャリアを選ぶとき、私たちは給料や労働時間といった頭にパッと思い浮かぶ要因だけに注目する傾向がある。その結果、本来満足度を予測するのに重要なほかの要因を見落としてしまう。仕事への満足度を左右する真の要因を無視したまま、ただ単に「本心に従う」のでは、すぐに道に迷いかねないのだ。

こうした理由から、８００００アワーズでは「本心に従う」「情熱に従う」よりもむしろ「個人的な相性」を重視する。では、あなたと相性がぴったりな場所をどう判断すればよいのか？　先ほど説明したとおり、あなたがもっとも満足できる場所、最高の力を発揮できる場所を予測するのは、頭で考えるだけでは難しい。[16]

実際、自分にいちばん向いている仕事を理解するのは、誰にとっても困難だ[17]。実際、企業の採用担当者でさえもしょっちゅう人材選びでミスを犯している。彼らは自社に最適な人材を見つけるための資源を大量に抱えているはずなのだが。

要するに、経験的なアプローチを取るのが最善策だということだ。さまざまなタイプの仕事を試してみて、その実績に応じて将来的にどれだけ成功できそうかを予測するわけだ。社会人になりたてのころは、自分が最終的にどこでいちばん力を発揮できるのかを決めつけないほうがいい。

あなたがどれくらい力を発揮できるかを予測したいなら、実績に加えて、その仕事についてできるだけ情報を集めるのが先決だ。その仕事をしている人々のところに行って話を聞くのはひとつの方法だろう。成功にとってもっとも重要だと思う特性は何か？　あなたはその条件をどれだけ満たしているだろう？　人々がその仕事を最終的に辞めることになる最大の理由は？　あなたと似たタイプの人々は過去にどれくらい成功しているか？　先ほどの5つの要因に基づくと、あなたはその仕事に満足できると思うか？「情熱に従え」というスローガンは、心の内側に目を向ければ何をすべきかがすぐにわかるという前提に基づいている。一方、「個人的な相性」のよい仕事を見つけるには、それぞれの仕事についてできるかぎりの情報を集めるプロセスが必要だ。あなたの成功や仕事への満足度を決定づけるうえでずっと重要なのは、その仕事があなたのなかにもともと存在する情熱と一致するかどうかではなく、その仕事自体の特徴だからだ。

こうした要因はピーター・ハーフォードの決断に影響を与えた。大学在学中、彼は政治学にいちばん興味を持ち、大学教授といくつかの研究プロジェクトを楽しんだ。彼はずっと大学院に進学して政治学を学ぶものだとばかり思っていた。しかし、私たちの「個人的な相性」に関する研究を読んで、彼は進路探しの幅を大きく広げた。現時点の情熱ともっとも一致するキャリアの道を探す代わりに、彼はさまざまな分野の15種類の選択肢をリストアップし、一つひとつについて順番に考え、その仕事に詳しい人々と話をし、現時点のスキルや経験と照らしあわせてもっとも成功できそうな仕事を吟味した。彼はほんの少しの下調べで一部の選択肢を除外することができた。コンサルティングは彼の大嫌いな出張を多く伴うし、医学の道に進むなら長年教育を受け直す必要があるだろう。そこまでする価値があるとは思えない。結局、彼は選択肢を5つの有力候補へと絞りこむことができた。大学院進学は最終候補に残ったが、ロースクール進学、非営利組織の仕事、コンピューター・プログラミング、市場調査という思いがけない選択肢もくっついてきた。

彼はこの5つの分野ならどれも個人的な相性がよいと考えたので、主に長期的な影響力という観点から選ぶことにした。そこで、効果的なキャリア選びのフレームワークの残りのふたつの側面の出番となる。

仕事を通じた影響力

私たちのフレームワークのふたつ目の要素は、あなたがその仕事に就くことで手に入る影響力だ。キャリアを通じて世の中に影響を及ぼす方法についてのアドバイスを見ていると、この要素をとりわけ重視しているものが多い。もっともわかりやすい方法は、ソーシャル・セクター（社会部門）の仕事に就くというものだ。社会的な影響力に特化したキャリアを紹介するウェブサイトには、慈善団体や企業の社会的責任（CSR）といった分野の求人が並ぶ。しかし、「情熱に従え」と同様、このアドバイスも誤解につながる可能性がある。

ひとつ目に、ソーシャル・セクターで影響を及ぼすためには、第一にあなたの働く組織が効果的でなくてはならない。あなたの勤める慈善団体が「プレイポンプ・インターナショナル」だったとしたら、あなたがどれだけ情熱的に、あるいはバリバリと働いても、ほとんど世の中によい影響は及ぼせなかっただろう。組織がどれだけ効果的かを評価するのは難しいが、これまでの章で説明した効果的な慈善団体や活動分野を見分けるためのフレームワークや、本書の冒頭で説明した効果的な利他主義の5つの重要な疑問がその手がかりになると思う。

ふたつ目に、あなたはあなたの代わりに雇われるはずだった人よりも大きな価値を生み出す必要がある。あなたがその慈善団体で働くはずだったほかの人々にはない特別なスキルを持っていたり、彼らよりもずっと仕事ができたりするなら、あなたは大きな付加価値を生み出せる。逆に、あなたの代わりに仕事に就くはずだった人々より大きな付加価値を生み出せないとしたら、あなたの影響力は小さいかもしれない。最悪の場合、あなたは面接上手なだけで、従業員としてはたいして優秀ではないかもしれない。だとしたら、あなたは別の人の椅子を奪うことで、むしろ害を及ぼしてしまう可能性もある。

3つ目に、世の中に影響を及ぼす方法はほかにもたくさんある。以前の章で、直接の労働ではなく寄付を通じて人々の役に立つ「寄付するために稼ぐ」という方法の利点を紹介した。本章でこれから説明していくように、ソーシャル・セクター以外にも、起業、研究、ジャーナリズム、政治など、世の中に影響を及ぼす魅力的な手段はいろいろとある。

一般的に、私たちは仕事を通じて社会に影響を及ぼす3つの主な手段について考えるよう勧めている。ひとつ目はあなた自身の労働。つまり、あなたが効果的な組織で働いているならあなたのする仕事、あなたが研究者ならあなたの行なう研究活動だ。ふたつ目はあなたが寄付できるお金。3つ目はあなたが他人に及ぼせる影響。あなたが及ぼせる総合的な影響力を割り出すには、この3つの点すべてに着目しなければならない。慈善事業部門で働くことばかりを強調するアドバイスは、ひとつ目の点だけしか見ていない。

次に、あなたが労働力、寄付金、影響力という3つの資源をそそぎこめる活動分野や組織がどれだけ効果的かを評価する必要がある。その活動分野や組織が効果的であればあるほど、これらの資源を役立てられる。大事なのは、あなた自身の労働力についていえばあなたの働く組織の有効性だし、寄付金についていえばあなたの寄付する組織の有効性だ。あなたが影響を及ぼせる対象は、あなたの置かれている状況によって大きく変わってくる。あなたが影響を及ぼせるのは自身の働く慈善団体の支出かもしれないし、同僚の行なう寄付の額かもしれない。あるいは、公的な発信力を活かして一般大衆に影響を及ぼせる人もいるだろう。いずれのケースでも、あなたの支援できる活動分野が効果的であればあるほど、大きな影響を及ぼせるだろう。

4つ目に、これが「ソーシャル・セクターで働く」というアドバイスが的外れになりかねない最大の理由なのだが、もしあなたがまだ駆けだしなら、仕事を通じて影響を及ぼすことよりも、スキルや信用を築くことのほうがずっと重要だからだ。その理由はいくつかある。まず、将来的な影響力を向上させる方法はたくさんある。[18] たとえば、上級学位やMBAを取得する、プログラミングを学ぶ、人脈を築くといった方法は、大きな投資価値がある。最初の役職は数年で終わるかもしれないが、その後のキャリアは何十年と続く。なので、目の前の数年間をスキルアップに費やすのは、ずっと長きにわたる影響力の向上という形で返ってくるのだ。加えて、各々の分野の最年長者たちは、その分野で桁違いの影響力を握っていることが多い。したがって、より格上で有力な地位へとのぼり詰めるチャンスを最大限に高めるのは、あなた自身の影響力を最大化するひとつの重要な方法なのだ。

こうした理由から、特に駆けだしのころは、すぐに影響力を及ぼそうとするよりも、スキル、人脈、信用を築くことに専念するべきだ。私たちが説明してきたもっとも効果的な慈善団体の多くはこうして設立された。ギブダイレクトリー、住血吸虫症対策イニシアティブ、デウォーム・ザ・ワールド・イニシアティブ、ディベロップメント・メディア・インターナショナルは、いずれも貧しい人々を助ける革新的な方法を発見した学者たちによって創設された。アゲンスト・マラリア基金を創設したロブ・メイザーは、慈善事業部門に移る前、戦略コンサルティングの分野で長年スキルを磨いた。つまり、彼はすでに組織の運営方法を熟知していた。なので、アゲンスト・マラリア基金を設立することになったとき、給料を受け取る必要がなかったのだ。

どの活動分野を支援するかで迷っている場合は、キャリア資本を構築するのもあなたのキャリアにとってあとあと重要になるかもしれない。すぐに影響を及ぼそうとするのではなく、あなた自身に投資しながら、どの活動分野がもっとも重要なのかを学びつづけ、将来的にもっと大きな影響を及ぼす土台を築くのだ。

これらの点を踏まえて、ピーター・ハーフォードは仕事を通じて今すぐ影響を及ぼすことを重視しすぎるのはやめた。今すぐ及ぼせる影響だけにこだわるなら、寄付するために稼いだり、非営利組織で働いたりするのが最善の選択で、大学院やロースクールへの進学は次善の策になる。しかし、後者のふたつは将来的な影響力という点で大きな差がある。そして、彼にとってはそちらのほうが重要だった。そこで、キャリア選びのフレームワークの最後の要素の出番となる。

将来的な影響力

ある仕事が将来的な影響力の向上へとつながる方法はいくつかある。最初の仕事で、スキル、人脈、信用といった「キャリア資本」を築けば、将来的にもっと影響力の大きな仕事に就きやすくなるだろう。その他の条件がすべて同じなら、組織能力を磨けば磨くほど次の仕事でより力を発揮できるだろうし、仕事を通じて人脈を築けば築くほど、いろいろな雇用機会が巡ってきやすくなるだろう。グーグルやマッキンゼー・アンド・カンパニーのような一流企業で働けば、履歴書に未来の雇用主にとって魅力的な1行が加わるはずだ。

キャリア資本に加えて、最初の仕事が将来的な影響力を左右する要因がふたつある。ひとつ目は選択肢の量だ。たとえば、営利部門から非営利部門に転身するほうがその逆よりは易しい。同じように、学界から産業界に転身するほうがその逆よりは易しい。なので、博士号を取ったあと、学界を離れるかどうかで迷っている人々は、はっきりとした情報が集まるまで学界にとどまるほうがいいだろう。また、選択肢を残すという観点からいえば、ピアノの調律や海運業などの非常に特殊な知識よりも、販売・マーケティング、リーダーシップ、プロジェクト管理、ビジネスの知識、ソーシャルスキル、主体性、労働意欲といった、どこでも通用するスキルを磨くほうがよい。

ふたつ目は「探求価値」だ。これは、将来的にどういうキャリアを目指すべきかを仕事の過程でどれだけ学べるかを指す。特に駆けだしのころは、どのような機会が転がっているのか、どの仕事があなたにもっとも合うのかがよくわからないことだろう。最初のいくつかの仕事は、将来のキャリア選びの参考になる貴重な情報を与えてくれる。だからこそ、まずはあなたにとってよくわからない物事を試してみるという手もある。たとえば、大学卒業後、修士号や博士号を目指すのがどういうことなのかはよくわかっていても、営利の世界がどれくらい楽しめるのか、どれくらい自分に合っているのかはほとんど見当がつかないかもしれない。探求価値の観点からいえば、営利部門で1、2年間だけ働いてみるという手もある。そうすれば、意外と自分に合っていることに気づくかもしれない。

キャリアを開始する人々の多くがこうした点を無視している。キャリア選びを21歳で下さなければならない一生にいちどきりの決断、オール・オア・ナッシングの命題だと考えているのだ。このまちがいに対抗するひとつの方法は、企業の設立を検討する起業家のような態度でキャリア選びと向きあうというものだ。[19] キャリア選びも起業も、数少ない手がかりを頼りに膨大な量の変数に対処しなければならない。しかも、状況が変わるにつれてその変数も変化していく。絶えず新しい情報が生まれ、まったく予期しない新たなチャンスや問題が発生する。そのため、安楽椅子に座ってああだろうこうだろうと推理していてもあまり意味はないのだ。

起業に関していえば、エリック・リースはこの考え方を声高に訴え、人気の「リーン・スタートアップ」運動を巻き起こした。[20] リーン・スタートアップの考え方とはこうだ。多くの起業家は、ある製品やアイデアに興奮し、その製品やアイデアを受け入れる市場が存在するかどうかをテストしないうちに、全力で世の中に送り出そうとするというミスを犯してしまう。そういう起業家は本来なら実験で確かめるべきことを、安楽椅子に座って推理しようとするので、そうして発売された製品はたいがい失敗に終わる。したがって、起業家はアイデアや製品を仮説としてとらえ、継続的にテストし、最終的に製品のあるべき姿を潜在顧客に決めてもらうべきだとリースは主張する。

キャリア選びの場合も、多くの人々が似たようなミスを犯している。理想のキャリア像を早々と決めつけ、そのキャリアを目指すために全力投球してしまう。途中で別の選択肢が現われるかもしれないとか、その仕事が自分に向いていないかもしれないとは考えない。その元凶のひとつが「天職」という考え方にある。世界が本当にそれを必要としているかどうかを確かめることもなく、あなたの天職を世界に押しつけようとするのだ。あなた自身の天職を突き止めたあと、その天職を軸にして厳密な計画を立てようとするのではなく、仮説を検証する科学者のような考え方をするべきだ。その意味は次の3つだ。

ひとつ目に、あなた自身のキャリアを未完成品としてとらえること。固定されたキャリアプランを立てるのではなく、キャリアの「モデル」、つまり暫定的な目標や仮説を立て、新しい証拠やチャンスが現われるたびに絶えず修正していく。悪い計画でも無計画よりはましだが、それは計画を見直す心構えがある場合の話だ。

ふたつ目に、不確実な部分を特定し、不確実な部分を減らすこと。決断を下す前に、現時点でわかっているメリットとデメリットを単純に比較するだけではいけない（それ自体はよいことだが）。「私のキャリア選びにとってもっとも役立つ最重要情報は何か？　その情報を手に入れるために何ができるだろう？」と自問しよう。

３つ目に、さまざまな道を歩んであなた自身をテストすること。科学ではさまざまな仮説の検証を試みる。同じように、できることならさまざまなキャリアプランを〝テスト〟してみるべきだ。なぜなら、うまくいくキャリアとそうでないキャリアを事前に予測するのは非常に難しいからだ。たとえば、私たちのコーチングを受けたある女性は、資産管理会社でインターンシップを開始した。資産管理の経験がなかった彼女は、その仕事を好きになれるかどうかわからなかったが、たぶん好きにはならないだろうと予測した。案の定、大嫌いになった。ある意味、彼女は〝失敗〟したのだ。しかし、失敗したおかげで、彼女はより自信を持って別の（学者の）道を行くと決められた。彼女のさんざんな経験がおおいに役立ったわけだ。

ピーターの決断

これらの理由から、ピーターは将来的な影響力をキャリア選びの最重要要素と判断した。その結果、ロースクールへの進学は彼が思っていたよりもずっと悪い選択肢だとわかった。道を一本に絞ることになるし、学べるスキルは非常に限定的で、おまけに3年後には莫大な負債を抱えるはめになる。

同じような推論から、ソフトウェア・エンジニアリングや市場調査のほうが非営利組織の仕事よりも有望に見えた。すぐに大きな影響を及ぼせるという点ではどれも似たり寄ったりだが（ソフトウェア・エンジニアリングや市場調査の場合は寄付、非営利組織で働く場合は労働力を通じて）、長期的なスキルの獲得や学習という点では、ソフトウェア・エンジニアリングや市場調査の道を選ぶほうが新卒で非営利組織の仕事に就くよりも優れていると彼は感じた。

その結果、彼は大学の最終学年でコンピューター・プログラミングの腕を磨き、信用力の低い人々にオンラインで貸付を行なうシカゴの新興企業でソフトウェア・エンジニアの職を得ることができた。彼が働いている組織はまちがいなく世の中に役立っているが、もっとも効果的な組織というわけではない。しかし、この仕事で身につけたプログラミングや統計学の知識、ビジネスや財務の経験は、のちのち新たな道を切り開いてくれるかもしれない。何より、この仕事には非営利事業に取り組むだけの時間的余裕もある。おかげで、ゆくゆくは非営利組織のフルタイムの仕事に転身するべきなのか、現在の仕事にとどまって稼ぎを寄付するべきなのかを判断できるだろう。

このフレームワークを使えば、あなたの目の前に広がるさまざまなキャリアの選択肢を評価できる。とはいえ、最善の選択肢はどれなのか？　考えられる道は無数にあるので、私はこのフレームワークを用いて、私自身や８０００アワーズの人々がとりわけ有望だと考えるいくつかの「キャリア戦略」を練ってみた。（ただし、調査の進捗に応じて内容はいくらか変わる可能性もあるので、詳しくは８０００アワーズのウェブサイトをチェックしてほしい。）私は有望なキャリアの選択肢を「本命」（世の中によい影響を及ぼせる可能性が非常に高いキャリア）と「大穴狙い」（成功確率は小さいながらも一発当たれば巨大な影響を及ぼせるキャリア）に分けた。

本命

非常に効果的な組織で直接働く

８００００アワーズでは通常、大卒でいきなり非営利組織の仕事に就くことはお勧めしない。一般的に、より研修が充実している営利企業と比べて、スキルや信用を築く機会が少ないからだ。それでも、いきなり非営利組織で働きはじめるのが有望な状況もたくさんある。非営利組織で働くことを検討しているなら、次の疑問について考えてみてほしい。

- この組織は抜群に効果的か？
- この仕事でいろいろなことを学べるか？
- この組織は資金が豊富だが人材が不足しているか？
- 長期間、非営利組織の世界で働く気はあるか？

こうした条件を踏まえると、ギブウェルはすばらしい職場になりうる非営利組織の一例だ。非常に効果的だし、たいへん効率的に運営されており、働く人々に優れた研修を提供している。また、お金よりもずっと人材を必要としている。ある組織がお金と人材のどちらに困っているかを評価するひとつの方法がある。寄付金と労働力、あなたにどちらを提供してほしいかをその組織にたずねればいい。たとえば、２０１１年、スタンフォード大学で政策、組織、およびリーダーシップ研究の修士号を取って卒業したアレクサンダー・バーガーは、寄付するために稼ぐか、ギブウェルの職に就くかで悩んでいた。彼はギブウェルに、自分を雇うためにいくらまでなら払えるかとたずねてみた。その答えは、彼が「寄付するために稼ぐ」ほうを選んだとしても、とうてい寄付できないくらいの金額だった。

個人的な理由で、非営利組織に勤めるほうがよい場合もある。たとえば、あなたが特定の理念に燃えていれば、その活動の最前線にいたいと思うかもしれない。あるいは、寄付するために稼ぐというような間接的な貢献や、スキルを磨くといった長期的な見返りを求めるのでは、あなたの価値観がやがて薄れていってしまうという心配があるかもしれない。同じ考えを持つ人々に囲まれて働くことが自分にとって力や刺激になると考える人もいるだろうし、あなたと同じ価値観を共有する職場で働けば最終目標に向かって歩みつづけられるだろう。こうした個人的な要因については真剣に考慮するべきだ。

最後に、非営利組織だけが効果的な組織ではないという点を覚えておく必要もある。過去数百年間の人類の驚くべき進歩は、そのほとんどが非営利組織の活動ではなく、営利企業や政府の刺激するテクノロジーやイノベーションによってもたらされた。多くの人々に利益を届けている企業や、なんらかの方法で市場の欠陥を補っている企業（化石燃料に代わる再生可能エネルギーを開発している企業など）を見つけられれば、世界に影響を及ぼす効果的な手段になりうる。営利企業の持つポテンシャルについては、本章の「起業」のセクションで詳しく説明したいと思う。

寄付するために稼ぐ

寄付するために稼ぐことで、社会人になった直後から、もっとも高利益な組織を通じて世界に大きなプラスの影響を及ぼすことができる。人生でのちのち役立つ貴重なスキルや人脈を築けることも多い。長期的に収入を寄付することを目指すのであれば、それぞれのキャリアの長期的な収益性を知っておくことが大事だ。インターネットを検索すれば、ある分野で一定レベルの経験を持つ人々がどれくらい稼いでいるかがわかることも多いが、そのレベルの経験を積むのがどれだけ難しいのか、その職種を経験した人々が次にどれくらい高給与の仕事に就けるのかを知るのは難しい。さらに、同じキャリアのなかでも、より細かな分野や企業によって収入が劇的に異なる場合もある。

私たちはキャリア選びがスムーズになるようこの点を調査した。当然、もっとも高給取りのキャリアはきわめて競争が熾烈だった。もっとも高給なのは金融系の経営幹部で、その少し下がコンサルティングだ。どちらの職も途中で脱落する可能性がとても高い。キャリアの各段階で昇進を逃すと、もう少し給料の低い別の職に転身せざるをえなくなるからだ。しかし、この点を考慮したとしても、このふたつはもっとも高収入が期待できるキャリアといえる。テクノロジー系の起業やヘッジファンドでのクオンツ・トレーディングのほうが期待できる収入は高いのだが、テクノロジー系の起業はリスクを伴うし（自社株を売って利益をあげられる起業家は1割にも満たない）[21]、クオンツ・トレーディングには並外れた数学力が必要だ。

もう少しリスクの少ないキャリアのなかでは、おそらく医師がもっとも高収入を期待できる選択肢だろう。おそらく金融分野には及ばないとはいえ、とりわけアメリカでは収入が高い。法律は思いのほか魅力的ではない。ハーバード大学のような超一流のロースクールに入らないかぎり、コンサルティングや金融ほどの収入は稼げないだろう。また、ロースクールを卒業するまでの数年間、稼ぎはじめるのが遅れるし、卒業した時点でそうとうな負債を抱えることになる。

こうした競争の熾烈な分野以外にも、非常に有望な選択肢がある。ソフトウェア・エンジニアリングは参入のハードルがかなり低い割には儲かる商売で、私たちのコーチングを受けた人々の多くが選んでいる。たとえば、クリス・ホールクイストという男性は、ウィスコンシン大学マディソン校で哲学の学位を取得した[22]。彼の学位は哲学以外の道に自然と結びつくわけではなかったので、彼は幅広い選択肢に目を向けた。彼は法律を検討したが、弁護士の需要は少なすぎると判断した。一方、プログラミングはたいへん有望だった。彼は3カ月の集中プログラミング・スクール「アップ・アカデミー」に応募し、サンフランシスコの新興企業で給料10万ドル超の仕事を獲得した[23]。

販売・マーケティングも有望な選択肢だ。競争レベルの割にはまあまあ給料が高いうえ、将来的にソーシャル・セクターに転身したくなった場合にたいへん役立つスキルが手に入る。会計や保険数理士の仕事も競争レベルの割には給料が高い。

大学の学士号を持たない人々にとって、もっとも高収入のキャリアは通常、電気技師、エレベーターの設置および修理士、警官といった専門職だ。ほかにもパイロットや、発電所の作業員などのエネルギー部門の仕事がある。準学士号を持つ人々にとってもっとも高収入なのは、航空管制や、放射線療法士、核医学技師、歯科衛生士といった医療関係の仕事だ。

すべてのキャリアにおいて考えるべき重要なポイントは、その仕事がこの先ずっと存在するかどうかだ[24]。特に、専門職を通じて収入を寄付する場合にはこの点が重要になる。その仕事はアウトソーシング可能かもしれないし（たとえば、ITサポートはある程度アウトソーシングされている）、新しいテクノロジーによって自動化されるかもしれない。たとえば、目覚まし時計の発明前、人々が仕事に遅刻しないよう、朝に眠っている人々の家の窓を叩いて回る「ノッカー・アッパー」と呼ばれる職業があった。同じように、コンピューターの発明でごく初歩的な数値処理を含む仕事は激減したし、冷蔵庫の発明で牛乳配達員は減少した。組立ロボットの登場により、組立ラインで働く労働者は少なくなった。今では自動運転技術がすでに広まっているので、タクシーやトラックの運転手になるのは賢明とはいえないかもしれない。いずれも今後数十年間で自動化されるだろうから。テクノロジーの進歩は事務員の需要も減らしていっている。一般的に、ソーシャルスキル（広報など）、創造力（ファッション・デザインなど）、正確な知覚や操作（溶接工など）が必要な仕事は自動化される可能性がもっとも低いだろう。また、物理的に近いことや高度な訓練が求められる仕事もアウトソーシングされる可能性は低い。

「寄付するために稼ぐ」という選択肢を検討する際のもうひとつの重要なポイントは、あなたほど利他的でない人々に囲まれて仕事することで、あなたの価値観がいつの間にか消滅してしまう危険性だ。たとえば、評論家のデイヴィッド・ブルックスは『ニューヨーク・タイムズ』の記事で、寄付するために金融業界で働いているジェイソン・トリッグという男性のエピソードに対し、こう反論している。(25)

最初は、金融の仕事をマラリア撲滅という深い信念を実現するための便利な手段と考え、働きはじめるかもしれない。しかし、人間の脳は変わりやすい器官だ。何かするたび、考えるたび、あなた自身は前とはほんの少しだけちがう姿に変わっていく。ほかの人々と時間を過ごすたび、あなたはまわりの人々と同じ色に染まっていくのだ。

次第にあなたは別の人間になっていく。あなたの日々の行動と心の奥底にある信念とのギャップが大きければ、あなたという人間は日々の活動のほうへとすり寄っていき、もともとあった信念から遠ざかっていくことだろう。

これは重要な問題であり、もしあるキャリアがあなたの利他的なモチベーションを破壊すると思うなら、そのキャリアを追求するべきではない。しかし、この点はさほど大きな問題にはならないことが多い。その理由はいくつかある。ひとつ目に、寄付するために稼いでいる途中、あなたの利他的なモチベーションが薄れていると感じたら、いつでも仕事を辞め、世の中のために直接よいことをしている組織で働くことができる。ふたつ目に、効果的な利他主義のコミュニティに参加すれば、利他的なモチベーションが薄まる心配は少なくなる。あなたと同じ道を歩んでいるおおぜいの仲間たちに、あなたが寄付する目的を宣言すれば、その目的を実現するための強力な支えが得られる。３つ目に、価値観を失うことなく、稼ぎを寄付しつづけている人々はごまんといる。ビル・ゲイツをはじめとするギビング・プレッジ（資産の50パーセント以上を慈善活動に寄付すると誓った億万長者のグループ）の面々は、そのもっとも明確な例だが、彼らだけにとどまらない。ジム・グリーンバウムは１９８０年代初頭にバージニア大学を卒業したとき、できるだけお金を稼いでそのお金で世界をよりよい場所にすることを最大の目標にしていた。彼は１９８５年に通信会社―アクセス・ロング・ディスタンス」を創設し、14年後に売却した。現在56歳となった彼は相変わらず慈善活動に熱心で、資産の50パーセント以上を寄付している。確かに、「寄付するために稼ぐ」という道を選ぶことで価値観を見失う危険性はあるし、キャリア選びについて検討しているときには留意が必要だが、どの仕事を選んだとしても幻滅する可能性は常にあるし、逆に効果的な寄付が及ぼす影響を目の当たりにしていっそうやる気に燃えることだってあるだろう。

スキルアップ

スキルアップは短期的な戦略であり、最終的に何をしたいのかまだよくわかっていない場合にはとても有力な選択肢だ。その目的は何にでも応用できるキャリア資本を築くことだ。そうすることで、なるべく多くの選択肢を残し、世の中に影響を及ぼすための長期的な計画を練る時間をつくり、将来の仕事で役立つスキルを身につけられる。

この戦略からいえば、コンサルタント業は絶好の第一歩だ。たとえば、ハビバ・イスラムという女性は2011年にオックスフォード大学で哲学・政治学・経済学（PPE）の学位を取得して卒業した。彼女は政治の道を目指すことを検討し、そして今でも長期的な選択肢のひとつとしてとらえているが、まずはコンサルタント業界で働くことを決めた。この決断は理に適っている。数年間、コンサルタント業界で働くことで総合的な実務経験が得られるし、人脈を広げられる。あなたがスケジュールを守ってバリバリと働ける人間だという勲章が履歴書に加わる。しかもそのあいだ、寄付するために稼げば、寄付金を通じて世の中に影響を及ぼすこともできる。

スキルアップに役立つもうひとつの分野が販売・マーケティングだ。販売・マーケティングの経験は、説得力のある形でメッセージを広める能力が重要となるソーシャル・セクターに転身するときに役立つだろう。もうひとつ考えられるのは、将来的に役立つ分野で博士号を取得するという選択肢だ。ジェス・ウィットルストーンという女性はまさにそれを行なった。数学と哲学を学んだ彼女は、ウォーリック・ビジネススクールで行動科学の博士号の取得を目指した。そうすれば研究の道に進むこともできるし、そうでなくても将来的に役立つ信用や、統計や組織の意思決定に関する知識が得られることに変わりはない。加えて、博士課程に在籍するほうがフルタイムで働くよりは時間を柔軟に使えることが多い。つまり、同時並行で別の活動を始めたり追求したりする機会がある。たとえば、ジェスは空き時間を利用してポピュラー・サイエンスの記事を書いた。これで博士号の取得後、その気になればポピュラー・サイエンス系のライターを目指すこともできるだろう。

大穴狙い

効果的な組織で働く、寄付するために稼ぐ、スキルアップを目指すという選択肢は、どれも確実な賭けといえる。そうすれば、今すぐに世の中に影響を及ぼすか、あるいは将来的に影響を及ぼすのに有利な立場に身を置くことができるからだ。しかし、期待値に関する章で見たとおり、成功確率は小さくても見返りの大きな活動にも目を向けるべきだ。そういう意味で有望なキャリアはいくつかある。さっそく見てみよう。

起業

起業はきわめて有望な選択肢のひとつで、巨大な変化をもたらし、貴重なキャリア資本を築ける可能性を秘めている。営利目的の起業であれば、巨額の利益を稼ぎ、その一部を効果的な活動に寄付することができるだろう。また、起業はほかのキャリアと比べて参入のハードルが低く、大学の学位を持たない人々の多くが起業家として成功している。しかし、新興企業の大部分は失敗するという点を覚悟しておく必要があるだろう。また、起業は長時間の労働と激しいストレスを伴うことが多い。そして、全員が起業に向いているわけでもない。

非営利組織を起業する価値を物語っているのが、効果的な慈善団体に関する章で紹介したギブダイレクトリーだ。ギブダイレクトリーの共同創設者のうち、ポール・ニーハウスとマイケル・フェイのふたりはハーバード大学で経済学の博士号を取得しており、寄付するために稼ぐ機会は十分にあった。しかし、ギブダイレクトリーを立ち上げたのは明らかに正しい選択だった。２０１１年の正式な発足以来、ギブダイレクトリーは2000万ドル以上の寄付金を調達しており、その額は急速に膨らんでいっている。(26) こうした寄付金の大半が（あまり効果的でない別の慈善団体に）どっちみち寄付されていただろうという事実を考慮したとしても、ふたりはギブダイレクトリーを創設したことで寄付するために稼ぐよりもはるかによいことをしたといえる。

非営利組織を立ち上げようとしているなら、特に重要な活動分野（この点については次章で）に目を向けるのが有効な戦略のひとつだ。もうひとつ重要なのは、あなたの組織が取り組もうとしている問題が今までに解決されていない理由、そして将来的に解決されない理由を考えることだ。こう自問してみてほしい。

- なぜこの問題は市場によって解決されていないのか？
- なぜこの問題は国によって解決されていないのか？
- なぜこの問題は慈善活動によってすでに解決されていないのか？

この疑問の答えから、それが非常に解決しにくい問題だとわかることも多い。その場合、それはもっとも着目すべき問題とはいえないかもしれない。逆に、その問題を大きく改善することは可能だとわかる場合もあるだろう。もしあなたの活動の対象となる人々が市場に十分に参加しておらず、国が有効に機能していないとしたら、明らかに慈善活動の力が必要だ。たとえば、現在人々は市場や選挙に参加していないので、将来的にそういう人々の利益が代弁される機会は必然的に少なくなるだろう。

営利目的の起業は非営利目的の起業よりもいっそう選択肢として有力な場合がある。一般的に営利目的の起業の場合、もっとも重要な社会問題に活動を集中させるのは難しいだろうが、急速に成長できる可能性はずっと大きいし、そうして得た巨額の利益を将来的によい目的に活かせるという営利企業ならではのメリットもある。また、経済学者たちの指摘によれば、イノベーション系の起業は市場によって十分な供給がなされていない状態だという。イェール大学のウィリアム・ノードハウス教授の推定では、イノベーターはみずからの生み出した価値の2パーセントしか回収していない(27)。つまり、イノベーション企業が1ドルの利益をあげるたび、社会は50ドルの利益を得ている。ということは、あなたがイノベーション系の起業家になれば、平均的にあなた自身の給与をはるかに上回る利益を社会に還元できることになる。

その選択肢を選んだのがリンカーン・クワークという男性だ。彼は移民が低コストで簡単に祖国へと送金できるようにする企業「ウェーブ」を創設するため、大学院を中退した。現在、移民が送金をしようと思えば、「ウエスタンユニオン」か「マネーグラム」を使用するしかない。送金するには、実店舗まで出かけ、10パーセントの送金手数料を支払う必要がある。そこでリンカーン・クワークと共同創設者のドリュー・ダービンは、アメリカの携帯電話からケニアの携帯電話への送金を可能にするソフトウェアを開発した。送金手数料はわずか3パーセント。当面は、このプロジェクトにとりわけ好都合なインフラが整っているケニアのみが対象だが、活動の大幅な拡大を計画している。

このアイデアの潜在的な影響は莫大だ。現在、全世界の年間送金額は4000億ドルを超えており、全世界の対外援助の合計予算の数倍にもおよぶ(28)。したがって、リンカーンの新興企業は、送金手数料を数パーセント安くすることにより、富裕国から貧困国へのお金の流れを年間数百億ドル増加させる可能性を秘めている。メリーランド州からケニアだけでも、年間3億5000万ドル以上の送金が行なわれている。つまり、ウェーブはたったひとつの州だけでも、ケニアへの送金額を年間2400万ドルも増加させる可能性があるのだ(29)。実際、運営開始からものの数カ月で、数千人の利用者が合計数百万ドルをケニアへと送金した。

研究

１９７０年にノーマン・ボーローグがノーベル平和賞を受賞したとき、ノーベル委員会は彼が10億人の命を救ったと指摘した。そんな彼は政治家だろうか？　軍事指導者だろうか？　スーパーヒーローだろうか？　否、彼は農業を研究するアイオワ州出身のごくふつうの男性だった。彼は典型的な学者ではなかった。それほど名声があるわけでもなかったし、彼はビクトリア時代にはすでに存在していた手法を用いた。しかも、彼の名を世界に轟かせたイノベーションはどちらかというと退屈なものだった。それは茎が短く病気に強い新種の小麦だ。しかし、その小麦は貧困国全体の生産高を劇的に向上させ、「緑の革命」の引き金となった。彼が研究を行なわなくても同様のイノベーションが生まれていたかもしれないという事実を考慮したとしても、彼が数千万人単位の命を救う多大な影響を与えたことはまちがいない。

世界に影響を及ぼした科学者の例はボーローグだけではない。人類史上最大の影響を及ぼした人々のリストには、たいてい科学者や研究者の名前がずらりと並ぶ。世界にまちがいなく巨大なプラスの影響を与えた科学者として、合成肥料を発明したフリッツ・ハーバーとカール・ボッシュ、血液型を発見し、輸血を可能にしたカール・ラントシュタイナー、初の百日咳ワクチンを開発したグレース・エルダリングとパール・ケンドリック、ＨＩＶを発見したフランソワーズ・バレ＝シヌシとリュック・モンタニエが挙げられる。

どの発見もいずれ行なわれていただろうが、それぞれの研究者が数百万人単位の命を救ったことはまちがいない。そしてもちろん、アイザック・ニュートンからダニエル・カーネマンまで、ほかの多くの研究者たちも、救った人命の数という点で影響力を数値化するのは難しいとしても、人類の進歩に多大な貢献をしてきたことは確かだ。

イノベーション系の起業と同様、研究も市場による供給がまったく追いついていない分野のひとつだ。というのも、研究による利益を得るのは一部の人々だけではないし、その利益が得られるのはたいてい数十年先の話だからだ。各国の政府は国費研究を通じてある程度この問題を解決しようとしているが、学術研究では最大限の影響を及ぼせないことが非常に多い。もっとも社会的に重要な問題というよりも、もっとも理論的に興味深い問題に取り組むことが、多くの学者にとってのインセンティブとなっているからだ。裏を返せば、社会に大きな影響を及ぼす研究を意図的に選ぶことで、起こるはずのなかった大きな影響を及ぼすことができるのだ。

しかし、研究活動の成果（論文発表、受賞、引用の数）の分布はひどく偏ったファットテールだ。科学的な成果の大部分はごく一握りの科学者から生まれる。[30] つまり、研究の道に進むのが最善なのは、あなたがその分野で飛び抜けて秀でている場合だけなのだ。しかし、もしあなたがそういう人間になれるなら、研究活動という選択肢も真剣に検討してみるべきだ。

研究の道に進むことを検討している場合は、仕事を得られる見込みについて考えることが大事だ。博士号の取得後に研究者のポストを得るのはどれくらい難しいのか？ 学界以外で仕事を見つけるのは？ その答えは分野によって劇的に異なる。[31] たとえば哲学の場合、博士候補生の数は終身在職権に通じるポストの4倍にものぼる。[32] その結果、学者としての哲学者を志望する人々の多くは、学界で仕事を見つけられない。一方、経済学の場合、学界で雇用を求める人々の数と、学界のポストの数がそれよりも近い。[33] もうひとつ、学界以外でどれだけの影響を及ぼせるかを考慮することも重要だ。ここでもやはり、経済学の博士号は政策やビジネスの世界で広く尊敬されているので、まちがいのない選択だ。

これらの点を踏まえて、80000アワーズでは、影響力の大きな研究を行ないつつ、将来的な選択肢を広げるキャリア資本を築ける可能性がいちばん高いのは、経済学、統計学、コンピューター科学、そして一部の心理学だと結論づけている。しかし、とりわけ優先度が高い活動分野と関連する研究分野のなかで、あなたが特に関心や専門知識を持っているものがあるなら、ぜひ追求するべきだ。

研究を通じて世の中に影響を及ぼすひとつの効果的な方法は、複数の研究分野を組みあわせるというものだ。当然、複数の分野の組みあわせのほうが個々の分野よりもはるかに種類が多い。そして、研究活動は伝統的な学問分野の分け方に左右されやすいので、ふたつの学問分野を組みあわせた研究は特に見過ごされていることが多く、非常に大きな影響を及ぼせる可能性もある。たとえば、ダニエル・カーネマンとエイモス・トベルスキーは心理学者として経済学の分野に革命を巻き起こした。[34] ふたりは心理学の分野で確立された手法を応用し、合理的な選択に関する経済学の仮定を見直した。その結果、「行動経済学」という新しい分野の誕生につながった。行動経済学は人間の行動に関するより深い理解を私たちにもたらし、開発分野も含め、望ましい行動の変化を生み出す能力を向上させた。[35] 同じように、効果的な利他主義は道徳哲学と経済学の概念を組みあわせることで、これまでのような進展を遂げてきた。

学問分野を組みあわせるのは、より理論的な領域から実世界への応用を持つ領域へと移行する際には特に役立つ。学界では、もっとも名誉ある研究分野、つまり一流の研究者を多く惹きつける分野ほど、えてして現実的な応用が少ない。私のある友人は、数学界のノーベル賞ともいわれるフィールズ賞は、その受賞者についてふたつの物事を証明していると冗談を言った。ひとつはその人物がきわめて重要な物事を成し遂げる能力を持っていること、そしてもうひとつは実質的に何も成し遂げなかったことだ。あなたが一流の研究者で、学界内での地位をある程度犠牲にする覚悟があるなら、応用研究の分野へと移ることで世の中に巨大な影響を及ぼせるかもしれない。

政治とアドボカシー

政治もまた、成功確率は小さいながらも巨大な影響を及ぼすチャンスのある分野だ。イギリスで政党政治の道に進む人にとって、社会に影響を及ぼす最大のチャンスがあるのは閣僚または首相になることだ。閣僚や首相になれる確率はごくわずかでも、もしなれれば莫大な影響を及ぼせる。期待値に関する章で説明したとおり、だからこそローラ・ブラウンは政党政治の道を選んだ。その章ではイギリスの政治についてしか論じなかったが、ほかの国でも同じことが成り立つ。

アドボカシー（権利擁護）も、大きな見返りを秘めた分野だ。数値化するのは非常に難しいとはいえ、アドボカシーを通じて何千何万という人々の行動や特定の政策論議に影響を与えられる。その手段としては、ジャーナリズムや、学界でキャリアを築いたあと、「公的な知識人」へと転身する方法がある。効果的な利他主義の世界でこの道を選んだのが、ディラン・マシューズという男性だ。ハーバード大学で道徳・政治哲学を学んだ彼は、大学院で研究を続けることも考えたが、特に重要な理念を擁護する立場が手に入ることもあって、ジャーナリズムの道に進むことを決めた。彼は『ワシントン・ポスト』紙に勤め、今ではヴォックス・ドットコムで働いている。この職を通じて、彼はよりリベラルな移民政策、普遍的なベーシック・インカム制度、「寄付するために稼ぐ」という概念など、彼の重視する考え方を広め、議論することができた。

アドボカシーの分野では、影響力の分布は非常にいびつなファットテールになるだろう。そこはごく一握りの思想のリーダーたちが大部分の注目を集める勝者総取りの世界だ。残念ながら、アドボカシー全般が及ぼす影響についてのデータはないのだが、同じく非常にいびつなファットテールを持つ書籍の売り上げや、[36]ツイッターのフォロワー数の分布と[37]同じように考えることができる。つまり、成功する可能性がきわめて高いと思う場合にかぎって目指すべき分野といえるかもしれない。

ボランティア活動

これまでは、世の中に影響を及ぼすためのキャリア選びの方法について説明してきた。同じ内容はボランティア活動にも当てはまるが、難点がひとつある。ボランティアをする人はその分野で専門的な訓練を受けていないケースが多いため、提供できる利益は限られてしまう。と同時に、相手の貴重な管理能力を奪ってしまうことも多い。そのため、ボランティア活動はむしろあなたが手を貸す慈善団体に実害を及ぼす場合もあるのだ。実際、ある非営利組織から聞いた話によると、彼らがボランティアを利用する最大の理由は、将来的にドナーになってくれることを期待しているからだという(38)。

この点を踏まえると、ボランティア活動は相手の組織にあまり負担のかからない形にかぎって行なうべきだ。たとえば、ウィキペディアに高品質な記事を提供すれば、ほとんど誰にも負担をかけず、多くの人々に大きな利益を届けられる。また、ほとんどコストをかけずにボランティアの協力を得ている組織もある。たとえば、菜食主義の推進組織「マーシー・フォー・アニマルズ」(動物に慈悲を)のボランティアたちは、フェイスブックで工場式農場の動画にコメントした人々に連絡を取り、ベジタリアンになるという選択肢について話しあう。おかげで彼らは組織の管理時間をほとんど奪うことなく、社会に大きな利益をもたらすことができる。慈善団体に負担をかけることなく社会に影響を及ぼすもうひとつの方法として、ボランティア活動の時間を仕事にあて、その収入を寄付するというものがある。

しかし、こうした点だけにとらわれる必要はない。むしろ、獲得できるスキルや経験という観点からボランティア活動を考えることをお勧めしたい。そうすれば、将来的により大きな影響を及ぼせるようになるだろう。あなたがボランティア活動に費やす合計時間は、あなたのキャリア全体から見ればほんの一部なので、一般的にボランティア活動が世界に及ぼす影響そのものよりは、ボランティア活動があなたの人生のそのほかの面に及ぼす影響のほうがずっと大きいにちがいない。

たとえば、大学生のころ、私は学校で教えるためにエチオピアを訪れた。私が現地で及ぼした影響は限られていた。おそらく、現地の教師が少し休める程度のことだっただろう。それもメリットではあるが、特に高額な旅費を考えれば、同じ時間とお金でもっとよいことができたはずだ。しかし、極度の貧困を間近で見た経験は、私自身に大きな影響を与えた。当時の経験はその後の私の選択を形づくったし、学校で教えるよりもずっと曖昧模糊とした活動をしているときにも、私にとって大きなモチベーションになっている。エチオピア訪問が及ぼした影響は、主に私自身への影響だったわけだ。

自分自身にとってメリットがあるからという理由でボランティア活動をするのは少し気が引けるかもしれないが、世の中に影響を及ぼすための第一歩ととらえているかぎり、私はなんの問題もないと思う。どの分野でもそうだが、誰かの役に立つまでには一定の訓練が必要だ。その点、ボランティア活動は経験を得るための絶好の手段になりうるのだ。

キャリア中終盤における転職

あなたがキャリアの中終盤を迎えていて、世の中に影響を及ぼしたいと考えている場合は？

キャリア中終盤の場合も、キャリア序盤に関して述べたことと基本的には同じなのだが、キャリア資本の重要性はかなり低くなり、あなた自身が置かれている具体的な状況に関する事実（あなたが今まで築き上げてきたスキルや経験）のほうがずっと重要になってくる。世界を変えるのに役立つスキルを磨いてこなかった人々にとっては、「寄付するために稼ぐ」のが特に有力な選択肢といえる。転身する先の分野にそれほど精通しているわけでもないのに、高給取りの仕事をなげうって直接世界に影響を及ぼすような仕事や活動に転身する人々は多い。高い給料を受け取ったまま差額を寄付するほうが、ずっと世の中にとってよいことができたかもしれないのに……。

たとえば、こんな例がある。フレデリック・マルダーという男性は、１９７０年代にブラウン大学で哲学の博士号を取得して卒業すると、画商になるために学界を去った。彼は大成功したが、次第に自分のキャリアを活かして世界に影響を及ぼしたいと思うようになった。彼は道徳的価値という点でいえば画商の仕事はよくも悪くもないと考えていた。いやむしろ、飛行機で頻繁に移動することを考えると悪い部類に入るかもしれない、と彼は私に言った。しかし、芸術の世界を離れて非営利組織の世界に飛びこむのは、自分の才能を活かす最善の方法ではないと彼は気づいた。「世界でこういう活動が行なわれればいいのに、と思うことはたくさんある」と彼は言う。「だが、私自身ではできない。そのスキルがないからね。それなら、私の大好きなことをやり、そうして得た資産を使って、私の代わりに本当に重要なことをやってくれる人を支援するのがいちばんいいのではないか？」[39]。結局、彼はそれまでの仕事を続け、稼ぎの10～80パーセントを毎年寄付している。

一方、あなたが役に立つスキルを築いてきたなら、そのスキルを効果的な活動分野に直接活かすのは有力な選択肢のひとつかもしれない。そのとおりのことを実践したのがアゲンスト・マラリア基金のロブ・メイザーだ。彼はビジネスや営業の幅広い経験を持っていたので、組織の運営方法やアイデアの売りこみ方を熟知しており、たぐいまれなる実行力を身につけていた。彼は初めて利他的活動の世界に飛びこんだとき、水泳を使った資金調達イベントを開催し、10万人のスイマーを参加させることに成功した。彼の経歴も役立った。彼は給料を受け取る必要がなかったので、初期の段階で多くのドナーを惹きつけることができた。さらに、前職で培った営業力のおかげで、数々の企業から莫大な量の善意の支援を得ることができた。その結果、彼の築いた慈善団体はギブウェルで最高レベルの評価を獲得。これまでに3000万ドル以上を調達し、1000万張を超える持続性の高い殺虫剤入り蚊帳を配付し、数千人の命を救うことに成功したのだ。(40)

キャリア選びは人生でもっとも重要な決断のひとつだ。本章で紹介したフレームワークが決断の助けになることを願っている。

キャリアを通じて世の中に影響を及ぼすためのひとつの経験則として、特に重要な活動分野に取り組むという方法を紹介した。しかしここまでは、主に世界の貧困撲滅という分野しか取り上げてこなかった。世界のほかの問題はどうだろう？　数ある問題のなかでどれがもっとも重要な取り組みなのかをどう判断すればいいのか？　次章ではこの疑問に挑んでみたい。

第10章　貧困か、気候変動か、それとも……
——もっとも重要な活動分野は？

２０１３年夏、バラク・オバマ大統領は気候変動のことを「現代の世界的な脅威」と表現した。そう考えるのは彼だけではない。当時のアメリカ合衆国国務長官のジョン・ケリーは、気候変動のことを「われわれの世代における最大の難問」と呼んだし、元上院多数党院内総務のハリー・リードは「気候変動は今日の世界が直面する最悪の問題である」と述べた。気候変動に関する政府間パネル共同議長のトーマス・F・ストッカーは気候変動のことを「現代の最大の難問」と表現した。(1)

果たして、オバマらの意見は正しいのか？　気候変動は極度の貧困よりも優先されるべき今日の世界の最重要課題なのだろうか？　それをどう判断すればよいのか？

多くの人々がこうした疑問を唱えている。財団や社会起業家は影響の最大化という話をよくするが、彼らが最大化しようとしている影響というのはふつう、彼らが情熱を持って取り組んでいる活動分野（貧困、教育、気候変動など）のなかでの影響であって、そもそもどの活動分野に注目するべきなのかを彼らが戦略的に考えることは少ない。しかし、世界に対してできるかぎりのよいことをしようと本気で思うなら、どの活動分野を選ぶべきなのか、慎重に考えなければならない。活動分野によって、私たちが手を差し伸べられる人数や度合いに大きな差が出るからだ。つまり、私たちにできる最大限の影響を及ぼすには、どの活動分野に取り組むかをじっくりと考える必要があるのだ。

これまでに費用対効果がきわめて高いとして私がお勧めしてきた組織は、どれも世界の貧困の解決に取り組んでいるものばかりだ。これらの慈善団体がものすごくよいことを行なっているのはまちがいない。しかし、世界の貧困と闘うことが人々を救う最善の方法ではないとあなたは思うかもしれないし、世界の貧困と闘う最善の方法は私が紹介した慈善団体と比べて便益を数値化しづらい活動にあると思うかもしれない。さらには、お金ではなく時間（ボランティア活動や仕事）を通じて何かよいことをしたいと考える人もいるだろう。その場合、あなたの持つスキル、経験、機会のほうがずっと重要になる。そして、それらはほかの分野と比べて世界の貧困とはうまく合致しない場合もある。つまり、活動分野の選び方について考える必要があるのだ。

本章では、取り組むべき最重要課題は何かという疑問にきっぱりと答えるつもりはない。そんな疑問に答えるのは丸1冊をかけてもムリだし、ましてやたったの1章ではとうてい不可能だ。代わりに、本章では先ほどの疑問について考えるためのフレームワークを紹介し、ギブウェルや効果的利他主義センターによる調査に基づいて、私が優先すべきだと考える活動をいくつか提案したいと思う。(2) ただし活動分野の選択には、本書で論じてきたほかの問題よりもいっそう価値判断が大きくかかわってくるので、あなたと私とでまったくちがう結論にたどり着くこともあると思う。効果的な利他主義は科学的なアプローチを用いてよいことを行なうことを目指しているが、科学といっても物理学のようなものとはちがって、意見のちがいをかなり認めている。とはいえ、活動分野の選択について厳密に考えることが重要だという点になんら変わりはない。

私が提案するフレームワークでは、次の3つの側面の一つひとつについて活動分野を評価し、比較することができる。

ひとつ目が「**規模**」。この問題の規模は？　その問題は短期的または長期的にどれくらい人々の生活に影響を及ぼすのか？

ふたつ目が「**解決可能性**」。この問題で前進を遂げるのはどれくらい簡単か？　すでに介入方法は存在しているか？　その介入方法で前進していると判断するのはどれくらい簡単か？　その介入方法が有効であることを裏づける証拠の信憑性は？　新しい有望な介入方法は見つかりそうか？

3つ目が「**見過ごされている度合い**」。この問題の解決にすでにどれだけの資源が投じられているか？　その資源は現在どれくらい効果的に配分されているか？　この問題が市場や政府の力では解決できないと考える根拠はあるか？

お金ではなく時間を捧げたいと考えている場合は、これに加えて4つ目の側面「個人的な相性」が重要になる。あなた自身の持つスキル、資源、知識、人脈、情熱を踏まえると、その分野で大きな影響を及ぼせる可能性はどれくらいあるか？

個人的な相性については、前章のキャリア選びに関する部分で説明したとおりだ。活動分野の選択についてもほぼ同じことが成り立つ。なので、本章では最初の3つの基準に着目するが、もしある分野で仕事やボランティア活動をすることを検討している場合は、私がこれから説明する内容に加えて、あなた個人とその分野との相性についても合わせて考えるようにしてほしい。

ひとつ目の側面である「**規模**」とは問題の大きさのことであり、ふつうは人々の幸福度に及ぼす実際の影響または潜在的な影響で測定される。たとえば、前に述べたとおり、がんは世界全体の健康障害のうちの7・6パーセントを占めるが（失われたQALYで測定）、マラリアは3・3パーセントしか占めないので、がんのほうがマラリアよりも大規模な問題だといえる。

ほかの条件がすべて同じだとすると、規模が大きい問題ほど優先度が高い。その理由はふたつある。ひとつ目に、多くの活動は問題の規模に比例して与えられる影響も大きくなる。がんかマラリアのどちらか一方の安価な治療法を開発できるとしたら、おそらくがんの治療法のほうを開発すべきだろう。がんのほうがマラリアよりも多くの健康障害や死につながるので、がんの治療法が確立するほうが全体的な便益は大きくなる。政策の変更についても同様だ。ニュージャージー州かアメリカ全体のどちらか一方の医療政策を改善できるとしたら、アメリカ全体の政策を変えるほうがはるかに多くの人々に影響を及ぼせるというのは自明の理だ。

ふたつ目に、問題の規模はその問題が続くと思われる期間も左右する。その問題が数年後に解決されるとしたら、その問題について理解するために膨大な時間や資源を費やしても意味がない。同じように、もしその問題が非常に巨大なら、とりわけ効果の高い解決方法が出尽くすまでには膨大な量の資源が必要になるだろう。

このフレームワークのふたつ目の側面「**解決可能性**」とは、長期的に見て、スキルやお金などの資源を問題解決に向けた進展へと結びつけられるかどうかを意味する。ある問題が巨大でかなり見過ごされているとしても、それが取り組むべき重大な問題だとはかぎらない。単純に、打つ手がほとんどないだけかもしれない。たとえば、老化は巨大な問題だ。世界の健康障害の3分の2近くは老化によって引き起こされる。しかも、この問題はかなり見過ごされている。がん、心臓病、アルツハイマー病といった老化の症状を治療するのではなく、老化の原因を予防しようと取り組んでいる研究所はごくごく少ない。しかし、この問題が見過ごされているのは、多くの科学者が手に負えないと考えているからだ。単純に、老化の予防はきわめて解決の難しい問題なのだ(3)。

これまでの章では、費用対効果を具体的に見積もった（1QALYあたり100ドル、など）。この方法は短期的に考える場合には役立つ。個々の介入方法に関して信憑性の高い証拠が存在するなら、費用対効果を直接比較できる。しかし、こうした推定は個々の介入方法に対してしか当てはまらないし、ある活動分野における個々のプログラムの費用対効果の見積もりは時間とともに変わっていく。したがって、ある活動分野に時間や労力をつぎこむかどうかを考えるときは、現時点での最善の推定を立てるだけでなく、その問題の長期的な解決のしやすさについても見積もることが大事だ。

このフレームワークの3つ目の側面「**見過ごされている度合い**」とは、問題の規模と比べて、その活動分野にどれだけの資源が費やされているかを指す。ほかのすべての条件が同じだとすると、収穫逓減の法則により、ある活動分野に資源が費やされていればいるほど、一定量の資源で前進を遂げるのは難しくなる。もっとも費用対効果の高い介入方法はすでに試されている可能性が高いからだ。

この点は忘れられやすい。巨大な問題（たとえば世界最大の問題）を目にしたとき、その問題に取り組もうと考えるのは自然なことだ。しかし、その問題にすでに大量の資源がそそぎこまれているとしたら、別の問題に資源を追加投入するほうが効果的かもしれない。たとえば、HIV／AIDS、結核、マラリアといった病気は、昔から腸内寄生虫などよりもずっと多くの注目を集めてきた。そのひとつの理由は、これらの病気が腸内寄生虫よりもずっと健康に悪影響を及ぼすからだろう（死亡者数または失われたＱＡＬＹという点で）。そのため、これらの病気は不釣りあいなほど高い注目を集めてきた。しかし、腸内寄生虫は注目度が格段に低かったからこそ、もっとも低コストで効果的な治療方法がまだ摘み取られずに残っていた。実際、住血吸虫症対策イニシアティブのエグゼクティブ・ディレクターのアラン・フェニックが「顧みられない熱帯病」という用語を提唱したことでようやく、こうした疾患が世界的な健康に関する議論でスポットライトを浴びるようになった。この用語にはふたつのメリットがあった。ひとつ目に、幅広い疾患がひとつの見出しのもとに分類された。つまり、たとえば住血吸虫症の疾病負荷〔ある病気が社会にもたらす損害を数値化した指標〕はＨＩＶ／ＡＩＤＳの疾病負荷と比べれば小さいとしても、顧みられない熱帯病全体による全世界の疾病負荷はＨＩＶ／ＡＩＤＳによる全世界の疾病負荷に匹敵するようになった。ふたつ目に、この名前自体が、こうした病気が見過ごされているという事実を浮き彫りにした。

本章の残りを読めば、私が優先すべきだと考える活動分野があまり聞いたことのないものばかりであることに驚くかもしれない。この点こそ、活動分野を選ぶときにはどれくらい見過ごされているかを考慮するべきだということを示している。私たちがよく聞く活動分野は、裏を返せば大きな影響を及ぼしにくい活動分野でもある。あまり注目されていない活動分野にこそ、巨大な影響を及ぼせる可能性が潜んでいるのだ。

規模、解決可能性、見過ごされている度合いの3つの要素からなるこのフレームワークについて解説するため、このフレームワークを使って、国内の貧困ではなく世界の貧困の解決に取り組むべきだといえる根拠を見てみよう。世界の貧困は、人数と度合いの両面で、第一世界の国々の貧困よりも規模がずっと大きい。アメリカでは４６５０万人が相対的貧困のもとで、つまり年間１万１０００ドル未満で暮らしている。[4] しかし、全世界では12億２０００万人が極度の貧困のもとで、つまり年間５５０ドル未満で暮らしている。また、世界の貧困は国内の貧困よりずっと見過ごされている。2014年、アメリカでは生活保護に5000億ドルが費やされたが、貧困国への援助や慈善活動は年間合計で2500億ドルにとどまった。何より、これまで話してきたように、極度の貧困は国内の貧困よりもはるかに解決しやすい。現時点での費用対効果の推定によると、極端に貧しい人々に国内の人々と同じ便益をもたらすのは100倍も易しいのだ。

世界の貧困と国内の貧困はどちらかというと比較しやすい。先ほどの3つの側面のすべてにおいて、世界の貧困に取り組むほうが勝っているからだ。しかし、比較しやすいケースばかりではない。ある課題に取り組むほうがひとつの側面では勝っているが、別の側面では劣っているというケースもあるからだ。以降では、取り組む価値がおおいにあると思われる活動分野の例をいくつか紹介したいと思う。慈善団体について述べた章と同じように、各活動の規模、見過ごされている度合い、解決可能性をそれぞれ4段階で評価する。このあとを読めばわかるように、すべての側面で満点の活動分野を見つけるのは難しい。たとえば、「刑事司法制度の改革」は解決可能性という点では飛び抜けているが、規模という点では比較的小さい。「国際的な労働力の流動化」は規模が大きいが、非常に解決しにくい。なので、どの活動分野に取り組むかはおのずと難しい判断になる。各々の基準をどう天秤にかけるべきなのか？　その方法は人それぞれでかまわないのだ。

本題に入る前に、ふたつだけ注意点がある。ひとつ目に、いずれのケースでも、その活動が有望だと思う簡単な理由だけを述べる（ただし興味のある人々のため、巻末の注で参考文献を紹介している）。なので、本章は極度の貧困以外の活動分野を探すための一種の手引きのようなものとして利用してほしい。つまり、これらの活動がもっとも重要であるという決定的な根拠というよりも、私からの提案として受け取ってほしい。ふたつ目に、これから紹介する活動分野のなかには、第7章でリストアップした慈善団体と比べて、気軽な寄付では影響を及ぼしにくいものも含まれている。そのなかには、お金よりも優秀な人材を必要としているものもある。
このふたつの注意点を念頭に置きつつ、優先度の高い活動分野をいくつか見ていこう。

アメリカ刑事司法制度の改革(5)

問題は?――アメリカでは常時220万人が収監されている。これは人口の0・7パーセントにあたり、収監率としては世界トップクラスだ。比較のため、イギリスの収監率は0・14パーセント、カナダが0・1パーセント、日本にいたってはわずか0・05パーセントにすぎない。と同時に、アメリカの意図的な殺人の発生率(犯罪率全般の有力な目安となる)は先進国中最高で、人口10万人あたり年間4・7件にのぼる(対して、イギリスは1件、カナダは1・6件、日本は0・3件)。この点を考えると、高い収監率は犯罪を抑止しておらず、むしろ増加させている可能性すらある。1990年代以降、アメリカでは暴力犯罪が減少したものの、収監率は劇的に増加してきた。犯罪学者たちによると、犯罪率を今までと同水準に保ったまま、あるいは今までより抑えつつ、収監率(特にリスクの低い犯罪者の収監率)を10パーセント以上減少させることは可能だという。

本書では、社会にとって最大限によいことをする方法はふつう富裕国の人々をターゲットにしたものではないと主張してきたので、刑事司法制度の改革がこのリストに挙げられているのは不思議に思えるかもしれない。しかし、国内で巨大な影響を及ぼす機会は外国と比べれば限られているとはいえ、まったくないわけではない。刑事司法制度の改革がそのほかの国内問題とちがうのは、かなり規模の大きな問題である割に、現時点では見過ごされており、それでいてきわめて解決しやすいという点だ。

規模――あまり大きくない。収監人数を10パーセント減らせば数々のメリットがあるだろう。もちろん、刑務所に入る必要のない年間20万人以上の人々にとって大きなメリットがある（たとえば、薬物所持のような犯罪は暴力犯罪と比べて社会にとって深刻な脅威ではないので、収監が不要なケースも多い）。収監の代償としては、惨めな刑務所暮らしそのものに加えて、収入の逸失、将来的な所得の減少、そして囚人の家族（特に子ども）がこうむる負担などがある。

また、収監によって政府がこうむるコストはひとりあたり年間約2万5000ドルだが、仮釈放によってこうむるコストは年間約2000ドルにすぎない。[6] つまり、政府は年間数十億ドルのコストを節約できる。収監率をもっと減少させることができれば（収監率を半分にしたとしても、アメリカの収監率はまだカナダの3・5倍であることを思い出してほしい）、節約の規模はいっそう大きくなる。

見過ごされている度合い——まあまあ大きい。ギブウェルの推定によれば、収監率を大幅に減少させるための刑務所改革に政府以外の組織が費やしている額は年間約2000万ドルにすぎない。（さらに、死刑の廃止運動など、その他の刑務所改革には年間4000万ドルが費やされている。[7]）

解決可能性——きわめて高い。犯罪率の減少と不況による経済の低迷が相まって、刑務所改革に両党から空前の支持が集まっているようだ。ピュー慈善財団はこの分野での進展を象徴するひとつの例であり、2007年から2014年夏までの時点で、計27州で29の改革政策を後押ししてきた。これらの州では、わずか2500万ドルのコストで刑務所人口が11パーセント減少したと予測される。この予測が正しく、ピュー慈善財団の介入がなければ改革が起こっていなかったと仮定すると、わずか29ドルで1年間分の刑務所暮らしが削られた計算になる。[8]

この活動に取り組んでいる有望な組織は?——ピュー慈善財団の「公共安全成果プロジェクト Public Safety Performance Project」は、州への技術支援、政策評価、有効な政策に関する情報提供、個々の政策に対する幅広い政治的支持の醸成を通じて、刑事司法政策を証拠に基づく効果的なものへと変えようとしている。

ペパーダイン大学のアンジェラ・ホーケン教授が代表を務め、ギブウェルを通じて寄付を受け取っている「ベータガブ BetaGov」は、政策の実験的な試行を支援する手段を提供している新しい機関だ。「シカゴ大学犯罪研究所」（こちらも寄付を受けつけている）は、ランダム化比較試験を実施し、証拠に基づく刑事司法政策のアドバイスを政府に提供している。

国際的な労働力の流動性

問題は？――貧困国から富裕国への移民の増加は、世界の最貧困層の人々に大きなメリットをもたらすと同時に、世界の経済生産高を大幅に押し上げるだろう。しかし、先進国の大半は労働目的の入国に厳しい制限を課している。

規模――非常に大きい。世界の所得のばらつきの85パーセントはほかならぬ居住地域によって生まれている(9)。つまり、極端に貧しい人々は、効率的に働ける環境に住んでいないという理由だけで貧困に追いやられているのだ。経済学者のマイケル・クレメンス、クラウディオ・モンテネグロ、ラント・プリチェットは、「場所のプレミアム」、つまり外国人労働者がアメリカに移住することで得られる上昇賃金を推定している(10)。ハイチの平均的な人がアメリカに移住すると、所得がおよそ680パーセント上昇する。ナイジェリア人にいたっては1000パーセントだ。ほかの発展途上国の場所のプレミアムはもう少し低いが、移民に劇的なメリットをもたらすくらい高いことに変わりはない。ほとんどの移民は家族に仕送りができるだけの収入を稼ぐので、移住していない人々の助けにもなる。世界で6億人もの人々が移住の機会があれば移住すると推定されている。

一部の経済学者たちの推定によると、国境を越えた労働力の自由な移動が実現すれば、世界のGDPが5割増になる以上の経済的利益が生まれるという。こうした推定がきわめて楽観的であることを踏まえたとしても、移住の大幅な増加によって生まれる経済的利益は年間数兆ドル単位になるだろう（移民の増加に対するいくつかの反対意見については、巻末の注で議論する）[11]。

見過ごされている度合い――非常に高い。移住の問題に取り組んでいる組織はいくつかあるものの、ほとんどの組織は移民政策の緩和が未来の移民にもたらす便益ではなく、現在アメリカに住んでいる移民に着目している。

解決可能性――あまり高くない。移民の増加は先進国では驚くほど不評で、ドイツ、イタリア、オランダ、ノルウェー、スウェーデン、イギリスの大多数の人々は移民の抑制を支持している。先進国のなかではカナダが移民の増加にもっとも寛容だが、それでも移民の増加に賛成している人々は20パーセントにすぎず、42パーセントが移民の削減を支持している[12]。こうした点を踏まえると、近い将来、移民政策の変化が起こるとは考えにくい。

この活動に取り組んでいる有望な組織は？――「イミグレーションワークス ImmigrationWorks」（寄付を受けつけている）は、高度な技術を持たない移民労働者をより手軽に雇えるようになることで恩恵を受ける中小企業経営者の利益を代表する活動を行なっている。その目的は、「アメリカの外国人労働者の年間の法的受け入れ人数を国内の労働力需要とより現実的に一致させる」ことだ[13]。

「世界開発センター Center for Global Development」（寄付を受けつけている）は、移民改革など、世界の貧困層の生活向上に関する話題について、政策関連の調査や政策分析を行ない、政策立案者たちに提言を行なっている。

工場式農場

問題は?——工場式農場では、年間500億頭の動物たちが飼育され、殺されている。農業のやり方を少し変えるだけで、こうした動物の福祉を大きく改善できる。また、家畜を飼育すると、膨大な量の温室効果ガスが排出される。

規模——価値判断によっては非常に大きい。この問題の規模は、人間以外の動物の利益にどれだけ重きを置くかによって変わってくる。人間以外の動物の苦しみを道徳的に重要な問題だととらえる人々は多い。そうした価値判断に基づけば、工場式農場の問題の規模は非常に大きいといえる。食肉産業は気候変動にも特に大きく寄与しており、世界の温室効果ガス排出量の14・5パーセントを占める。(14)

見過ごされている度合い——きわめて高い。工場式農場の問題に対する非営利組織の総支出は年間2000万ドルに満たない。(15)

解決可能性——非常に高い。肉の消費量は減少しているし、人々を菜食主義へと導く確実な方法もあるようだ。ヨーロッパでは、ニワトリのバタリーケージ飼いの禁止など、工場式農場の状況改善に向けた動きがある。しかしアメリカでは、この件での政策変更に反対する強力な農業圧力団体が存在する。

この活動に取り組んでいる有望な組織は?——「マーシー・フォー・アニマルズ」(寄付を受けつけている)は、畜産における動物の残酷な状況を明らかにするための調査を行ない、動物福祉に関するオンライン動画や広告を通じた教育やアウトリーチ活動を行なっている。

「ヒューメイン・リーグ」(寄付を受けつけている)は、主にオンライン動画や広告、チラシ配り、「ミートレス・マンデー」（肉なし月曜日）運動を通じて教育やアウトリーチ活動を行なっている。

米国動物愛護協会の「家畜保護キャンペーン Farm Animal Protection Campaign」（寄付を受けつけている）は、農家と協力して食糧生産プロセスにおける動物の扱いを改善し、よりよい法律の制定を働きかけ、内部告発禁止法〔活動家などが動物の残虐な扱いを世間に知らしめるため、所有者の許可なく農場内を盗撮する行為を禁ずる法律〕に反対することで、工場式農場のもっとも極端な閉じこめ飼育を撲滅することを目指している。

マーシー・フォー・アニマルズとヒューメイン・リーグは、独立評価機関「アニマル・チャリティ・エバリュエイターズ」から最高クラスの評価を受けている。また、米国動物愛護協会の家畜保護キャンペーンは傑出した組織として評価されている。

2～4℃の気候変動

問題は？――温室効果ガスの排出によって、地球の平均気温は将来的に2～4℃上昇すると見られている。[16] その結果、数兆ドルの経済的損失が生まれ、数十万～数百万人が命を失い、生物多様性が大きく損なわれるだろう。

規模――まあまあ大きい。多くの経済学者たちの推定によると、気温が2～4℃上昇すると、GDPが約2パーセント減少する。しかし、気候変動の被害の大部分は、貧困国の人々が現在よりもかなり裕福になっている未来に発生する。たとえば、『スターン報告』（2006年に発表された気候変動に関するたいへん深刻な評価報告書）に掲載された2番目に悲観的なモデルによると、気候変動による2100年までの経済的コストはひとりあたり400ドルにおよび、発展途上国の平均的なひとりあたりGDPは1万1000ドルから1万

600ドルに減少するという。[17]

通常、気候変動のコストの経済的評価では、人的コストにしか目が向けられない。自然環境の保護も評価の対象とするなら、気候変動は先ほどの経済学者たちのモデルが示すよりもはるかに深刻な影響を及ぼすと見るべきだろう。たとえば、気候変動によって種全体の2〜3割が絶滅する可能性もある。

見過ごされている度合い――あまり高くない。気候変動は重大な社会問題としてよく知られている。実際、アメリカ政府は年間およそ80億ドル、財団は年間数億ドルを気候変動関連の活動に費やしている。

解決可能性――まあまあ高い。個人の力で世界的な温室効果ガスの排出量を削減する確実な方法がある。しかし、政治の足取りが重いため、政策の変化に影響を及ぼす機会は限られている。たとえば、2009年のコペンハーゲン国連気候変動会議は、世界の首脳たちが勢揃いした史上最大の会議だったが、成果はほとんどなかった。

この活動に取り組んでいる有望な組織は？――「クール・アース」（寄付を受けつけている）はペルーやコンゴ民主共和国の先住民たちが暮らす熱帯雨林を違法伐採から守る活動を支援している。

「クライメットワークス ClimateWorks」（寄付を受けつけている）は、温室効果ガス排出量を削減する公共政策を実現するための運動を行なっている。

壊滅的な気候変動

問題は？――現在の気候モデルを踏まえると、温室効果ガスの排出が10℃以上の気温上昇という壊滅的な気候変動につながる可能性は否定できない。それが起きる確率はごく小さいが、実際に起きた場合の影響は非常に甚大だ。つまり、壊滅的な気候変動を防ぐ活動の価値の期待値は非常に大きいといえるかもしれない。

規模――価値判断によってまあまあ〜きわめて大きい。世界規模の大災害のリスクをどう評価するかは、繁栄した文明を長期的に維持することをどれだけ重視するかによって大きく変わる。文明の崩壊が起こる可能性はごくわずかだが、文明の崩壊をとんでもなく悪い出来事とみなすなら、最悪のシナリオを防ぐことは非常に重要かもしれない。

見過ごされている度合い――まあまあ高い。気候変動の問題に関しては、主に排出量削減に目が向けられている。それは気候変動に関する予測が正しいかどうかにかかわらずよいことだ。しかし、壊滅的な気候変動が発生する確率や、極端な温暖化シナリオを踏まえた温暖化の軽減戦略や適応戦略については、あまり研究がなされていない。気候工学の研究には年間約1100万ドルしか費やされていない（以下を参照）。

解決可能性――まあまあ高い。今まで以上に、最悪のシナリオが発生する確率を評価するための研究と、最悪のシナリオが発生する確率の抑制戦略を開発するための研究の両方に資金を提供することが切に求められている。ひとつ考えられるのは、最終手段である気候工学の研究だ。気候工学とは、たとえば硫酸塩（太陽光を反射させて地球を冷却する気体）を成層圏へと注入するなどして、意図的に地球を冷却する試みだ。気候工学自体は、オゾン層の減少といった重大なリスクをもたらす可能性を秘めているが[18]、もし非常に大きな気温上昇に直面していることがわかれば、そのリスクを冒すこともやむをえないかもしれない。さらに、気候工学は低コストなので、将来的には個々の国が単独でリスクのある気候工学プロジェクトに着手する可能性もある。したがって、気候工学の影響とリスクを前もって理解しておくことが望ましい。しかし、気候工学の研究が盛んになれば、そのほかの軽減戦略や適応戦略が軽視される危険性もある。

この活動に取り組んでいる有望な組織は？――オックスフォード大学の「ジオエンジニアリング・プログラム」

は、気候工学の社会的、倫理的、技術的な側面について、社会に根差した透明性の高い研究を行なうべく取り組んでいる。

「太陽放射管理統制イニシアティブSolar Radiation Management Governance Initiative」は、気候工学の一形態である太陽放射管理に関する研究が責任を持って行なわれるよう、気候工学の規制についての助言を提供している。

気候変動の全般的な緩和も壊滅的なリスクを抑えるひとつの手段なので、前述のクール・アースとクライメットワークスもこの分野では有望な慈善団体だ。

その他の世界規模の壊滅的リスク(19)

問題は？――発生確率は低いものの、壊滅的な結果につながりうるリスク要因はほかにもある。たとえば、核戦争、流行病、生物テロなど。

規模――価値判断によってまあまあ～きわめて大きい。気候変動による破滅のリスクと同様、世界規模の大災害のリスクをどう評価するかは、繁栄した文明を長期的に維持することをどれだけ重視するかによって大きく変わる。

見過ごされている度合い――非常に高い。世界規模の大災害は前例がなく、起こるとは考えづらいので、十分な注目が得られていない可能性がある。この問題に対する慈善団体の支出は比較的少なく、核安全保障には年間およそ3000万ドル、生物テロに対する安全保障には年間数百万ドルしか拠出されていない。政府の支出や関与はそうとうなものだが、現在見落とされている世界的災害リスクの研究など、世界的な破滅リス

表10-1　有力な活動分野の評価

	規模	見過ごされている度合い	解決可能性
極度の貧困	●●●	●●	●●●●
アメリカ 刑事司法制度の改革	●	●●	●●●●
国際的な労働力の流動性	●●●	●●●	●
工場式農場	価値判断に応じて 最高で●●●	●●●●	●●●
2～4℃の気候変動	●●	●	●●
壊滅的な気候変動	価値判断に応じて ●●～●●●●	●●	●●
その他の世界規模の 壊滅的リスク	価値判断に応じて ●●～●●●●	●●●	●●

●●●●＝最高、●＝最低

ク全般に対する支出は１００万〜２００万ドルとごく少ない。

解決可能性——まあまあ高い。壊滅的なリスク全般に関する学術研究に資金を提供する機会もあるし、政策への影響力を高める機会もまあまあある。しかし、こうした活動には、たとえば極度の貧困の撲滅活動への寄付のように、影響を及ぼすための明確な道筋があるとはいいがたい。

この活動に取り組んでいる有望な組織は？——「核脅威イニシアティブ Nuclear Threat Initiative」（寄付を受けつけている）は、核兵器、生物兵器、化学兵器の拡散を抑制するためのさまざまな活動に取り組んでいる。

「人類未来研究所 Future of Humanity Institute」と「存亡リスク研究センター Centre for the Study of Existential Risk」（いずれも寄付を受けつけている）は、それぞれオックスフォード大学およびケンブリッジ大学の学際的な研究所であり、世界的な破滅リスクの規模を評価するとともに、リスクの軽減戦略を立てるべく取り組んでいる。

有力な活動分野を表10－1にまとめた。

結論

今日から、効果的な利他主義者になろう

——あなたが今すぐすべきこととは何か?

本書では、世界に影響を及ぼす効果的な利他主義のアプローチを紹介してきた。効果的な利他主義にとって重要な5つの疑問と、慈善団体、キャリア、活動分野を選ぶためのフレームワーク(いずれも付録に再掲)を通じて、あなたの人生のあらゆる分野で影響力を高める道具が届けられたことを願っている。あなたが次に慈善団体の資金調達イベントを見かけたり、ボランティア活動への参加を検討したり、ショッピングに出かけて倫理的に生産された商品を買うかどうかで迷ったりしたときには、ぜひ本書で紹介した考え方を参考にしてくれたらうれしい。

これまで説明してきたとおり、効果的な利他主義の考え方を取り入れれば、一人ひとりがとてつもなくよいことをする力を手に入れられる。3400ドルの寄付で、ひとりの命を救える蚊帳を届けたり、7000人の子どもたちの寄生虫を駆除したり、15人の人々の所得を1年間だけ2倍にしたりできる。しかし、期待値という観点からすると、刑事司法制度の改革、移民政策の緩和、壊滅的な気候変動の予防など、その便益を数値化しづらい活動を行なっている慈善団体のほうが、世界にとっていっそうよいことをしている可能性

もある。

映画『シンドラーのリスト』は、戦時中の英雄オスカー・シンドラーの物語を描いたものだ。ポーランドの起業家だった彼は、ナチスのために軍需工場を経営していた。当初、彼は戦争を自分の利益にするご都合主義者だった。しかし、ナチスがユダヤ人に与えている恐怖を目の当たりにするうち、傍観するわけにはいかないと悟った。彼は当局者に賄賂を支払ってユダヤ人の工場労働者を見逃してもらい、最終的に１０００人以上のユダヤ人を救った。

確かにシンドラーの物語は心温まるが、戦争は特殊な出来事なので、シンドラーのような英雄譚は私たちの生活とはなんの関係もないと思うかもしれない。しかし、本書で見てきたように、その考えは正しくない。私たち一人ひとりに何十人、いや何百人という命を救う力があるし、何千人という人々の幸福度を大きく向上させる力がある。本や映画の主人公になることはなくても、誰もがシンドラーと同じようにとてつもなくよいことをするチャンスを握っているのだ。

もしあなたがこの事実に勇気づけられたとしたら、その気持ちをこれから数週間、数カ月にわたって絶やさないことが何より大事だ。そのためのアイデアをいくつか紹介する。

①定期的に寄付する習慣をつける。

非常に効果的な慈善団体のウェブサイトを訪れ、定期的な寄付に同意する。月額10ドルでもかまわない。これが今すぐ世の中に巨大な影響を及ぼすいちばん簡単でわかりやすい方法だ。寄付をメインの手段にしたくはないと思っているとしても、実際に寄付を始めるのは、あなた自身の意志を固め、「自分は本気なのだ」と自分自身に言い聞かせるにはよい方法だ。

本書で紹介した最高の慈善団体としては、アゲンスト・マラリア基金、クール・アース、ディベロップメント・メディア・インターナショナル、デウォーム・ザ・ワールド・イニシアティブ、ギブダイレクトリー、住血吸虫症対策イニシアティブがある。どれでもいいので、あなたが最高だと思うものを選び、効果的な寄付を習慣にしてみよう。たとえ少額でも、これらの慈善団体に毎月寄付すれば、大きな影響を与えられるだろう。

②効果的な利他主義の考え方を人生に取り入れるためのプランを立てる。

ペンと紙を用意し、またはコンピューターの文書を開いて、あなたが自分の生活に加えようとしている変化について書き出す。具体的なプランを立てることが重要だ。寄付を始めようと思うなら、収入の何割をいつから寄付しはじめるかを書き出す。購買行動を変えるなら、いつまでに何を変えるかを書き出す。世界に影響を及ぼすキャリアを追求しようと思っているなら、いつ次のステップに関する情報を収集するかを具体的に書き出そう。

③効果的な利他主義のコミュニティに加わる。

効果的な利他主義のウェブサイト effectivealtruism.org にアクセスし、効果的な利他主義のメーリングリストに登録する。そうすれば、効果的な利他主義やコミュニティへの参加方法について詳しく知ることができるし、効果的な利他主義を実践している人々の物語を読むこともできる。また、効果的な利他主義のフォーラムでほかの人々と会話すれば、「今すぐ寄付するのと、そのお金を投資に回し、あとで寄付するのとではどちらが効果的か?」「寄付が私自身の幸福に及ぼす影響は?」など、本書では扱いきれなかった話題についても情報が得られるだろう。

④効果的な利他主義を広める。

フェイスブック、ツイッター、インスタグラム、ブログなどで本書の感想を発信する。あなたが本書の内容に説得力を感じたのなら、あなたの友人、家族、同僚も同じように感じてくれるかもしれない。誰かにあなたと同じ変化を取り入れてもらえれば、あなたは影響を2倍にしたことになる。

効果的な利他主義の考えを話題に出すのは気まずいかもしれない。誰だって偽善者だと思われたくはないし、効果の乏しい慈善活動の悪口を言っていると思われたくはないだろう。しかし、効果的な利他主義の話題をさりげなく持ち出す方法はいくつかある。資金調達プラットフォーム causevox.com にウェブページをつくり、誕生日プレゼントの代わりに効果的な慈善団体への寄付をお願いする。効果的な利他主義コミュニティのふたりの人物が立ち上げた資金調達ウェブサイト「チャリティ・サイエンス」の「Take Action」ページもその助けになるだろう。今がクリスマス募金のシーズンなら、一定額までなら君と同じ額を寄付すると持ちかけてみる手もあるだろう。また、キャリア選び、活動分野の選択、エシカル消費についての討論会を開くのもアリだ。

物足りない方は、収入の10パーセントを寄付するという「ギビング・ワット・ウィー・キャン」の誓いに賛同するのもいいだろう。また、「８００００アワーズ」が提供しているキャリア選びのアドバイスを読んだり、1対1の無料キャリア・コーチングに応募したりするのもいいし、友人と一緒に、または教会や大学を通じてあなたの地元でオフ会を立ち上げ、効果的な利他主義について討論するのもいいだろう。これらの活動について詳しくは effectivealtruism.org で。

どういう活動を選ぶにせよ、今この時を、世界をより住みよい場所にする旅の第一歩と考えてみてほしい。一人ひとりが世界に巨大なプラスの影響を及ぼす力を秘めている。本書があなたにその刺激を与え、そして世界に影響を及ぼすための道具となったことを祈って。

あとがき

本書のハードカバー版が刊行されて以来、レビュアーや読者の方々から多くの好意的な反響をいただいていることはうれしいかぎりだ。本書を読んで寄付のしかたやキャリアプランを改めた人々。世界に今までよりも大きなプラスの影響を及ぼしているという自信が得られた人々。刊行からの数カ月間で、私のもとには数えきれないほどのエピソードが届いている。

もちろん、効果的な利他主義には賛否両論がある。たとえば、一部のレビュアーは寄付の個人的な側面を重視し、たとえ全体的な影響は最大でなくても、自分が情熱を持てる活動分野や、自分の暮らす国や地域の人々にとってメリットのある活動分野に寄付をするべきだと主張している。また、効果的な利他主義は貧困の根本原因（教育の不足、政府の腐敗、圧政、戦争など）ではなく貧困の症状（健康障害など）に着目しすぎているという批判もある。彼らは貧困の根本原因に対処するには制度的な変革が必要だと主張している。

効果的な利他主義コミュニティの人々は、本書が刊行されるずっと前からそのような議論と向きあい、多くの時間と労力をかけてこうした意見について検討を重ねてきた。国内の慈善活動を支持する人々は、もっとも効果的な慈善活動が国内の慈善活動と比べてどれだけ大きな影響を及ぼせるのか、単に理解していないだけなのではないかと思う。ギブウェルは当初、大きな影響を及ぼせる国内の慈善団体を数年がかりで探した結果、アメリカ国内の人々の生活に及ぼせる影響は世界の最貧困層の人々の生活に及ぼせる影響と比べれば微々たるものだという結論にたどり着いた。

貧困の根本原因に目を向けるべきだという意見に関しては、貧困の根本原因などわからない、というのが私の答えだ。20世紀、韓国や台湾などの国々は貧困から抜け出したが、エチオピアやケニアなどの国々は抜け出せなかった。その理由はほとんど解明されていない。貧困の根本原因がわからないとすれば、個人がその根本原因に対処するのはとても難しい。

その一方で、効果的な利他主義をまるきり誤解している批判者もいる。彼らは効果的な利他主義のことを、「どうすればできるかぎりのよいことができるか？」という疑問に答えるための方法論ではなく、一連の提言のようなものだと思いこんでいる。科学のいちばん重要な要素は、今までに積み上げられた知識の集合体そのものではない。重要なのは科学的手法だ。証明、モデル、実験といった手法を用いることで、私たちは世界への理解を深めることができる。それと同じで、効果的な利他主義のもっとも面白い部分は、私が本書で提供している提言そのものではなくて、「どうすればできるかぎりのよいことができるか？」という疑問を探るための方法論なのだ。

この種の誤解がもっともはっきりと表面化したのが、開発業界で「寄生虫戦争」と呼ばれている論争の最中だった。２０１５年7月2日、本書の刊行のわずか6日前、『国際疫学ジャーナル *International Journal of Epidemiology*』に、マイケル・クレマーとテッド・ミゲルが実施したもっとも重要な駆虫研究に関するふたつの新たな分析が掲載された。[1] これを受け、イギリスの人気サイエンス・ライターのベン・ゴールドエイカーが「バズフィード・ニュース」に長文の論説を発表した。彼は新たな分析を要約し、オリジナルの研究に

「重大な欠陥」が含まれていることが判明したと述べた。『ガーディアン』紙はさらに舌鋒鋭く、新たな分析によって集団駆虫プログラムに意味がないことが事実上証明されたとまで主張した。さらには、私の仲間たちや私自身が駆虫をもっとも重要な活動分野のひとつに挙げていることから、効果的な利他主義そのものの信憑性が損なわれたと示唆する評論家もいた。

しかし実際のところ、この新たな分析の重要性はメディアによってかなり誇張されている。私自身で報告書を検証した結果、否定されたのはミゲルとクレマーの研究の一部分だけであることがわかった。それは、集団駆虫プログラムによって、治療を受けた子どもたちと最大6キロメートル圏内の学校に通う未治療の子どもたちの両方にメリットがもたらされたという部分だった。新しい分析では、この波及効果は最大3キロメートル圏内の子どもたちにしか及ばないという主張がなされた。また、オリジナルの研究にはコーディングや数値のミスもいくつか発見されたが、それは基本的な主張に影響を及ぼすものではなかった。

しかし、議論のため、仮に新しい分析によって駆虫プログラムが当初の想定ほど有効でないことがまぎれもなく証明されたとしよう。だからといって、効果的な利他主義が考え方として根本的な欠陥を抱えているといえるだろうか？

そんなことはない。できるかぎりのよいことをするとはどういうことなのか？　それは新しい証拠を突きつけられたときに信念を変える覚悟を持つということだ。たまたまあなたがいちばん心を動かされた活動ではなく、もっとも影響が大きいという証拠がある活動を支援しなければならない。この「中立性」を貫く態度こそが、効果的な利他主義をこれほど強力なものにしている。駆虫プログラムの有効性を裏づける証拠の信憑性が思っていたよりも低いことが判明していたら、私たちはその教訓を心に刻み、活動の照準を変えていただろう。

本書で行なっている提案の多くは、私たちが調査にいっそう磨きをかけ、新しいデータを収集し、私たちの社会貢献の方法を一変させる新しいテクノロジーやシステムを探っていくにつれ、将来的にまちがいなく古くなるだろう。そして、私たちが見落としている重要な活動分野があるにちがいない。しかし、こうした事実はかえって効果的な利他主義をいっそう重要なものにする。効果的な利他主義は、常に疑問を持ち、証拠に目を向けるよう私たちに課すからだ。よいことを完璧に行なうことはムリでも、もっと効果的に行なおうと努力することなら、いつだってできるのだ。

２０１６年１月

付録

効果的な利他主義の考え方
——効果的な利他主義にとって重要な5つの疑問

①何人がどれくらいの利益を得るか？

ルワンダ虐殺の最中に患者の治療の優先順位づけを行なった医師のジェームズ・オルビンスキーのように、私たちは誰に手を差し伸べて誰に手を差し伸べないかという難しい決断を迫られている。そのためには、それぞれの活動がもたらす便益について考える必要がある。「質調整生存年（QALY）」という尺度を使えば、さまざまな種類の衛生プログラムの影響を比較できる。

②これはあなたにできるもっとも効果的な活動か？

最高の衛生・教育プログラムは、ただ単に優良なだけのプログラムより100倍も効果的だ。事実、天然痘の撲滅は世界をあまりにも大きく改善した。この事実だけを見ても、開発援助の費用対効果は平均すると非常に高いといえる。

③この分野は見過ごされているか？

自然災害は病気などの継続的な死亡や苦痛の原因と比べると、はるかに多くの寄付を集めている。そのため、一般的に災害支援はもっとも効果的な資金の使い道とはいえない。また、マラリアのような発展途上国の人々に影響を与える病気は、がんのような疾患と比べてはるかに集まる寄付が少ない。そのため、がんよりもマラリアの患者を治療するほうがずっと大きな影響を与えられる。

④この行動を取らなければどうなるか？

スケアード・ストレート・プログラムを経験した青少年は、そうでない青少年と比べて再犯の確率が高かった。つまり、スケアード・ストレート・プログラムは全体的にむしろ害を及ぼした。あなたが医師のような職業に就いたとしても、誰かがするはずだったよい仕事をその人の代わりにしているにすぎないのかもしれない。しかし、寄付するために稼げば、起こるはずのなかった影響を及ぼせる。

⑤成功の確率は？　成功した場合の見返りは？

投票、政界への進出、政策変更を訴える運動、世界規模の災害リスクの緩和など、影響を及ぼせる可能性が高いからではなく、成功した場合の見返りがあまりにも巨大なために効果的といえる活動もある。

どの慈善団体に寄付するべきか？

この慈善団体の活動内容は？　何種類のプログラムを実行しているか？　それぞれのプログラムに関して具体

的に何を実行しているのか？　複数のプログラムを実行している場合、その理由は？

各プログラムの費用対効果は？　その慈善団体は特に重要な課題に取り組んでいるか？　具体的な証拠が示すそのプログラムの費用対効果は？

各プログラムが有効であることを裏づける証拠の信憑性は？　その慈善団体が実施するプログラムが有効であることを裏づける証拠は？　そのプログラムが有効であることを証明する試験は行なわれているか？　その慈善団体はプログラムの成果をきちんと監視し、評価しているか？

各プログラムはどれくらい適切に実施されているか？　その慈善団体のリーダーたちはほかの分野で成功経験があるか？　慈善団体の透明性は高いか？　過去の失敗をきちんと認めているか？　代わりとなる寄付先はあるか？　その慈善団体のほうがほかの寄付先よりもよいと結論づけるだけの有力な根拠はあるのか？

その慈善団体は追加の資金を必要としているか？　追加資金の使い道は？　ほかのドナーからありあまるくらいの寄付が集まっていない理由は？

どのキャリアを目指すべきか？

私とこの仕事との個人的な相性は？　私はこの仕事にどれくらい満足できるだろう？　この仕事にワクワクす

るか？　長く続けられそうか？　ほかの人々と比べて、または別のキャリアを選ぶのと比べて、私はこの種の仕事が得意か？　またはこれから得意になれそうか？

この仕事を通じて私が及ぼせる影響は？　私自身の労働、私が管理する人材や予算、私が稼ぐお金、手に入る公的な発信力など、私が影響を及ぼせる資源はどれだけあるか？　私がこうした資源を向けられる活動はどれだけ効果的なのか？

この仕事は私の将来的な影響力にとってどれだけプラスになるか？　この仕事は私のスキル、人脈、信用をどれだけ高めるか？　この仕事は私の将来的な選択肢をどれだけ広げるか？　次にやりたくなりそうな物事について学ぶ機会がどれだけあるだろう？

どの活動分野に取り組むべきか？

規模。この問題の規模は？　その問題は短期的または長期的にどれくらい人々の生活に影響を及ぼすのか？

解決可能性。この問題で前進を遂げるのはどれくらい簡単か？　前進していると判断するのはどれくらい簡単か？　すでに介入方法は存在しているか？　その介入方法が有効であることを裏づける証拠の信憑性は？新しい有望な介入方法は見つかりそうか？

見過ごされている度合い。この問題の解決にすでにどれだけの資源が投じられているか？　その資源は現在どれくらい効果的に配分されているか？　この問題が市場や政府の力では解決できないと考える根拠はあるか？

個人的な相性。あなた自身のスキル、資源、知識、人脈、情熱を踏まえると、その分野で大きな影響を及ぼせる可能性はどれくらいあるか？

謝辞

本書の執筆では数えきれないほど多くの人々のお世話になった。本書を「私の」著書と呼ぶことさえおこがましいかもしれない。効果的な利他主義を現実のものにし、本書で紹介している重要なアイデアについてオンラインで徹底的に議論してくれた効果的利他主義コミュニティのみなさん、特に効果的利他主義センターの方々にお礼を言いたい。また、本書の内容の大部分を裏づける調査を行なってくれたギブウェルのスタッフのみなさんにも感謝したい。

原稿を読んでとても貴重な意見を寄せてくれたアレクサンダー・バーガー、ジェイソン・ボールト、ニール・バワーマン、ユーリ・ブラム、ライアン・キャリー、ニック・クーニー、ローマン・デューダ、サム・ドミトリウ、セバスチャン・ファークワー、オースティン・フォレスター、イアソン・ガブリエル、エヴァン・ゲンスバウアー、ダニエル・ガストフレンド、エリック・ガストフレンド、アーロン・ガートラー、ジョッシュ・ゴールデンバーグ、アレックス・ゴードン゠ブラウン、カチャ・グレース、トファー・ホールクイスト、エリー・ハッセンフェルド、ロクサーヌ・ヘストン、ホーク・ヒレブラント、ジェイコブ・ヒルトン、ベン・ホスキン、クリス・ジェンキンス、ホールデン・カルノフスキー、グレッグ・ルイス、アマンダ・マッカスキル、ラリッサ・マクファークワー・ジョージー・マレット、マイケル・マルコ・デ・フレイタス、ソレン・ミンダーマン、デイヴィッド・モス、ルーク・ミュールハウザー、サリー・マレー、ヴィパル・ネイク、アヴィ・ノロウィッツ、アンソニー・オベイシーカラ、ロッサ・オキーフ＝オドノヴァン、トビー・オード、マイケル・ペイトン・ジョーンズ、ダンカン・パイク、アレックス・リチャード、ジェス・リーデル、ジョッシュ・ローゼンバーグ、マット・シャープ、カール・シャルマン、ピーター・シンガー、イマ・シックス、パブロ・スタフォリーニ、シェイナ・ストローム、ティム・テリーン＝ロートン、デレク・トンプソン、ベン・トッド、ヘレン・トーナー、ロバート・ウィブリン、ボリス・ヤクブチック、ヴィンセント・ユー、パスカル・ジマーをはじめ、本書のアイデアについて議論した多くのみなさんに感謝したい。

私の研究助手のパブロ・スタフォリーニにはとてもお世話になった。彼はますます私にとってかけがえのない存在になりつつある。ロクサーヌ・ヘストン、ミフネア・マフテイ、ロビン・レイヴンには、インタビューの文字起こしでお世話になった。本書の目的のひとつである効果的な利他主義の普及活動に金銭的な支援をいただいたマルクス・アンデルユング、ライアン・キャリー、オースティン・フォレスター、トム・グリーンウェイ、サム・ヒルトン、ジョージ・マッゴーワン、ウィリアム・サンダース、クリス・スミス、パブロ・スタフォリーニ、マット・ウェージに感謝したい。また、博士課程の最終学年の奨学金を提供してくれた応用哲学会と、博士研究員のポストを与えてくれたケンブリッジ大学エマニュエル・カレッジにも感謝したい。おかげで、余裕を持って本書の執筆を続けることができた。

また、私のエージェントであるインク・マネジメントのウィリアム・キャラハンは、出版業界について右も左もわからない私にいつも励ましと助言を与えてくれた。私の担当編集者のブルック・キャリーとローラ・ハッサンは、複数の原稿を読み、たいへん深いコメントや提案を寄せてくれた。お礼を言いたい。

そして最後に、いつも深い愛情とサポートを寄せてくれる両親のメイアー&ロビン・クラウチ、兄弟のアイアン&トマス・クラウチ、何より私のパートナーのアマンダ・マッカスキルにも、ありがとうを。

ウィリアム・マッカスキル

〈効果的な利他主義〉宣言！

慈善活動への科学的アプローチ

千葉敏生訳

2018年11月1日　第1刷発行
2023年6月23日　第2刷発行

発行所　株式会社 みすず書房
〒113-0033 東京都文京区本郷2丁目20-7
電話 03-3814-0131（営業）03-3815-9181（編集）
www.msz.co.jp

本文組版　キャップス
本文印刷所　萩原印刷
扉・表紙・カバー印刷所　リヒトプランニング
製本所　東京美術紙工

ISBN 978-4-622-08742-7
[こうかてきなりたしゅぎせんげん]

著者略歴

(William MacAskill)

オックスフォード大学哲学准教授．非営利組織である ギビング・ワット・ウィー・キャンおよび 80,000 アワーズの共同創設者．生涯にわたる寄付者を募り，5 億ドル以上を慈善事業におくるとともに，〈効果的な利他主義〉運動を進めている．『ニューヨーカー』『ガーディアン』『インディペンデント』『タイム』『ワシントン・ポスト』 などに寄稿．

訳者略歴

千葉敏生〈ちば・としお〉翻訳家．訳書ニール『素数の未解決問題がもうすぐ解けるかもしれない．』(岩波書店，2018) ワインバーガー『DARPA 秘史』(光文社，2018) ピレイ『ハーバード×脳科学でわかった究極の思考法』(ダイヤモンド社，2018) ほか．

索引

【さ行】

【た行】

【な行】

【は行】

【ま行】

【や行】

【ら行】

【わ行】

原 注

はじめに

1. トレバー・フィールドとの2014年9月の個人的な会話より。
2. "Development Marketplace," World Bank, http://wbi.worldbank.org/wbi/content/development-marketplace-1〔2018年6月アクセス不能〕
3. トレバー・フィールドとの2014年9月の個人的な会話より。
4. One Difference, http://onedifference.org/.
5. Ralph Borland, "Radical Plumbers and PlayPumps: Objects in Development,"（PhD thesis, Trinity College, Dublin), 2011, 37.
6. "Why Pumping Water Is Child's Play," BBC News, April 25, 2005.
7. Kevin Bloom, "Playing for Real," *Mail & Guardian*（South Africa), March 26, 2004.
8. Bill Clinton, Laura Bush, and Jean Case, "How the New Philanthropy Works," *Time*, September 25, 2006.
9. "Jay-Z Helps U.N. Focus on Water Crisis," *USA Today*, August 9, 2006.
10. Amy Costello, "PlayPump Project Receives Major U.S. Funding," *FRONTLINE/World*, September 20, 2006.
11. Mark Melman, "The Making of a 'Philanthropreneur,' " *The Journal of Values Based Leadership*, March 15, 2008, http://www.valuesbasedleadershipjournal.com/issues/vol1issue2/field_melman.php.
12. John Eastman, "Trevor Field of PlayPumps International," *Black and White*, April 14, 2008, http://www.blackandwhiteprogram.com/interview/trevor-field-playpumps-international.
13. UNICEF, *An Evaluation of the PlayPump Water System as an Appropriate Technology for Water, Sanitation and Hygiene Programs*, October 2007, http://www-tc.pbs.org/frontlineworld/stories/southernafrica904/flash/pdf/unicef_pp_report.pdf.

    この報告書は表紙にユニセフのロゴがついているが、ユニセフが承認したわけではない点に注意。ユニセフのヴァネッサ・トビンは、ラウンドアバウト・ウォーター・ソリューションズ代表のコリン・モリスから私に転送された私信のなかで、こう明かしている。「この報告書は、ワールド・ビジョンとユニセフの2007年8月の共同内部評価の一環として、前段階評価向けの実地訪問に基づいてまとめられた。ところが、ユニセフの報告書は誤って発行された。ユニセフの慣行では、評価報告書の草稿を全関係者と共有し、最終報告書の発行前に意見を求めることになっている。これが行なわれなかった」
14. Ana Lucía Obiols and Karl Erpf, *Mission Report on the Evaluation of the PlayPumps Installed in Mozambique*, The Swiss Resource Center and Consultancies for Development, April 29, 2008, http://www-tc.pbs.org/frontlineworld/stories/southernafrica904/flash/pdf/mozambique_report.

pdf.

15. 「子どもがいないときは、大人（主に女性）がプレイポンプを回すしかなかった。南アフリカとモザンビークでは、“メリーゴーランド”を回すのは気にならないと答える女性もいたが、モザンビークでは回すのが恥ずかしいという声もあった。たとえば、ポンプが公共の道路脇にある場合、見ている人にはその“メリーゴーランド”と水くみの関係がわからないからだ。ザンビアでインタビューを受けた女性は、全員がポンプを回したくないと答えた」UNICEF, *An Evaluation*, 10.
16. Amy Costello, *Southern Africa: Troubled Water*, PBS video 23:41, June 29, 2010, http://www.pbs.org/frontlineworld/stories/southernafrica904/video_index.html.
17. Andrew Chambers, "Africa's Not-So-Magic Roundabout," *The Guardian*, November 24, 2009.
18. Borland, *Radical Plumbers*, 49–82.
19. UNICEF, *An Evaluation*, 13.
20. Costello, *Troubled Water*.
21. Chambers, "Africa's Not-So-Magic Roundabout."
22. レイチェル・グレナスターとの2014年５月の個人的な会話より。
23. Federal Food, Drug, and Cosmetic Act, *Regulatory Information and Legislation*, US Food and Drug Administration, section 505.
24. 全般的な概要については、Michael Kremer, "Randomized Evaluations of Educational Programs in Developing Countries: Some Lessons," *American Economic Review* 93, no. 2 (May 2003): 102–6 を参照。
25. Paul Glewwe, Michael Kremer, and Sylvie Moulin, "Many Children Left Behind? Textbooks and Test Scores in Kenya," *American Economic Journal: Applied Economics*, American Economic Association 1, no. 1 (January 2009).
26. Paul Glewwe, Michael Kremer, Sylvie Moulin, and Eric Zitzewitz, "Retrospective vs. Prospective Analyses of School Inputs: The Case of Flip Charts in Kenya," *Journal of Development Economics* 74, no. 1 (June 2004): 251–68.
27. Abhijit Banerjee and Michael Kremer, "Teacher-Student Ratios and School Performance in Udaipur, India: A Prospective Evaluation" (Washington, DC: Brookings Institution, 2002).
28. 「世界全体で15億人以上、率にして世界人口の24%が土壌伝播蠕虫感染症に罹っている」。"Soil-transmitted Helminth Infections," World Health Organization, Fact sheet no. 366, http://www.who.int/mediacentre/factsheets/fs366/en/.
29. マイケル・クレマーとの2014年11月の個人的な会話より。
30. Edward Miguel and Michael Kremer, "Worms: Identifying Impacts on Education and Health in the Presence of Treatment Externalities," *Econometrica* 72, no. 1 (January 2004): 159–217.
31. Miguel and Kremer, "Worms."
32. ただし、健康メリットの範囲については論争がある。詳しくは、"Combination deworming (mass drug administration targeting both schistosomiasis and soil-transmitted helminths)," GiveWell, December 2014, http://www.givewell.org/international/technical/programs/deworming を参照。
33. Sarah Baird, Joan Hamory Hicks, and Edward Miguel, "Worms at Work: Long-run Impacts of

Child Health Gains," working paper, 2011.

34. Michael Kremer, "The Origin and Evolution of Randomized Evaluations in Development," http://youtu.be/YGL6hPgpmDE. 2013年12月７日のJ-PALの10周年記念イベントにおける講演より。

35. "Where we work," Evidence Action, Deworm the World Initiative, http://www.evidenceaction.org/dewormtheworld.

36. 「エビデンスに基づく政策推進連合 Coalition for Evidence-Based Policy」のデイヴィッド・アンダーソンはこう指摘する。「(1) 社会プログラムや社会事業の圧倒的多数は厳密な評価がなされていない。(2)厳密な評価がなされているプログラムや事業の大半(おそらく75%以上) は、専門家の意見やあまり厳密でない調査で裏づけられているものも含めて、ほとんど（またはまったく）効果がないか、場合によっては悪影響を及ぼすことが判明している」。"Guest Post: Proven Programs Are the Exception, Not the Rule," *GiveWell Blog*, December 18, 2008, http://blog.givewell.org/2008/12/18/guest-post-proven-programs-are-the-exception-not-the-rule/.

37. 事実、いまだ運営しているラウンドアバウト・ウォーター・ソリューションズは、学校から非常に肯定的なフィードバックを受け取っている。ある学校の校長はこう言う。「この場をお借りして、あなた方が当校にポンプを寄贈してくださったことに心からお礼申し上げます。おかげで、当校の生徒だけでなく地域の人々も水を飲めるようになりました。どうか今回の件に関して、あなた方に神の恵みがあらんことを。水は命なのです！」。ではなぜ、プレイポンプ自体の価値が疑わしかったのに、彼らのもとに届くフィードバックはこれほど肯定的なのか？　２通目の手紙にその手がかりが隠れている。「きれいな水が飲めるようになり、たいへん感謝しています。今までは川で動物と一緒に水を飲んでいましたから。学校や政府は基本的なサービスを提供するのにも苦労しています。私たちの学校では就学前の児童から６年生までがいまだに泥づくりの建物のなかで学んでいます。ですから、建物の塗装など、ほかのプロジェクトも大歓迎です。別のスポンサーを見つけてくださるか、あるいは私たちをほかのスポンサーに紹介または推薦していただくだけでもたいへん助かります」。つまり、たとえプレイポンプが使い物にならなくても、学校にはラウンドアバウト・ウォーター・ソリューションズに大げさな感謝を述べる動機があるのだ。プレイポンプを受け取ったお礼の手紙を書くくらいならほとんどコストはかからないし、そうすれば次はもっと役立つ贈り物がもらえるかもしれない。

　この点こそ、本当の意味で貧しい人々の役に立つことの難しさを示している。もうひとつの例として、カナダのエンジニア、オーウェン・スコットはこう記している。「プレイポンプの見学に出かけるたび、同じ光景に出くわした。女性や子どもたちはポンプを回して水を引くのに苦労しているのだ。ポンプで遊んでいる人なんて見たためしがない。ところが、カメラを持った外国人（私）が現われると、子どもたちは急にはしゃぎだす。５分もすれば、いかにも大成功といわんばかりの写真が撮れている」。"The Playpump III—'The challenge of good inquiry,' " *Owen in Malawi*（ブログ), November 3, 2009, http://thoughtsfrommalawi.blogspot.co.uk/2009/11/playpump-iii-challenge-of-taking-photos.html. つまり、使い物になるかどうかにかかわらず、プレイ

ポンプを設置すれば肯定的なフィードバックが返ってくるのだ。

38. グレース・ホリスターとの2014年6月の個人的な会話より。

39. トビーと私は、いずれもピーター・シンガーの主張に大きな影響を受けた。彼は“Famine, Affluence, and Morality,” *Philosophy and Public Affairs* 1, no. 1（Spring 1972）: 229–43 や *The Life You Can Save: Acting Now to End World Poverty*（New York: Random House, 2009）〔邦訳 『あなたが救える命――世界の貧困を終わらせるために今すぐできること』児玉聡・石川涼子訳、勁草書房、2014年〕のなかで、貧困撲滅のために寄付することが道義的に重要だと訴えている。彼の主張に基づき、私たちは年間2万ポンドを上回る稼ぎを全額寄付することを誓った。これはキャリア全体を通じて約100万ポンド、生涯賃金の50%にあたる。これだけのお金をかけているわけだから、そのお金をなるべく効果的に使うことは必須条件だと感じた。以来、ピーター・シンガーは効果的な利他主義の心強い擁護者となった。詳しくは、*The Most Good You Can Do: How Effective Altruism Is Changing Ideas About Living Ethically*（New Haven, CT: Yale University, 2015）〔邦訳 ピーター・シンガー『あなたが世界のためにできるたったひとつのこと――〈効果的な利他主義〉のすすめ』関美和訳、NHK出版、2015年〕を参照。

40. 週40時間×年間50週×40年＝8万時間。職業によっては、実際の労働時間はこれを大きく上回ることだろう。

第1章

1. Dawn Turner Trice, “How the 1 Percent Live, and Give,” *Chicago Tribune*, December 29, 2011; Social Security Administration, “Measures of Central Tendency for Wage Data,” http://www.ssa.gov/oact/cola/central.html. 専門用語をなるべく避けるため、本書では「中央値」のことを「典型的」という言葉を使って表現している。

2. Congressional Budget Office, *Trends in the Distribution of Household Income Between 1979 and 2007*, October 2011, http://www.cbo.gov/sites/default/files/10-25-HouseholdIncome_0.pdf.

3. Thomas Piketty, *Capital in the Twenty-First Century*（Cambridge, MA: Harvard University Press, 2014）, 265〔邦訳 トマ・ピケティ『21世紀の資本』山形浩生・守岡桜・森本正史訳、みすず書房、2014年、275ページより引用〕

4. 世界の所得分布に関するデータは、いくつかの出典を参照した。上位1～21%の数値は、2008年に実施された国勢調査のマイクロデータに基づくもので、ブランコ・ミラノヴィッチから提供いただいた。下位73%の数値は、PovcalNet（http://iresearch.worldbank.org/PovcalNet/index.htm?1）の2008年のデータを、調査で世界人口の下位80%の不偏標本が網羅されているという前提に基づいて調整したもの。上位1%の7万ドルという数値は、Milanović, *The Haves and the Have-Nots: A Brief and Idiosyncratic History of Global Inequality*（New York: Basic Books, 2011）〔邦訳 ブランコ・ミラノヴィッチ『不平等について――経済学と統計が語る26の話』村上彩訳、みすず書房、2012年〕より。すべての数値はインフレ指標である消費者物価指数に応じて調整されている。あなたが上位何%に属するのかを知りたい方は、ギビング・ワット・ウィー・キャンのサイト http://www.givingwhatwecan.org/get-involved/how-rich-am-i で計算

してみてほしい。

5. ニューヨーク・タイムズにデータを提供しているエクイラー社によると、2014年に最高報酬を受け取ったCEOはシェニエール・エナジーの社長兼CEOのシャリフ・スーキで、その額は1419万9280ドルだった（“Equilar 200 Highest-Paid CEO Pay Ranking Released,” http://www.equilar.com/reports/11-2014-equilar-top-200-highest-paid-ceo-rankings.html）。0ドルから10万ドルまでの距離が紙面にして5cmだとすると（次のグラフの*y*軸に数値がついている）、頂点の高さは70mにもなる。ビルの1階を3mとすれば、23階以上の高さとなる。しかし、このグラフの対象は所得だけだ。総資産の変動も含めれば、グラフの頂点はずっと高くなる。2014年、総資産がもっとも増加したのは中国人起業家のジャン・チャンホンで、9億8250万ドルも増加した（”The World's Billionaires,” *Forbes*, http://www.forbes.com/billionaires/list/#tab:overall〔ただし2018年版〕および“#864 Zhang Changhong,” *Forbes*, http://www.forbes.com/profile/zhang-changhong/を参照。いずれも2014年12月9日時点で有効）。彼をこのグラフに含めれば、頂点の高さは500mに達し、エンパイア・ステート・ビルディングより120mほど高くなる。
6. Social Security Administration, “Measures of central tendency for wage data.”
7. “Poverty Overview,” World Bank, http://www.worldbank.org/en/topic/poverty/overview. この数値は2010年時点のもの。通常、極度の貧困ラインは1日あたり1.25ドルとされる。しかし、これは2005年の物価における1日あたり1.25ドルだ。この数値をわかりやすくするため、インフレを加味して数値を改訂した。2014年の1.50ドルは2005年の1.25ドルとほぼ等しいからだ。
8. Martin Ravallion, Shaohua Chen, and Prem Sangraula, “Dollar a Day Revisited,” Policy research working paper 4620（World Bank, May 2008）. 通常、極度の貧困層は、所得が2005年の物価にして1日あたり1.25ドル未満、あるいは1996年の物価にして1日あたり1ドル未満と定義される（どちらも等価）。
9. “Millennium Development Goal Indicators,” United Nations Statistics Division, Department of Economic and Social Affairs, United Nations, http://mdgs.un.org/unsd/mdg/Metadata.aspx?IndicatorId=0&SeriesId=580.
10. “Life Expectancy at Birth, Total（Years）,” World Bank, http://data.worldbank.org/indicator/SP.DYN.LE00.IN/countries/LS-ZF-XN?display=graph&hootPostID=cc8d300b9308f8acab94418eff2132ac.
11. “The Economic Lives of the Poor,” *Journal of Economic Perspectives* 21, no. 1（Winter 2007）: 141–67.
12. この手法の信頼性については、Alan B. Krueger and David A. Schkade, “The Reliability of Subjective Wellbeing Measures,” *Journal of Public Economics* 92, no. 8–9（August 2008）: 1, 833–45で論じられている。
13. それらの手法の概要については、Ben Groom and David Maddison, “Non-identical Quadruplets: Four New Estimates of the Elasticity of Marginal Utility for the UK,” London School of Economics and Political Science, Grantham Research Institute on Climate Change for the Environment, working paper no. 121, August 2013を参照。
14. Betsey Stevenson and Justin Wolfers, “Subjective Well-Being and Income: Is There Any Evidence

of Satiation?" *American Economic Review* 103, no. 3 (May 2013): 598-604. このグラフの各線は、ある国の人々の主観的な幸福度が所得の変動に応じてどう変化するかを示している。年間所得3000ドルのブラジル人は、生活満足度を平均6.5と評価するが、年間所得8000ドルのブラジル人は平均7と評価する。所得水準が同じでも、報告される生活満足度は国によって異なる点に注意。それでも、所得の増加とともに生活満足度も上昇するという点はすべての国で共通している。このグラフは対数尺度でプロットされている。つまり、横軸は1目盛りにつき所得が2倍になる。このことから、所得が増えるにつれて、主観的な幸福度が一定量だけ増えるのにより多くの所得が必要になるとわかる。

主観的な幸福度は、生活全般に対してどれだけ満足しているかを被験者本人に評価してもらうという方法で測定される。これは幸福度を測定する認められた方法のひとつだが、唯一の方法ではない。幸福度を測定する別の手法として、被験者に満足感をその場その場で評価してもらう「経験サンプリング法」がある。詳しくは、Reed Larson and Mihaly Csikszentmihalyi, "The Experience Sampling Method," *New Directions for Methodology of Social and Behavioral Science* 15 (March 1983): 41-56を参照。幸福度の自己報告と比べて経験サンプリング法が優れているのは、被験者が過去の経験を思い出し、総合する必要がないという点だ。人間はその作業があまり得意ではないのだ。詳しくは、Barbara L. Fredrickson and Daniel Kahneman, "Duration Neglect in Retrospective Evaluations of Affective Episodes," *Journal of Personality and Social Psychology* 65, no. 1 (July 1993): 45-55を参照。この手法によると、世帯所得が7万5000ドルを超えると(アメリカの世帯平均が2.5人だとすると、個人所得3万ドルに相当)、それ以上所得が増えても幸せにはならないことがわかっている。したがって、この手法は私の結論をおおいに裏づける。多くの人々にとって、余分なお金を寄付するのは、幸福度という点ではまったく損にならないのだ。

15. ひとつだけはっきりとさせておきたい。100倍乗数とは、1ドルが富裕国の人にもたらす便益と極度の貧困国の人にもたらす便益の差のことを言っている。しかし、だからといって、一般的なアメリカ国民に99ドル寄付するよりも、極度の貧困国の人に1ドルを寄付するほうがよい、ということにはならない。なぜなら、所得の増加は経済全体に影響を及ぼすからだ。一般的なアメリカ国民に99ドルを寄付した場合、お金を受け取った本人にも利益はあるが、そのお金で商品を購入してもらった人々や貧困国の人々にも波及効果がある。同じことは、極度の貧困国の人に1ドルを寄付した場合にもいえる。しかし、私はその波及効果による便益も100対1になるとは言っていない。よって、富裕国の人に1ドルを寄付するよりも、極端に貧しい人に1ドルを寄付するほうが100倍よいとはまだ結論づけられない。現段階で結論づけられるのは、富裕国の人と極度の貧困国の人を個人として取り出して見た場合、同じ1ドルを富裕国の人に寄付するよりも極度の貧困国の人に寄付するほうが、便益は100倍大きいということだけだ。
16. 100倍という数字は最低ラインだ。がんばれば、もっと少ないコストでもっとよいことができると私は信じている。その理由はふたつある。ひとつ目に、これまで取り上げたのは世界の貧困という問題だけだからだ。第10章で取り上げるように、世の

中には人々の生活を向上させるもっといいチャンスが潜んでいるかもしれない。その場合、100倍というのは控えめな数字になるだろう。ふたつ目に、本書ではこれまで、自分と他人のどちらのためにお金を使うか、という視点で寄付を描いてきた。しかし、これは寄付の正確なとらえ方とはいえない。寄付は、寄付された人だけでなく寄付した本人のためにもなるからだ。実際、私は収入の一部を寄付しはじめてからむしろ幸せになった。寄付が私自身の心をも暖めたのだ。事実、数々の学術研究によれば、そう感じるのは私だけではないようだ。ある実験の被験者たちは、お金を渡され、それを自分自身のために使うよう言われたときよりも、それを人のために使うよう言われたときのほうが、満足度が高かった。詳しくは、Elizabeth Dunn, Lara Aknin, and Michael Norton, "Spending Money on Others Promotes Happiness," *Science* 319, no.5,870［March 21, 2008］: 1, 687–8 を参照。よって、もっとも効果的な活動に取り組んだ場合、100倍乗数が示唆するよりも他者にもたらされる便益は大きく、私たち自身がこうむる費用は少ないと考えるべきだ。この話の概要については、Andreas Mogensen, "Giving without Sacrifice? The Relationship between Income, Happiness, and Giving," unpublished paper, http://www.givingwhatwecan.org/sites/givingwhatwecan.org/files/attachments/giving-without-sacrifice.pdf を参照。

17. Louis Johnston and Samuel H. Williamson, "What Was the U.S. GDP Then?" MeasuringWorth, 2014, http://www.measuringworth.com/usgdp/（2014年７月アクセス）
18. Angus Maddison, "Statistics on world population, GDP and per capita GDP, 1–2008 AD," University of Groningen, http://www.ggdc.net/maddison/content.shtml.
19. Angus Maddison, *Contours of the World Economy 1–2030 AD*（Oxford, UK: Oxford University, 2007）〔邦訳　アンガス・マディソン『世界経済史概観 紀元１年～2030年』政治経済研究所監訳、岩波書店、2015年〕も参照。
20. 前掲の世界的な所得分布グラフのデータに基づく。
21. 世界の格差や経済発展の推移について詳しくは、ミラノヴィッチ『不平等について』を参照。

第２章

1. ルワンダの虐殺の主な出来事をまとめたものとしては、Jonathan Glover, *Humanity: A Moral History of the Twentieth Century*（New Haven, CT: Yale University, 1995）, 119–22 がある。詳細な議論は、Gérard Prunier, *The Rwanda Crisis: History of a Genocide*（New York: Columbia University, 1995）にある。
2. James Orbinski, *An Imperfect Offering: Humanitarian Action for the Twenty-first Century*（New York: Walker, 2008）, 226.
3. これは単なる功利主義ではないのか？　ちがう。大ざっぱにいうと、功利主義とは、とにもかくにも常に幸福の総和を最大化しなければならないという考え方だ。効果的な利他主義と功利主義の共通点は、どちらも人々の生活向上を図るという点だが、これはまともな道徳観には必ず含まれる要素である。そのほかの面では、効果的な利他主義は功利主義と大きく異なる点もある。まず、効果的な利他主義には、あなたにできる最大限のよいことをしなければならないという道徳的な義務はない。必

要なのは人々を助けるためにあなたの時間や収入の相当な割合を捧げることだけだ。また、よりよいことをするために人々の権利を侵害することは認めない。さらに、自由や平等など、幸福以外の価値観も認める余地がある。全般的に、効果的な利他主義は功利主義よりも幅広く普遍的な考え方といえる。

4. 寄付金の使い道に関する慈善団体の主張は、非常に紛らわしい場合が多い。最良の数値や、"隠れた"コストを加味していない数値が発表されている。この点について詳しくは第7章で説明する。また、本当に50ドルで5冊の本が買えるとしても、あなたの寄付した50ドルが5冊の本の購入に回されるとはかぎらない。ユナイテッド・ウェイのニューヨーク市支部は2013年に合計5500万ドルもの資金を幅広いプログラムに費やしている。あなたの50ドルはこの総収入のなかにひっくるめられ、実質的にはすべてのプログラムへと分配される。しかし、ここでは議論のため、ユナイテッド・ウェイのニューヨーク市支部に50ドルを寄付すると5冊の本が配付されると仮定する。

5. この種のケースでは、コイン投げを行なうか、より多い人数のほうにより重みをつけたくじを用いて行動を決めるべきだと主張する哲学者もいる。たとえば、John M. Taurek, "Should the Numbers Count?" *Philosophy and Public Affairs* 6, no. 4（Summer 1977), 293–316 や、F. M. Kamm, *Morality, Mortality, Volume I: Death and Whom to Save from It*（Oxford: Oxford University Press, 1993）を参照。個人的には、これらの議論には説得力を感じない。すべての人々を平等に扱うなら、なるべく多くの人数を救うべきだと私は思う。オックスフォード大学の哲学者デレク・パーフィットはこう記す。「なぜより多くの人数を救うのか？　それは一人ひとりの命の重みは等しいと考えるからだ。どの人間も同じひとりだ。だから多く救うだけ価値がある」。"Innumerate Ethics," *Philosophy and Public Affairs* 7, no. 4 [Summer 1978], 301.

6. この議論では、経済学者が害や便益を測定するのにもっとも多用する「支払い意思額」という指標は用いなかった。この指標は、ある人にとってのあるものの便益は、その人がそのものに対して支払う意思のある金額によって決まると仮定している。たとえば、ジョーンズはリンゴに1ドルを支払う意思があり、スミスは10ドルを支払う意思があるとすれば、リンゴをジョーンズではなくスミスに渡すほうが便益は10倍高いと結論づけられる。私がこの指標を用いないのは、1ドルが誰にとっても同じ価値を持つと仮定しているからだ。しかし、この仮定は明らかにまちがっている。スミスが百万長者でジョーンズが貧乏人なら、スミスよりもジョーンズにとってのほうが同じ1ドルでもずっと大きな価値を持つだろう。この問題は、富裕国と貧困国のそれぞれの人々の役に立つ活動どうしを比較する際にはいっそう際立つ。たとえば、死亡リスクを1％減らすために、アメリカの人々はバングラデシュの人々よりも平均15倍も多くの額を支払う（John Broome, *Weighing Lives* [Oxford, UK: Oxford University, 2004], 263）。支払い意思額の指標を用いるなら、アメリカ人の命のほうがバングラデシュ人の命よりも15倍重いと結論づけざるをえなくなる。しかし、それは明らかにまちがっている。死亡リスクを回避するためにアメリカ人のほうがバングラデシュ人よりも多い金額を支払うのは、単にアメリカ人のほうがずっとお金に余裕があるからなのだ。

7. "Global Burden of Disease 2004 Update: Disability Weights for Diseases and Conditions," World Health Organization, http://www.who.int/healthinfo/global_burden_disease/GBD2004_DisabilityWeights.pdf.
8. 推定値は Joshua A. Salomon et al., "Common Values in Assessing Health Outcomes from Disease and Injury: Disability Weights Measurement Study for the Global Burden of Disease Study 2010," *Lancet* 380（2012）table 2, 2, 135–7, http://www.jefftk.com/gbdweights2010.pdf にある。方法論は微妙に異なるものの、2004年の推定値は http://www.who.int/healthinfo/global_burden_disease/GBD2004_DisabilityWeights.pdf にある。いずれの論文の著者も、障害調整生存年（DALY）について述べている。おおまかにいうと、1DALYは1QALYにマイナスをつけたものに相当する（つまり、QALYが増加するのはよいことで、DALYが増加するのは悪いことだ）。主に、QALYは富裕国内の文脈で、DALYは世界的な健康の文脈で用いられる。ただし、障害係数の推定値はあくまでも"推定"であり、文脈によっては高すぎたり低すぎたりする可能性がある。そのため、こうした数値から導き出された具体的なQALYあたりの推定コストを信頼しすぎるべきではない。むしろ、できるかぎりのよいことをするための重要な道具のひとつ程度にとらえるべきだ。
9. この例では 2004 WHO Global Burden of Disease, http://www.who.int/healthinfo/global_burden_disease/GBD2004_DisabilityWeights.pdf に掲載されている障害係数を用いている。
10. QALYの概要や、QALYの定義や各々の疾患の深刻度の測定に関する問題については、Milton C. Weinstein, George Torrance, and Alistair McGuire, "QALYs: The Basics," *Value in Health* 12, supplement 1（2009）: S5-S9 を参照。こうした問題があるからといって、害や便益の数値化をまるきりあきらめるべきではない。ケンブリッジ大学で市民リスク理解のウィントン教授職を務めるデイヴィッド・シュピーゲルホルターは、見事な指摘をしている。「もちろん、QALY指標は完璧ではない。だが、総合的な便益と費用に基づき、さまざまな医学的介入どうしを一貫して比較するためには、なんらかのメカニズムが必要だ。そうでなければ、もっとも心に響く主張をした人々のところにお金が流れていってしまう」。"Experts Dismiss Claims NHS Drug Decisions Are 'Flawed,' " National Institute for Health and Care Excellence, January 25, 2013, https://www.nice.org.uk/news/article/experts-dismiss-claims-nhs-drug-decisions-are-flawed.
11. この点は哲学者と経済学者の両方が示唆している。たとえば、Broome, *Weighing Lives*, 261 を参照。
12. "FAQ ," Guide Dogs of America, http://www.guidedogsofamerica.org/1/mission/#cost を参照。
13. Ken Berger and Robert M. Penna, "The Elitist Philanthropy of So-Called Effective Altruism," *Stanford Social Innovation Review*（ブログ）, November 25, 2013. 以下で閲覧可能。http://www.ssireview.org/blog/entry/the_elitist_philanthropy_of_so_called_effective_altruism.
14. ふたりは2013年11月の個人的なやり取りでこの立場を明確にした。
15. フィスチュラ財団や産科フィスチュラについて詳しくは、www.fistulafoundation.org を参照。

第3章

1. Dambisa Moyo, *Dead Aid: Why Aid Is Not Working and How There Is a Better Way for Africa* (New York: Farrar, Straus and Giroux, 2009), 47〔邦訳　ダンビサ・モヨ『援助じゃアフリカは発展しない』小浜裕久監訳、東洋経済新報社、2010年、66ページより引用〕
2. 同上。
3. William Easterly, *The White Man's Burden: Why the West's Efforts to Aid the Rest Have Done So Much Ill and So Little Good* (New York: Penguin, 2006)〔邦訳　ウィリアム・イースタリー『傲慢な援助』小浜裕久・織井啓介・冨田陽子訳、東洋経済新報社、2009年〕
4. 同4〔邦訳　同6ページより引用〕
5. 2013年の全世界のGDPは購買力平価で87兆2500億ドル、名目で74兆3100億ドル。Central Intelligence Agency, *The World Factbook, 2014*, https://www.cia.gov/library/publications/the-world-factbook/geos/xx.html.
6. Congressional Budget Office, "Monthly Budget Review—Summary for Fiscal Year 2013," November 7, 2013, https://www.cbo.gov/sites/default/files/113th-congress-2013-2014/reports/44716-%20MBR_FY2013_0.pdf.
7. Perry Romanowsky, "A Cosmetic Industry Overview for Cosmetic Chemists," *Cosmetics Corner*, April 14, 2014, http://chemistscorner.com/a-cosmetic-market-overview-for-cosmetic-chemists/.
8. Aleen Sirgany, "The War On Waste," *CBS Evening News*, January 29, 2002.
9. サハラ以南のアフリカの平均人口は、1950年に1億7700万人、2010年に8億1500万人だった。Dominique Tabutin and Bruno Schoumaker, "The Demography of Sub-Saharan Africa from the 1950s to the 2000s: A Survey of Changes and a Statistical Assessment," *Population* 59, no. 3–4 [2004], 525. 人口増加率を2.58%と仮定し、この期間の各年の推定人口の和を取り、平均を求めた。
10. Tabutin and Schoumaker, "Sub-Saharan Africa," 538; "Sub-Saharan Africa," World Bank, http://data.worldbank.org/region/sub-saharan-africa.
11. 詳しくは、David Koplow, *Smallpox: The Fight to Eradicate a Global Scourge* (Berkeley: University of California, 2003) および D. A. Henderson, *Smallpox: The Death of a Disease—The Inside Story of Eradicating a Worldwide Killer* (New York: Prometheus, 2009) を参照。
12. Koplow, *Smallpox*, 1; Henderson, *Smallpox*, 13.
13. 開発援助の平均的な費用対効果に関するこの主張は、トビー・オードによるもの。天然痘の根絶活動を、ドナーから被援助国への対外開発援助の一種とみなすかどうかという疑問もある。しかし天然痘は、開発援助の有効性に関する研究で成功例のひとつとして挙げられていることが多い。そのなかには援助の懐疑派たちが書いたものもある。たとえば、Roger C. Riddell, *Does Foreign Aid Really Work?* (Oxford: Oxford University, 2007), 184 を参照。さらに、WHOの天然痘根絶ユニットの運営資金は政府開発援助によって部分的にまかなわれていた。国際的なドナーが天然痘根絶プログラムの資金の3分の1を供給していたのだ。こうした貢献がこのプログラムの成功を大きく左右したようだ。おそらく、国際的な資金援助がなければプログラムは成功しなかっただろう。Ruth Levine, *Case Studies in Global Health: Millions Saved* [Sudbury, MA: Jones and Bartlett, 2007], 1–8. しかし、対外援助が天然痘根絶プログラムによって

得られた便益の３分の１にしか貢献していないとしても、22万5000ドルの援助につき最低ひとりの命が救われた計算になる。

14. Easterly, *The White Man's Burden*, 4〔邦訳　イースタリー『傲慢な援助』xxv ページ〕
15. Binyamin Appelbaum, "As U.S. Agencies Put More Value on a Life, Businesses Fret," *The New York Times*, February 17, 2011.
16. 援助の頑強な反対派は、健康分野以外の援助は効果がないばかりか、完全に有害であると指摘するかもしれない。しかし、もしそうだとしたら、具体的にどれくらい有害なのかを問わなければならない。天然痘の例だけを考えても、対外援助全体が有害だといえるためには、援助の結果として１億2200万人以上の命が失われる被害が出ていなければならない。これは全戦争の犠牲者数を上回る。名のある開発経済学者で、対外援助がこれほどまでに有害だと唱える者はいないだろう。オックスフォード大学国際開発学部のエイドリアン・ウッド教授はこう指摘する。「ひとつだけ確かな事実がある。援助が成長を抑制しないということだけはほぼまちがいないのだ」。Select Committee of Economic Affairs, House of Lords, *The Economic Impact and Effectiveness of Development Aid: 6th report of session 2010–12*（London: Stationery Office, 2012), 23, n. 45.

　さらに、モヨやイースタリーの著書が刊行されて以来、援助と経済成長との正の関係性を示すさまざまな研究が発表されている。たとえば、Arndt Channing, Sam Jones, and Finn Tarp, "Aid, Growth, and Development: Have We Come Full Circle?" *Journal of Globalization and Development* 1, no. 2［2010］および Camelia Minoiu and Sanjay G. Reddy, "Development Aid and Economic Growth: A Positive Long-Run Relation," *Quarterly Review of Economics and Finance* 50, no. 2［2010］を参照。ただし、貧困国への援助の規模が小さいことを踏まえると、経済成長に目に見える影響があるとは期待できない。世界開発センターのオーウェン・バーダーはこう指摘する。「援助の量が限られていることを考えると、統計の霧を振り払うほど強烈な経済成長への影響を期待するべきではない」。Select Committee of Economic Affairs, *The Economic Impact and Effectiveness of Development Aid*, 23, n. 42.
17. William Easterly, "Can the West Save Africa?" *Journal of Economic Literature* 47, no. 2（June 2009): 406–7.
18. William Easterly, "Some Cite Good News on Aid," *Aid Watch*, February 18, 2009, http://aidwatchers.com/2009/02/some-cite-good-news-on-aid/.
19. このグラフでは第１章のグラフと同じデータを用いている。
20. この点やほかに挙げられている例については、Mark E. J. Newman, "Power Laws, Pareto Distributions and Zipf's Law," *Contemporary Physics* 46, no. 5（2005), 323–51 を参照。
21. Ramanan Laxminarayan, Jeffrey Chow, and Sonbol A. Shahid-Salles, "Intervention Cost-Effectiveness: Overview of Main Messages," in Dean Jamison et al.（eds.), *Disease Control Priorities in Developing Countries*, 2nd edition（Oxford: Oxford University, 2006), 41–42.
22. Laxminarayan, Chow, and Shahid-Salles, "Intervention Cost-Effectiveness," 62（カポジ肉腫); Omar Galárraga et al., "HIV Prevention Cost-Effectiveness: A Systematic Review"（コンドームの奨励および抗レトロウイルス治療); "Against Malaria Foundation（AMF)," GiveWell,

November 2014, http://www.givewell.org/files/DWDA%202009/Interventions/Nets/GiveWell%20cost-effectiveness%20analysis%20of%20LLIN%20distribution%202014.xls（蚊帳の配付）。ギブウェルはアゲンスト・マラリア基金に寄付を行ない、蚊帳を配付した場合の1000ドルあたりのQALYを推定しているが、私は控えめに見積もるためにその推定値の端数を切り捨てた（ギブウェルはQALYあたりのコストを6種類推定しており、その調和平均は68.90ドル）。これは5歳未満児の死亡を防ぐことによってもたらされる1ドルあたりのQALYを見積もったものにすぎず、5歳以上の子どもの死や病気の予防は加味していない。しかし、ギブウェルはこれが推定にすぎないことを強調している。実際の数値はギブウェルのモデルが示すものより上下する可能性もある。

23. Laxminarayan, Chow, and Shahid-Salles, "Intervention Cost-Effectiveness," 62.
24. "Against Malaria Foundation," GiveWell.

第4章

1. グレッグ・ルイスとの2014年4月の個人的な会話より。
2. Oliver Robinson, "Planning for a Fairer Future," *The Guardian*, July 14, 2006.
3. "5 More Do-Good Jobs You've Never Considered," *Oprah*, April 19, 2012, http://www.oprah.com/money/Jobs-That-Make-a-Difference-in-the-World.
4. これは一筋縄ではいかない疑問であり、「価値のパラドックス」として知られている。ニコラウス・コペルニクスやジョン・ロックも論じた疑問だが、もっとも大きな影響を及ぼした文章がアダム・スミスの『国富論』のなかにある。

   「使用価値がきわめて高いが、交換価値はほとんどないものも少なくない。逆に、交換価値がきわめて高いが、使用価値がほとんどないものも少なくない。水ほど役立つものはないが、水と交換して得られるものはほとんどない。これに対してダイヤモンドは、ほとんど何の役にも立たないが、それと交換してきわめて大量のものを得られることが多い」（アダム・スミス『国富論』山岡洋一訳、日本経済新聞出版社、第1編第4章、30～31ページより引用。）
5. "Residential Water Use," New York City Department of Environmental Protection, http://www.nyc.gov/html/dep/html/residents/wateruse.shtml.
6. 実際には、ダイヤモンドは私たちが思うほど稀少ではない。ダイヤモンドが高価なのは、20世紀の大半、独占企業のデビアスがダイヤモンドの供給を人為的に制限し、高値を維持していたからだ。詳しくは、Eric Goldschein, "The Incredible Story of How De Beers Created and Lost the Most Powerful Monopoly Ever," *Business Insider*, December 19, 2011, http://www.businessinsider.com/history-of-de-beers-2011-12?op=1&IR=T.
7. Richard Hindmarsh, ed., *Nuclear Disaster at Fukushima Daiichi: Social, Political and Environmental Issues* (New York: Routledge, 2013); Kevin Voigt, "Quake Moved Japan Coast 8 Feet, Shifted Earth's Axis," CNN, April 20, 2011.
8. Clarens Renois, "Haitians Angry Over Slow Aid," *The Age* (Australia), February 5, 2010; "Haiti Quake Death Toll Rises to 230,000," BBC News, February 11, 2010.
9. Report of the United Nations in Haiti 2011, Chapter 7, https://reliefweb.int/sites/reliefweb.int/files/resources/UNHaiti_AR2011_Eng_Web1.pdf; "Disaster donations top ¥520 billion," *Japan*

Times, March 8, 2012, p. 1. ハイチは引き続き援助を受け取っている。現時点で合計133億ドル。Office of the Special Envoy to Haiti, "International assistance to Haiti key facts as of December 2012".

10. "Japan and Pacific: Earthquake and Tsunami," International Federation of Red Cross and Red Crescent Societies, information bulletin no. 2, March 12, 2011, p. 1.
11. 各国の国際支援の内容については、"Reactions to the 2008 Sichuan earthquake," *Wikipedia*, https://en.wikipedia.org/wiki/Reactions_to_the_2008_Sichuan_earthquake に一覧されている。
12. 本文でも記したように、1万5000人が亡くなった日本の地震に対して50億ドルが調達された。よって、50億ドル÷1万5000人≒ひとりあたり33万ドル。
13. 経済協力開発機構によると、2013年、対外援助に費やされた額は全世界で1350億ドルだった（Claire Provost, "Foreign Aid Reaches Record High," *The Guardian*, April 8, 2014）。アメリカの民間の慈善事業が373億ドルで（Carol Adelman, Jeremiah Norris, and Kacie Marano, *The Index of Global Philanthropy and Remittances: 2010* [Washington, DC: Hudson Institute, 2010], 12）、アメリカ以外の民間の慈善事業が153億ドルだ（同41）。つまり、対外援助と慈善事業を合計すると年間約1880億ドルとなる。貧困関連の主な死因をすべて合計すると、貧困関連のおおよその死亡者数を低めに見積もることができ、合計1270万人となる（よって、貧困関連の死亡者ひとりあたり1万5000ドル）。この計算に用いた死因は次のとおりだ（カッコ内は死亡者数）。栄養不良（310万人）、下気道感染症（310万人）、結核（150万人）、HIV/AIDS（150万人）、下痢性疾患（150万人）、早産の合併症（110万人）、マラリア（60万人）、産科疾患（28万人）。詳しくは、World Health Organization, fact sheets nos. 94, 104, 310, 330, 348, 360（2014）, and "Hunger Statistics," World Food Programme, 2014, http://www.wfp.org/hunger/stats を参照。
14. Claude de Ville de Goyet, Ricardo Zapata Marti, and Claudio Osorio, "Natural Disaster Mitigation and Relief," in Jamison, *Disease Control Priorities*, 1,153.
15. http://www.guidedogsofamerica.org/1/mission/#cost.
16. Matthew J. Burton and David C. W. Mabey, "The Global Burden of Trachoma: A Review," *PLoS Neglected Tropical Diseases* 3, no. 10（October 27, 2009）, e460. この論文の著者たちは、手術1件あたりのコストを6.13～41ドルと見積もっている。控えめに見積もるため、私はこの数値を100ドルに切り上げた。それでも、盲導犬とトラコーマ手術のコストはいずれも推定にすぎないという点を忘れてはならない。論文や慈善団体のウェブサイトに発表されている費用対効果の推定は、そのプログラムを実際に実施した場合の費用対効果よりも楽観的に見積もられている可能性がある。しかし、この点を踏まえて修正を行なっても、基本的な主張の内容が変わるわけではない。
17. "Breakaway: The Global Burden of Cancer—Challenges and Opportunities," *The Economist*, 2009, 25, http://graphics.eiu.com/upload/eb/EIU_LIVESTRONG_Global_Cancer_Burden.pdf. この数値には、生産性の低下によるコスト（年間690億ドル）は含まれない。
18. この数値は世界疾病負荷のウェブサイト http://vizhub.healthdata.org/gbd-compare/ より。世界疾病負荷は、さまざまな疾病が健康に及ぼすコストを「DALY」という単位で測定したものだ。おおまかにいうと、DALY は QALY と同じものだが、1QALY＝-1DALY に相当する。つまり、QALY が増加するのはよいことで、DALY が増加する

のは悪いことだ。

19. Margaret Humphreys, *Malaria: Poverty, Race, and Public Health in the United States* (Baltimore: Johns Hopkins University, 2001), 140–54.
20. Milton C. Weinstein, "How Much Are Americans Willing to Pay for a Quality-Adjusted Life Year?" *Medical Care* 46, no. 4 (April 2008), 343–5; Scott D. Grosse, "Assessing Cost-Effectiveness in Healthcare: History of the $50,000 per QALY Threshold," *Expert Review of Pharmacoeconomics & Outcomes Research* 8, no. 2 (April 2008), 165–78; Chris P. Lee, Glenn M. Chertow, and Stefanos A. Zenios, "An Empiric Estimate of the Value of Life: Updating the Renal Dialysis Cost Effectiveness Standard," *Value in Health* 12, no. 1 (January/February 2009), 80–87.
21. "Combination Deworming (Mass Drug Administration Targeting Both Schistosomiasis and Soil-transmitted Helminths)," GiveWell, December 2014.
22. Gregory Lewis, "How Much Good Does a Doctor Do?" unpublished paper.
23. Aaron Young, Humayun J. Chaudhry, Jon V. Thomas, and Michael Dugan, "A Census of Actively Licensed Physicians in the United States, 2012," *Journal of Medical Regulation* 99, no. 2 (2013), 11–24.
24. "The Role of Medical Care in Contributing to Health Improvements within Societies," *International Journal of Epidemiology* 30, no. 6 (December 2001), 1,260–3.

第5章

1. "The 75 Best People in the World," *Esquire*, January 2012, http://www.esquire.com/features/best-people-1009#slide-1.
2. ヘンダーソンの経歴については、D. A. Henderson and Petra Klepac, "Lessons from the Eradication of Smallpox: An Interview with D. A. Henderson," *Philosophical Transactions of the Royal Society B* 368, no. 1,623 (August 5, 2013), 1–7 を参照。
3. ジダーノフの経歴について詳しくは、Alice Bukrinskaya, "In Memory of Victor Zhdanov," *Archives of Virology* 121, no. 1–4 (1991), 237–40 を参照。
4. Frank Fenner, "Development of the Global Smallpox Eradication Program," in *Smallpox and Its Eradication* (Geneva: World Health Organization, 1988), 366–418 に引用がある。
5. テレビ番組とはちがって、実世界では、救急隊員でも心肺蘇生で誰かの心拍を再開させられることはほとんどない。しかし、思考実験のため、ここでは心肺蘇生が確実に効くと仮定しよう。
6. "Oakland County, Michigan," *Beyond Scared Straight*, Season 2, Episode 2, A&E, 2011.
7. Anthony Petrosino, Carolyn Turpin-Petrosino, Meghan E. Hollis-Peel, and Julia G. Lavenberg, "Scared Straight and Other Juvenile Awareness Programs for Preventing Juvenile Delinquency: A Systematic Review," *Campbell Systematic Reviews* 9, no. 5 (2013).
8. 同上7.
9. Steve Aos, Roxanne Lieb, Jim Mayfield, Marna Miller, and Annie Pennucci, "Benefits and Costs of Prevention and Early Intervention Programs for Youth," Washington State Institute for Public Policy, September 17, 2004, http://www.wsipp.wa.gov/ReportFile/881/Wsipp_Benefits-and-

Costs-of-Prevention-and-Early-Intervention-Programs-for-Youth_Summary-Report.pdf.

10. Petrosino, Turpin-Petrosino et al., "Scared Straight," 31.
11. もうひとつ考えられる説明は、単純に少年少女は成長するにしたがって犯罪を行ないにくくなるというものだ。この効果は詳しく研究されている。Thomas P. Locke, Glenn M. Johnson, Kathryn Kirigin-Ramp, Jay D. Atwater, and Meg Gerrard, "An Evaluation of a Juvenile Education Program in a State Penitentiary," *Evaluation Review* 10, no. 3 (June 1986), 282 を参照。
12. Thomas Dishion, Joan McCord, François Poulin, "When Interventions Harm. Peer Groups and Problem Behavior," *American Psychologist* 54, no. 9 (September 1999), 755–64.
13. "Annual Survey of Hours and Earnings, 2013 Provisional Results," Office of National Statistics, http://webarchive.nationalarchives.gov.uk/20141206081134/http://www.ons.gov.uk/ons/rel/ashe/annual-survey-of-hours-and-earnings/2013-provisional-results/index.html. アメリカの医師の平均年収はイギリスよりもずっと高く、およそ25万ドル。"Occupational Outlook Handbook: Physicians and Surgeons," Bureau of Labor Statistics, http://www.bls.gov/ooh/healthcare/physicians-and-surgeons.htm#tab-5 を参照。
14. 詳しくは、Ryan Carey, "Increasing Your Earnings as a Doctor," *80,000 Hours*, July 17, 2014, https://80000hours.org/2014/06/increasing-your-earnings-as-a-doctor/#fn:3 を参照。
15. "Charitable Giving in America: Some Facts and Figures," National Center for Charitable Statistics, http://nccs.urban.org/nccs/statistics/Charitable-Giving-in-America-Some-Facts-and-Figures.cfm.

第6章

1. Phred Dvorak and Peter Landers, "Japanese Plant Had Barebones Risk Plan," *Wall Street Journal*, March 31, 2011.
2. Mari Yamaguchi, "Gov't Panel: Nuke Plant Operator Still Stumbling," Associated Press, July 23, 2012.
3. Advisory Council on the Misuse of Drugs, *MDMA ("Ecstasy"): A Review of Its Harms and Classification Under the Misuse of Drugs Act 1971* (London: Home Office, 2009).
4. Richard D. Vann and Michael A. Lang (eds.), *Recreational Diving Fatalities Workshops Proceedings, April 8–10, 2010* (Durham: Divers Alert Network, 2011), http://www.diversalertnetwork.org/files/Fatalities_Proceedings.pdf.
5. "Skydiving safety," United States Parachute Association, https://uspa.org/Find/FAQs/Safety.
6. スペースシャトルに搭乗した833人のうち(複数回搭乗の人も含む)、14人が死亡した。Tariq Malik, "NASA's Space Shuttle by the Numbers: 30 Years of a Spaceflight Icon," Space.com, July 21, 2011, http://www.space.com/12376-nasa-space-shuttle-program-facts-statistics.html.
7. Firth, PG, et al., "Mortality on Mount Everest, 1921–2006: descriptive study," BMJ, 337 (2008), 1,430.
8. Richard Wilson, "Analyzing the Daily Risks of Life," *Technology Review* 81, no. 4 (February 1979), 45.
9. こうした事実の多くは、傑作書 Michael Blastland and David Spiegelhalter, *The Norm*

Chronicles: Stories and Numbers About Danger and Death (New York: Basic Books, 2014) に記載がある。

10. George F. Loewenstein, Eike U. Weber, Christopher K. Hsee, and Ned Welch, "Risk as Feelings," *Psychological Bulletin* 127, no. 2 (March 2001), 267–86.
11. "Your FREAK-quently asked questions, answered," *Freakonomics* (ブログ), January 20, 2011, http://freakonomics.com/2011/01/20/freakonomics-radio-your-freak-quently-asked-questions-answered/.
12. Andrew Gelman, Nate Silver, and Aaron Edlin, "What Is the Probability Your Vote Will Make a Difference?" *Economic Inquiry* 50, no. 2 (April 2012), 321–6. 著者たちは、選挙予測を用いて (1) ある選挙人団が勝利するのに特定の州が必要となる確率、(2) その州の選挙がぴったり引き分ける確率を計算し、この推定を導き出した。このふたつの確率を掛ければ、1票がアメリカ大統領選挙を左右する確率が求まる。
13. この架空の数値は、Aaron S. Edlin, Andrew Gelman, and Noah Kaplan, "Vote for Charity's Sake," *Economists' Voice* 5, no. 6 (October 2008) でも用いられている。
14. F. Bailey Norwood and Jayson L. Lusk, *Compassion, by the Pound: The Economics of Farm Animal Welfare* (New York: Oxford University, 2011), 223.
15. Andreas Madestam, Daniel Shoag, Stan Veuger, and David Yanagizawa-Drott, "Do Political Protests Matter? Evidence from the Tea Party Movement," *Quarterly Journal of Economics* 128, no. 4 (2013), 1, 633–85.
16. ローラ・ブラウンとの2014年7月の個人的な会話より。
17. Carl Shulman, "How Hard Is It to Become Prime Minister of the United Kingdom?" *80,000 Hours*, February 17, 2012, https://80000hours.org/2012/02/how-hard-is-it-to-become-prime-minister-of-the-united-kingdom/.
18. Paul Christiano, "An Estimate of the Expected Influence of Becoming a Politician," *80,000 Hours*, February 12, 2014, https://80000hours.org/2014/02/an-estimate-of-the-expected-influence-of-becoming-a-politician/.
19. "Total Managed Expenditure is expected to be around £732 billion in 2014–15," Budget 2014, 5 https://www.gov.uk/government/uploads/system/uploads/attachment_data/file/293759/37630_Budget_2014_Web_Accessible.pdf.
20. 私たちはイギリス政治に関する文献の調査や政府関係筋との話から、これが控えめな仮定だと考えている。この推定のもとにもなっている、政治制度のさまざまな側面（議会、行政府、国際機関など）が政策決定において果たす役割については、以下を参照。Dennis Kavanagh, et al., *British Politics: Continuities and Change*, 5th edition, (Oxford: Oxford University, 2006); Martin Smith, *The Core Executive in Britain* (London: Palgrave MacMillan, 1999); Gillian Peele, *Governing the UK: British Politics in the 21st century*, 4th edition (Cambridge, MA: Wiley-Blackwell, 2004).
21. 第9章で説明したように、キャリア選びでは「個人的な相性」といった要素も非常に重要になる。
22. IPCC, "Summary for policymakers," in *Climate Change 2014: Impacts, Adaptation, and Vulnerability* (Cambridge, UK: Cambridge University, 2014), 3.

23. John Cook et al., "Quantifying the Consensus on Anthropogenic Global Warming in the Scientific Literature," *Environmental Research Letters* 8, no. 2 (April-June 2013). メディアが「気候変動の懐疑派」と位置づける人々でさえ、この点に同意している。おそらくもっとも有名な「気候変動の懐疑派」といえば、ビョルン・ロンボルグだろう。彼は物議を醸した著書『環境危機をあおってはいけない』の地球温暖化に関する章で、「地球温暖化に関する議論のこんなにも多くが、人間の影響があるかないかをめぐるものだというのは、ずいぶんと奇妙なことだ」と記している。「温暖化を止めるような気象的影響（ネガティブ・フィードバック）がたくさんあるにしても、二酸化炭素が増えて何らかの温暖化が起きないはずはなさそうだ」。Bjørn Lomborg, *The Skeptical Environmentalist: Measuring the Real State of the World* (Cambridge, UK: Cambridge University, 2001), 265–6〔邦訳　ビョルン・ロンボルグ『環境危機をあおってはいけない――地球環境のホントの実態』山形浩生訳、文藝春秋、2003年、434ページより引用〕その後、彼はいっそう立場を明確にし、気候変動は「まちがいなく今日の世界が直面している最大の懸念のひとつ」だと述べている（Matthew Moore, "Climate 'Skeptic' Bjørn Lomborg Now Believes Global Warming Is One of World's Greatest Threats," *Telegraph*, August 31, 2010 に引用あり）。私がここで言いたいのは、気候変動についてはまだ結論が出ていないということではなくて、たとえ結論が出ていないとしても行動を取るべきであるということなのだ。

24. WHO の推定によると、二酸化炭素排出量を削減するための本格的な行動を取らなければ、気候変動によって2030〜2050年までに年間約25万人が追加で死亡するとされる。これらの死亡は主に、気候変動が老人のさらされる熱、下痢、マラリア、子どもの栄養不良に及ぼす影響によって引き起こされる。Simon Hales, Sari Kovats, Simon Lloyd, and Diarmid Campbell-Lendrum, eds., *Quantitative Risk Assessment of the Effects of Climate Change on Selected Causes of Death, 2030s and 2050s*, World Health Organization, 2014, http://apps.who.int/iris/bitstream/10665/134014/1/9789241507691_eng.pdf?ua=1 を参照。

25. 気候変動のもたらす推定経済的コストは、全世界の GDP が数パーセント増加するというものから、20%以上減少するというものまで幅広い。もっとも一般的なのは、世界経済に全世界の GDP の数パーセント程度の被害が出るという推定だ。Richard S. J. Tol and Gary W. Yohe, "A Review of the Stern Review," *World Economics* 7, no. 4 [December 2006]. 現在、全世界の GDP は約80兆ドルで、増加傾向にある。CIA World Factbook, 2014, https://www.cia.gov/library/publications/the-world-factbook/geos/xx.html. よって、気候変動が世界経済に及ぼす被害は数兆ドル規模になるだろう。

26. Nicolas Stern et al., *The Economics of Climate Change: The Stern Review* (Cambridge, UK: Cambridge University, 2007).

27. 低炭素技術に投資されたお金の一部は人類に利益をもたらしただろう。たとえば、太陽光発電は辺鄙な地域で発電を行なうのに役立つ技術であり、将来的に低コストな発電につながるかもしれない。また、排出された二酸化炭素を地中に吸収させる二酸化炭素回収・貯蔵技術は、気候変動がなければそれほど人類に利益をもたらさなかっただろうが、それでも石油増進回収などの活動を実行する能力を高めるとい

う点で、よい影響を及ぼしたといえる。

28. 気候変動の経済学に関するスターン報告によれば、気候変動の緩和に毎年 GDP の１％程度のコストがかかると推定されている。現時点では、これは年間約 1 兆ドルであり、気候変動の緩和に使われなければ結局はほかの活動に使われるだろう。

29. 現在の推定によると、炭素排出 1 兆トンあたり0.8〜2.5℃の温暖化が引き起こされる。IPCC, *Climate Change 2013: The Physical Science Basis*,（Cambridge: Cambridge University Press, 2013）, 1,033. アメリカ国民ひとりあたりの炭素排出量は平均約５トン。Carbon Dioxide Information and Analysis Center, http://cdiac.ornl.gov/trends/emis/top2009.cap. アメリカの現在の平均寿命は約80歳。World Health Organization, *World Health Statistics 2013*（Geneva: World Health Organization, 2013）. 生涯にわたってこのペースで排出しつづけると仮定すると、アメリカの平均的な市民は約５億分の１℃の温暖化に貢献することになる。

30. 科学者は特定の異常気象が気候変動によって引き起こされたかどうかを断定することはできないが、気候変動の影響で起こりやすくなったかどうかなら言える。したがって、二酸化炭素排出量のわずかな増加が、ある種類の異常気象の発生確率をほんの少しだけ高めると考えるべきだ。IPCC, *Climate Change 2013*, 867–952 を参照。

31. あなた個人の排出する二酸化炭素が特定の異常気象の発生確率を増加させるとしても、その量は微々たるものだ。しかし、気候変動の結果として発生しうる異常気象の種類は数多くあるので、あなた個人の排出する二酸化炭素がある時点で異常気象を引き起こす確率は無視できない。

32. 気候変動のもたらす推定経済的コストは、全世界の GDP が数パーセント増加するというものから、20％以上減少するというものまで幅広い。もっとも一般的なのは、世界経済に全世界の GDP の数パーセント程度の被害が出るという推定だ。Tol and Yohe, “A Review of the Stern Review”.

33. この９年間、世界全体の GDP は年間3.5％ずつ成長してきたが（“World Economic Outlook Databases,” International Monetary Fund, 2014, http://www.imf.org/external/ns/cs.aspx?id=28）、同期間の人口増加率は年間1.2％だった（United Nations Department of Economic and Social Affairs Population Division, “World Population Prospects: The 2012 Revision,” 2012, http://esa.un.org/unpd/wpp/Excel-Data/EXCEL_FILES/1_Population/WPP2012_POP_F01_1_TOTAL_POPULATION_BOTH_SEXES.XLS〔2018年６月アクセス不能〕）。世界の GDP 成長率を世界の人口増加率で割れば、経済成長率はひとりあたり平均2.2％となる。

34. “Overview of Greenhouse Gases,” United States Environmental Protection Agency, https://www.epa.gov/ghgemissions/overview-greenhouse-gases.

35. 炭素排出の社会的費用に関する311種類の推定の中央値は、炭素 1 トンあたり116ドル（Richard Tol, “An Updated Analysis of Carbon Dioxide Emission Abatement as a Response to Climate Change,” 2012, http://www.copenhagenconsensus.com/sites/default/files/climateemissionsabatement.pdf）。ただし、この数字は炭素 1 トンあたりで計算されているので、二酸化炭素 1 トンあたりに換算するには、両者の相対分子量の比である12/44を掛ける必要がある。その結果、二酸化炭素 1 トンあたりの社会的費用は32ド

ルとなる。中央値の代わりに平均を用いると、二酸化炭素1トンあたりの社会的費用は48ドル。

36. この数字には、土地利用の変化や林業による排出量は含まれていない。World Resources Institute, 2014, http://cait2.wri.org/wri/Country%20GHG%20Emissions?indicator[]=Total%20GHG%20Emissions%20Excluding%20Land-Use%20Change%20and%20Forestry%20Per%20Capita&year[]=2011&sortDir=desc&chartType=geo.
37. Department of Energy and Climate Change, "2013 UK greenhouse gas emissions, final figures."
38. ここでは、通常の2～4℃の範囲を大きく上回る温暖化のことを「破滅的な気候変動」と呼んでいる。破滅的な気候変動の発生シナリオの大半には、想定外の地球温暖化を引き起こすような気候系のティッピング・ポイント（臨界点）が複数存在する。これは天文学者たちのいう「気候変動の暴走」、つまり地球などの惑星の温度上昇があまりに著しいために、地表の水がすべて蒸発してしまうような状況とは区別して考えるべきだ。これは私のいう「破滅的な気候変動」よりもずっと極端な出来事であり、発生確率ははるかに低い。
39. 気候変動が人類を絶滅させる確率はきわめて小さいが、そのような出来事の影響は甚大なので、詳しく考察しておく必要がある。気候変動の暴走が起こるためには、気候系がもたらすいくつかのフィードバックが気温を極端に上昇させる必要があるだろう。この種のフィードバックとしては、北極の底氷に蓄えられている凍結メタン、熱帯雨林の大規模な山火事、深海の海底に蓄えられている凍結メタン、氷が溶けることによる太陽光を吸収しやすい地表面の暴露、などがある。人類が絶滅するとすれば、この種の極端な気候変動によって水や作物が不足し、社会が崩壊した場合だ。この社会の崩壊中に、それまで地球の冷却に用いられていた地球工学が中断されれば、温暖化はいっそう進み、状況はさらに悪化するかもしれない。ただ、たとえこの種の状況が起きたとしても、人類が絶滅する可能性は低いだろう。
40. 包括的な概観については、Anders Sandberg, "Power Laws in Global Catastrophic and Existential Risks," unpublished paper, 2014 を参照。
41. Nassim Nicholas Taleb, *The Black Swan: The Impact of the Highly Improbable* (New York: Random House, 2007)〔邦訳　ナシーム・ニコラス・タレブ『ブラック・スワン――不確実性とリスクの本質』望月衛訳、ダイヤモンド社、2009年〕
42. Steven Pinker, *The Better Angels of Our Nature: Why Violence Has Declined* (New York: Viking, 2011)〔邦訳　スティーブン・ピンカー『暴力の人類史』幾島幸子・塩原通緒訳、青土社、2015年〕
43. "About Us/Mission & Strategy," Skoll Global Threats Fund, http://www.skollglobalthreats.org/about-us/mission-and-approach/.
44. Alexander Berger, "Potential Global Catastrophic Risk Focus Areas," *GiveWell Blog*, June 26, 2014, http://blog.givewell.org/2014/06/26/potential-global-catastrophic-risk-focus-areas/.

第7章

1. "Why books?," Books For Africa, https://www.booksforafrica.org/about-bfa/why-books.html.
2. "Home," Books For Africa, http://www.booksforafrica.org/.

3. "Priority Issues," Development Media International, http://www.developmentmedia.net/priority-issues および "Demand creation," http://www.developmentmedia.net/demand-creation〔2018年6月ともにアクセス不能〕
4. "Operating Model," GiveDirectly, https://www.givedirectly.org/howitworks.php.
5. "Top 10 Best Practices of Savvy Donors," Charity Navigator, https://www.charitynavigator.org/index.cfm?bay=content.view&cpid=419%23.Ut6o3E8o5dg.
6. ディベロップメント・メディア・インターナショナルのウィル・スネルとの2014年7月の会話より。彼の話によると、「間接費」の定義はかなり恣意的なものらしい。彼はこう指摘する。
 「間接費の計算はすべて定義に左右される。

 最低限の水準で定義すれば（ロンドンのオフィスの賃料と関連経費、プロジェクト以外のスタッフ、出張、IT 通信）、私たちの組織の間接費は総支出の16%程度だ。

 中程度の水準で定義すれば（リサーチ・マネジャーなど、ロンドンから直接プロジェクトを実行するスタッフも含めた本部の全経費）、間接費は44%程度になる。

 最大限の水準で定義すれば（ランダム化比較試験）、間接費は総支出の100%だ。現時点ではほかのプロジェクトはいっさい進行中ではないからね！」
7. "Where We Are Headed (2013 and Beyond)," Charity Navigator, http://www.charitynavigator.org/index.cfm?bay=content.view&cpid=1193#.VJddHsAA〔2018年6月アクセス不能〕
8. 間接費だけに着目するのは、ほかにも数々の問題がある。その一部は、Holden Karnofsky, "The Worst Way to Pick a Charity," *GiveWell Blog*, December 1, 2009, http://blog.givewell.org/2009/12/01/the-worst-way-to-pick-a-charity/; Dean Karlan, "Why Ranking Charities by Administrative Expenses Is a Bad Idea," *Freakonomics*（ブログ）, June 9, 2011, http://freakonomics.com/2011/06/09/why-ranking-charities-by-administrative-expenses-is-a-bad-idea/; and Dan Pallotta, *Uncharitable: How Restraints on Nonprofits Undermine Their Potential* (Medford, MA: Tufts University, 2008), 128–176 に記載がある。致命的な問題のひとつは、間接費の定義があいまいなことだ。ただし、「間接費」に関してひとつだけ守ることが重要な側面がある。それは資金調達コストを低く抑えることだ。なぜか？ 「この資金を調達していなければどうなっていたか？」を考えるとその答えがわかる。ある慈善団体が資金を調達した場合、もちろん慈善事業の新たな資金を生み出しているという側面もあるが、単にドナーの寄付先が変わっただけであるという側面もある。これはマーケティング全般に当てはまる内容だ。コカ・コーラ社がマーケティング・キャンペーンを実施した場合、炭酸飲料の新たな顧客を生み出しているという側面も確かにあるが、単に顧客の買う炭酸飲料がペプシからコーラに変わっただけだという側面もある。資金調達を専門とするプリマス大学のエイドリアン・サージャント教授は、私にこう話した。「資金調達にお金をかけることで慈善事業のパイ全体が広がるかどうかという問題については、私の答えはノーだ。そんなわけはない」（サージャントとの2014年8月の個人的な会話より）。この点は危険をはらむ。慈善団体が資金調達にどんどん支出を増やし、お互いに競争しあえば、大量の資金がゼロサム的な資金調達活動に浪費されるので、慈善事業のパイ全体は縮んでしまうだろう。資金調達に予算をかけすぎるのはよくないという社会規範が

あれば、こうした悪い結果はある程度避けられるのだ。

9. Glewwe, Kremer, and Moulin, "Many Children Left Behind?"; Maria Kuecken and Anne-Marie Valfort, "When Do Textbooks Matter for Achievement?" *Economic Letters*, 2013; Glewwe and Kremer, "Schools, Teachers, and Education Outcomes in Developing Countries," in Eric A. Hanushek and F. Welch（eds.), *Handbook of the Economics of Education*, vol. 2,（New York: Elsevier, 2006), 945–1017; Patrick McEwan, "Improving Learning in Primary Schools of Developing Countries: A Meta-Analysis of Randomised Experiments," unpublished paper.
10. American Cancer Society, "Stewardship Report," 2013, 44, http://www.cancer.org/acs/groups/content/@corporatecommunications/documents/document/acspc-041227.pdf〔2018年6月アクセス不能〕
11. ALS Association, "Annual Report," 2014, 3, http://www.alsa.org/assets/pdfs/annual_report_fy2014.pdf. この数字は管理費と資金調達費を除外するために計算し直されている。
12. ウィル・スネルとの2014年12月の個人的な会話より。たとえば、コンゴ民主共和国のプログラムのコストは年間100万ドルであり、250万人の視聴者にメッセージを届けている。
13. ポール・ニーハウスとの2014年8月の個人的な会話より。Johannes Haushofer and Jeremy Shapiro, "Policy Brief: Impacts of Unconditional Cash Transfers," unpublished paper, October 24, 2013, 16–17, http://www.princeton.edu/~joha/publications/Haushofer_Shapiro_Policy_Brief_2013.pdf.
14. "Diarrhoeal Disease," WHO Fact Sheets, http://www.who.int/mediacentre/factsheets/fs330/en/. また、下痢は栄養不良の主要な原因でもある。
15. 「介入試験と比較し、手を洗わないことに起因する下痢性疾患の相対危険度は1.88であった［つまり、手を洗わないことによって下痢のリスクが88％増加する］。このことは、手洗いで下痢のリスクを47％減らせることを示している」。Val Curtis and Sandy Cairncross, "Effect of Washing Hands with Soap on Diarrhoea Risk in the Community: A Systematic Review," *Lancet Infectious Diseases* 3, no. 5（May 2003), 275–81.
16. "Audio: Burkina Faso breastfeeding spot A," Development Media International, 2013, http://www.developmentmedia.net/audio-burkina-faso-breastfeeding-spot-2013〔2018年6月アクセス不能〕
17. "Saving Lives," Nothing But Nets, http://www.nothingbutnets.net/new/saving-lives/〔2018年6月アクセス不能〕
18. たとえば、David Roodman, *Due Diligence: An Impertinent Inquiry into Microfinance*（Washington, DC: Center for Global Development, 2012）を参照。著者のルードマンはこう指摘する。「現在の証拠によると、マイクロクレジットが貧困にもたらす平均的な影響は、最善の推定ではゼロだ。クレジットが薬にも毒にもなりうる便利な道具だという一般通念は真実に近いようだ」（http://www.cgdev.org/doc/full_text/DueDiligence/Roodman_Due_Diligence.html）。当初は、たとえば Nathanael Goldberg, *Measuring the Impact of Microfinance: Taking Stock of What We Know*, Grameen Foundation, December 2005, http://files.givewell.org/files/Cause1-2/Independent%20research%20on%20microfinance/GFUSA-MicrofinanceImpactWhitepaper-1.pdf にまとめられているように、マイクロクレ

ジットが貧困に大きな影響をもたらしていることを示唆する学術調査もあった。しかし、こうした調査はランダム化されていなかった。ランダム化比較試験の結果が明らかになると、全体像は劇的に変化した。この例は、質の高い証拠を集めることがいかに重要かを物語っている。質の低い証拠には、事例証拠だけでなく頻繁に引用される学術調査も含まれる場合がある。「証拠の階層」の概要については、Trisha Greenhalgh, "How to Read a Paper: Getting Your Bearings (Deciding What the Paper Is About)," *BMJ* 315, no. 7,102 (July 26, 1997), 243–6を参照。マイクロクレジットはマイクロファイナンスの一形態にすぎない。マイクロファイナンスのそのほかの形態は、少額貯蓄（非常に貧しい人々に安全な貯蓄の場所を提供するもの）をはじめとして有望であることが証明されている。

19. タイム誌のインタビューで、世界開発センターのデイヴィッド・ルードマンはこう指摘した。「ローンを返済できない女性の事例は数多い。女性たちはこれらのグループ［地域の連帯債務者グループ］に属しているため、人々がやってきては家の屋根から懐中電灯までありったけのものを持っていってしまうのだ」。こうした事例やその他の問題については、"Why We Don't Recommend Microfinance," *Giving What We Can*（ブログ）, November 29, 2012, https://www.givingwhatwecan.org/blog/2012-11-29/why-we-don%E2%80%99t-recommend-microfinance; Sam Donald, "Why We (Still) Don't Recommend Microfinance," *Giving What We Can*（ブログ）, March 12, 2014, https://www.givingwhatwecan.org/post/2014/03/why-we-still-dont-recommend-microfinance/; Holden Karnofsky, "6 Myths About Microfinance Charity That Donors Can Do Without," *GiveWell Blog*, October 23, 2009, http://blog.givewell.org/2009/10/23/6-myths-about-microfinance-charity-that-donors-can-do-without/を参照。
20. Abhijit Banerjee, Dean Karlan, and Jonathan Zinman, "Six Randomized Evaluations of Microcredit: Introduction and Further Steps," September 11, 2014, https://karlan.yale.edu/sites/default/files/aej_intro.pdf.
21. 実施されている調査のリストについては、"Cash Transfers in the Developing World: Program Track Record," GiveWell, November 2014, http://www.givewell.org/international/technical/programs/cash-transfers#ProgramTrackRecordを参照。
22. Johannes Haushofer and Jeremy Shapiro, "Household Response to Income Changes: Evidence from an Unconditional Cash Transfer Program in Kenya," November 15, 2013, http://www.princeton.edu/~joha/publications/Haushofer_Shapiro_UCT_2013.pdf.
23. この点を加味するために、費用対効果の推定をどう調整すればよいか？　その判断は非常に難しい。ギブウェルでは、このプログラムがブルキナファソ以外の国々で有効に機能しない可能性や、自己報告でこのプログラムの便益が過大評価される可能性を考慮し、推定に調整を加えている。改訂された推定によると、子どもひとりの命を救うためのコストは5200ドルだ（この数字には、命を救う以外の健康上の便益は含まれない）。しかし、DMIはこの調整は不適切だと考えており、子どもひとりの命を救うためのコストを約1100ドルと推定している（この数字にもやはり、命を救う以外の健康上の便益、つまり1QALYあたり10ドルという便益は含まれない）。"Development Media International (DMI): What Do You Get for Your Dollar?" GiveWell,

December 2014, http://www.givewell.org/international/top-charities/DMI#cea.

24. Noboru Minakawa, Gabriel O Dida, Gorge O Sonye, Kyoko Futami, and Satoshi Kaneko, "Unforeseen Misuses of Bed Nets in Fishing Villages Along Lake Victoria," *Malaria Journal* 7, no. 165 (2008).
25. "Quality of Service," GiveWell, https://www.givedirectly.org/quality-of-service.html（2015年 1月アクセス）
26. "Gavi Pledging Conference June 2011," Gavi: The Vaccine Alliance, https://www.gavi.org/funding/how-gavi-is-funded/resource-mobilisation-process/gavi-pledging-conference-june-2011/.
27. "GiveDirectly," GiveWell, December 2014, http://www.givewell.org/international/top-charities/give-directly.
28. "Development Media International," GiveWell, December 2014, http://www.givewell.org/international/top-charities/DMI.
29. Levine, *Case Studies*, 33–40, 57–64, 81–88, 127–34 を参照。
30. わかりやすい概要については、David Roodman, "Macro Aid Effectiveness Research: A Guide for the Perplexed," Center for Global Development, working paper 135, December 2007, http://www.cgdev.org/publication/macro-aid-effectiveness-research-guide-perplexed-working-paper-135 を参照。
31. https://www.givedirectly.org/; "GiveDirectly," GiveWell, December 2014, http://www.givewell.org/international/top-charities/give-directly.
32. http://developmentmedia.net/; "Development Media International," GiveWell, December 2014, http://www.givewell.org/international/top-charities/DMI.
33. http://www.evidenceaction.org/; "Deworm the World Initiative (DtWI), Led by Evidence Action," GiveWell, December 2014, http://www.givewell.org/international/top-charities/deworm-world-initiative.
34. http://www3.imperial.ac.uk/schisto; "Schistosomiasis Control Initiative (SCI)," GiveWell, November 2014, http://www.givewell.org/international/top-charities/schistosomiasis-control-initiative.
35. https://www.againstmalaria.com/Default.aspx; "Against Malaria Foundation (AMF)," GiveWell, November 2014, http://www.givewell.org/international/top-charities/AMF.
36. http://livinggoods.org/; "Living Goods," GiveWell, November 2014, http://www.givewell.org/international/top-charities/living-goods.
37. http://www.ign.org. もうひとつ、2014年12月にギブウェルがリストアップした"傑出"した慈善団体として、栄養改善のための世界同盟 Global Alliance for Improved Nutrition による世界ヨウ素添加塩プログラムがある（http://www.givewell.org/international/top-charities/GAIN）。このプログラムはヨウ素グローバル・ネットワークと同様、ヨウ素による塩の強化を広めようとしている。この団体を本文で紹介しなかったのは、ヨウ素グローバル・ネットワークと活動内容が似ていることと、執筆時点では追加資金の使い道が明確でなかったことによる。

　もうひとつ、特筆すべき慈善団体として、子ども健康プロジェクト Project Healthy Children（PHC, http://projecthealthychildren.org）がある。PHC は先進国の政府と協力し、

小麦粉、砂糖、米、油などの食品を葉酸、ヨウ素、鉄、ビタミンA、亜鉛などの微量栄養素で強化している。コストはひとりあたり5～10セント。PHCはギビング・ワット・ウィー・キャンがもっともお勧めする慈善団体のひとつだが、ギブウェルの評価プロセスへの参加を辞退した。一貫性を保つため、本章ではギブウェルの勧める団体のみを一覧している。

38. 関連する推定の概要については、“Micronutrients,” Giving What We Can, 2013, https://www.givingwhatwecan.org/research/charities-area/micronutrients を参照。

第8章

1. “About Us,” American Apparel, http://www.americanapparel.net/aboutus/. 私がアメリカンアパレルを“倫理的”な企業の一例として用いているのは、同社が「スウェットショップ・フリー」を標榜しているからだ。しかし、それとは無関係に、同社のほかの面は問題だらけだ。同社の創設者兼元CEOのダヴ・チャーニーは、数々の不祥事やセクハラ疑惑が一因となり、2014年初頭に同社を解雇された（http://www.buzzfeed.com/sapna/exclusive-read-ousted-american-apparel-ceo-dov-charneys-term#.lgZarE7Wz を参照）。また、アメリカンアパレルの広告キャンペーンも、未成年を性的に扱ったとして批判を浴びている（http://www.independent.co.uk/life-style/fashion/features/american-apparels-most-controversial-moments-following-ban-on-back-to-school-ad-9712735.html を参照）。
2. Lucy Ash, “Inside China's Sweatshops,” BBC News, July 20, 2002.
3. Nicholas D. Kristof, “Where Sweatshops Are a Dream,” *The New York Times*, January 14, 2009.
4. Marc Margolis, “Roads to Nowhere: More and More Migrants from Poor Countries Are Heading to Other Former Backwaters for Work,” *Newsweek*, September 11, 2006.
5. Jack Chang, “Bolivians Fail to Find Better Life in Brazil,” *Miami Herald*, December 28, 2007. Cited in Benjamin Powell, *Out of Poverty: Sweatshops in the Global Economy* (New York: Cambridge University, 2014), 60.
6. Powell, *Out of Poverty*, 60–61.
7. 同上。
8. Allen R. Myerson, “In Principle, a Case for More ‘Sweatshops,’ ” *The New York Times*, June 22, 1997 にて引用されている。
9. 同上。
10. Powell, *Out of Poverty*, 120–121.
11. Bureau of International Labor Affairs, *By the Sweat & Toil of Children: The Use of Child Labor in American Imports* (Washington, DC: US Deptartment of Labor, 1994), 30.
12. UNICEF, *The State of the World's Children* (Oxford, UK: Oxford University, 1997), 60〔邦訳 ユニセフ『世界子供白書1997』ユニセフ駐日事務所訳、ユニセフ駐日事務所、1996年、52ページ〕
13. 私のこれまでの議論は、強制労働には当てはまらないので誤解なく。強制労働が労働者のためになると主張する余地はない（人間を商品のごとく売り買いする奴隷制度は、幸いにも現代ではほとんど見られないが、借金による束縛はいまだに存在する。ある人が借金の見返りに労働を約束し、その借金が世代を超えて受け継がれていく

制度だ)。ある企業が強制労働者を用いた工場と契約した場合、私たちは痛烈に非難し、状況の是正を求めるべきだ。

14. 人道的教育研究所（http://humaneeducation.org/blog/2013/04/03/5-tips-keeping-sweatshop-free-closet/）やレイバー・ビハインド・ザ・レイベル（http://labourbehindthelabel.org/）などが推奨しているように、中古の衣料品を購入するのも解決策にはならない。同じく、貧困国の貧しい人々の雇用機会が減るだけだろう。
15. Rebecca Smithers, "Global Fairtrade Sales Reach £4.4bn Following 15%Growth During 2013," *The Guardian*, September 3, 2014.
16. Paul Griffiths, "Ethical Objections to Fairtrade," *Journal of Business Ethics* 105, no. 3 (February 2012): 364.
17. Griffiths, "Ethical Objections," 359–60.
18. Joni Valkila, Pertti Haaparanta, and Niina Niemi, "Empowering Coffee Traders? The Coffee Value Chain from Nicaraguan Fair Trade Farmers to Finnish Consumers," *Journal of Business Ethics* 97, no. 2 (December 2010): 257–70.
19. Bernard Kilian, Connie Jones, Lawrence Pratt, and Andrés Villalobos, "Is Sustainable Agriculture a Viable Strategy to Improve Farm Income in Central America? A Case Study on Coffee," *Journal of Business Research* 59, no. 3 (March 2006): 322–30. こうした推定について詳しくは、Griffiths, "Ethical Objections," 359–60 を参照。
20. Fairtrade, Employment and Poverty Reduction Project, *Fair Trade, Employment and Poverty Reduction in Ethiopia and Uganda*, April 2014, http://ftepr.org/wp-content/uploads/FTEPR-Final-Report-19-May-2014-FINAL.pdf.
21. Carl Mortished, "Fairtrade Coffee Fails to Help the Poor, British Report Finds," *Globe and Mail* (Toronto), May 26, 2014.
22. Fairtrade, Employment and Poverty Reduction Project, "Response to Fairtrade Statement on FTEPR Final Report 31st May 2014," http://ftepr.org/wp-content/uploads/Response-to-Fairtrade-Statement-on-FTEPR-Final-Report-Posted.pdf.
23. Valerie Nelson and Barry Pound, *The Last Ten Years: A Comprehensive Review of the Literature on the Impact of Fairtrade*, September 2009, 35, http://www.fairtrade.net/fileadmin/user_upload/content/2009/about_us/2010_03_NRI_Full_Literature_Review.pdf.
24. これらの事実は、David JC MacKay, *Sustainable Energy—without the Hot Air* (Cambridge, UK: UIT, 2009), 68–72 より。
25. アメリカの家庭のエネルギー使用量は二酸化炭素換算13トンと推定されている。Christopher M. Jones and Daniel M. Kammen, "Quantifying Carbon Footprint Reduction Opportunities for U.S. Households and Communities," *Environmental Science & Technology* 45, no. 9 [2011], 4,088–95. イギリスの家庭のエネルギー使用量は世帯あたり年間5トン。Department for Energy and Climate Change, Great Britain's Housing Energy Fact File, 2011, https://www.gov.uk/government/uploads/system/uploads/attachment_data/file/48195/3224-great-britains-housing-energy-fact-file-2011.pdf.
26. "Plastic Bags and Plastic Bottles—CO2 Emissions During Their Lifetime," Time for Change, April 2009, http://timeforchange.org/plastic-bags-and-plastic-bottles-CO2-emissions; "Facts

About the Plastic Bag Pandemic," Reuseit, http://www.reuseit.com/blog/Facts-About-the-Plastic-Bag-Pandemic/. ごみの削減など、ビニール袋の使用量を減らすほかの理由についてはどうだろうか？　現実には、ビニール袋は私たちの排出するごみのほんの一部しか占めていない。Joseph Stromberg, "Why Our Environmental Obsession with Plastic Bags Makes No Sense," *Vox*, October 4, 2014, http://www.vox.com/2014/10/4/6901299/plastic-bags-environment.

27. Sarah DeWeerdt, "Is Local Food Better?" *World Watch* 22, no. 3 (May/June 2009), 6–10; "The Tricky Truth About Food Miles," Shrink that Footprint, http://shrinkthatfootprint.com/food-miles.
28. Christopher Weber, and Scott Matthews, " Food-Miles and the Relative Climate Impacts of Food Choices in the United States," *Environmental Science & Technology* 42, no. 10 (2008), 3, 508–13.
29. Annika Carlsson-Kanyama, "Food Consumption Patterns and Their Influence on Climate Change," *Ambio* 27, no. 7 (November 1998), 528.
30. Gidon Eshel and Pamela A. Martin, "Diet, Energy, and Global Warming," *Earth Interactions* 10, no. 9 (April 2006).
31. "Greenhouse Gas Emissions from a Typical Passenger Vehicle," United States Environmental Protection Agency, May 2014, http://www.epa.gov/otaq/climate/documents/420f14040.pdf.
32. Christian N. Jardine, "Calculating the Carbon Dioxide Emissions of Flights," Environmental Change Institute, University of Oxford, February 2009, http://www.eci.ox.ac.uk/research/energy/downloads/jardine09-carboninflights.pdf.
33. "Our Calculations," Energy Saving Trust, 2014, http://www.energysavingtrust.org.uk/content/our-calculations.
34. George Monbiot, "Selling Indulgences," *The Guardian*, October 18, 2006.
35. "The Team," Cool Earth, http://www.coolearth.org/the-team/.
36. 2000年代終盤、クール・アースに対し、「新植民地主義」であるとか、大量の熱帯雨林を買い占めて「土地の強奪」を行なっているという批判がいくつか出た。たとえば、Juliette Jowit, "Amazon Tribe Hits Back at Green 'Colonialism,' " *The Guardian*, October 14, 2007; Conor Foley, "Not Cool," Comment Is Free, *The Guardian*, June 12, 2008, http://www.theguardian.com/commentisfree/2008/jun/12/brazil.climatechange など。しかし、これらの批判はクール・アースの活動を誤解しているようだ。クール・アースはアマゾンの熱帯雨林の土地をいっさい所有していない。現地の住民が伐採業者に土地を売り渡さなくてすむよう、よりよい経済的機会を提供しているだけだ。
37. Katja Grace, "Less Burn for Your Buck (Part II)," *Giving What We Can* (ブログ), November 14, 2013, https://www.givingwhatwecan.org/blog/2013-11-14/less-burn-for-your-buck-part-ii.
38. "Save an Acre," Cool Earth, http://www.coolearth.org/save-an-acre〔2018年6月アクセス不能〕
39. "Rainforest Facts," Cool Earth, July 12, 2013, http://www.coolearth.org/rainforest-facts/rainforest-fact-22-260-tonnes-of-co2〔2018年6月アクセス不能〕
40. 154ドルで5エーカーの土地が3割伐採されるのを防げるので、154ドル÷（5エーカー×0.3）＝103ドル。

41. Monbiot, "Selling Indulgences."
42. CheatNeutral, http://www.cheatneutral.com/.
43. 興味がある方は、Peter Singer and Jim Mason, *The Way We Eat: Why Our Food Choices Matter* (New York: Holtzbrinck Publishers, 2006) を読むことをお勧めする。
44. この議論では、魚に関しては述べない。その理由はふたつある。ひとつ目に、人間が消費する魚の数とその生活の質についてのデータが陸生動物と比べて限られているため。ふたつ目に、魚の感覚については、陸生動物と比べて不確実な部分が多いため。それでも、実在するデータから判断するかぎり、魚の消費を控えるのは鶏肉を控えるのと同じくらい意義があるのではないかと思う。人間の食する魚は、ほかの魚が餌となっている場合が多いので、人間が食べるために間接的に殺される魚の数は非常に多くなる。また、養殖の魚の生活は非常に劣悪だろう。
45. Norwood and Lusk, *Compassion*, 227–9. この本はノーウッドとラスクの共著だが、推定はノーウッドのみによるもの。
46. ここでは、アニマル・チャリティ・エバリュエイターズの「Leaflet Impact Calculator」(http://www.animalcharityevaluators.org/research/interventions/leafleting/leafleting-calculator/〔2018年6月アクセス不能〕) で提供されているパンフレット配布の費用対効果の推定値の "下限" を用いている。控えめに推定するため、ここでは "下限" の数値を用いたが、パンフレット配布に関する証拠は、本書で紹介したほかのプログラムに関する証拠と比べて質が低いという点を念頭に置いておくことが必要だ。したがって、パンフレットの配布を通じて誰かの食習慣を変えるのにかかる真のコストは、この推定とは大きく異なる可能性もある。この問題に関する詳しい調査は現在行なわれている最中だ。
47. 概要については、Anna C. Merritt, Daniel A. Effron, and Benoît Monin, "Moral Self-licensing: When Being Good Frees Us to Be Bad," *Social and Personality Psychology Compass* 4, no. 5 (May 2010), 344–57 を参照。
48. Nina Mazar and Chen-Bo Zhong, "Do Green Products Make Us Better People?" *Psychological Science* 21, no. 4 (April 2010), 494–8.
49. モラル・ライセンシング効果が生じる場合と生じない場合について詳しくは、Merritt, Effron, and Monin, "Moral Self-licensing" を参照。

第9章

1. "My Careers Plan," *Everyday Utilitarian* (ブログ), June 19, 2013, http://everydayutilitarian.com/essays/my-careers-plan/. また、ピーター・ハーフォードとの2014年6月の個人的な会話より。
2. 幸福度と生産性の関係については、Ivan Robertson and Cary L. Cooper, eds., *Well-being: Productivity and Happiness at Work* (New York: Palgrave Macmillan, 2011) and Andrew J. Oswald, Eugenio Proto, and Daniel Sgroi, "Happiness and Productivity," IZA discussion papers, no. 4,645 (2009), http://www.econstor.eu/handle/10419/35451 を参照。
3. " 'You've got to find what you love,' Jobs says," *Stanford Report*, June 14, 2005. 批判については、Cal Newport, *So Good They Can't Ignore You: Why Skills Trump Passion in the Quest for Work*

You Love (New York: Business Plus, 2012), 3-11〔邦訳　カル・ニューポート『今いる場所で突き抜けろ！――強みに気づいて自由に働く４つのルール』廣津留真理訳、ダイヤモンド社、2017年、第１章〕を参照。

4. Jenny Ungless and Rowan Davies, *Career Ahead: The Complete Career Handbook* (London: Raleo, 2008).
5. "What If Money Was No Object?": https://vimeo.com/63961985. この動画は、著作権侵害で削除される前、ユーチューブで200万再生を果たした。アラン・ワッツの講演からの短い抜粋と BGM で成り立っており、のちに *Do You Do It or Does It Do You?: How to Let the Universe Meditate You, Sounds True*, 2005 として出版された。
6. Robert J. Vallerand et al., "*Les passions de l'âme*: On obsessive and harmonious passion," *Journal of Personality and Social Psychology* 85, no. 4 (October 2003), 759, table 1.
7. "Probability of Competing Beyond High School," NCAA, September 24, 2013, http://www.ncaa.org/about/resources/research/probability-competing-beyond-high-school.
8. Jordi Quoidbach, Daniel T. Gilbert, and Timothy D. Wilson, "The End of History Illusion," *Science* 339, no. 6,115 (January 4, 2013), 96-98.
9. この５つは、おそらく現在の心理学ではもっとも主流で信頼性の高い仕事満足度の指標だろう。詳しくは、Thomas A. Judge and Ryan Klinger, "Promote Job Satisfaction through Mental Challenge," in Edwin Locke, ed., *Handbook of Principles of Organizational Behavior: Indispensable Knowledge for Evidence-Based Management*, 2nd edition, (Chichester, UK: John Wiley, 2009), 107-21 および Stephen E. Humphrey, Jennifer D. Nahrgang, and Frederick P. Morgeson, "Integrating Motivational, Social, and Contextual Work Design Features: A Meta-analytic Summary and Theoretical Extension of the Work Design Literature," *Journal of Applied Psychology* 92, no. 5 (September 2007), 1,332-56 を参照。
10. Benjamin Todd, "How to Find a Job You'll Love," *80,000 Hours* (ブログ), August 16, 2012, https://80000hours.org/2012/08/how-to-find-a-job-you-ll-love/.
11. Mihaly Csikszentmihalyi, *Flow: The Psychology of Optimal Experience* (New York: Harper & Row, 1990)〔邦訳　M・チクセントミハイ『フロー体験 喜びの現象学』今村浩明訳、世界思想社、1996年〕
12. "Predictors of Job Satisfaction," 80,000 Hours, August 28, 2014, https://80000hours.org/career-guide/framework/job-satisfaction/job-satisfaction-research/#predictors-of-job-satisfaction〔2018年６月アクセス不能〕に記載の情報や参考文献を参照。
13. Walter Isaacson, *Steve Jobs* (New York: Simon & Schuster, 2011), 39-50〔邦訳　ウォルター・アイザックソン『スティーブ・ジョブズⅠ』井口耕二訳、講談社、2011年、76～99ページ〕を参照。
14. Jeffrey S. Young and William L. Simon, *iCon Steve Jobs: The Greatest Second Act in the History of Business* (Hoboken, New Jersey: John Wiley & Sons, 2005), 35-36〔邦訳　ジェフリー・S・ヤング＆ウィリアム・L・サイモン『スティーブ・ジョブズ――偶像復活』井口耕二訳、東洋経済新報社、2005年、60～63ページ〕
15. Daniel T. Gilbert et al., "Immune Neglect: A Source of Durability Bias in Affective Forecasting," *Journal of Personality and Social Psychology* 75, no. 3 (September 1998), 617-38.

16. “Don’t Go with Your Gut Instinct,” 80,000 Hours, March 8, 2013, https://80000hours.org/career-guide/big-picture/dont-go-with-your-gut-instinct/.
17. 概要については、Frank L. Schmidt and John E. Hunter, “The Validity and Utility of Selection Methods in Personnel Psychology: Practical and Theoretical Implications of 85 Years of Research Findings,” *Psychological Bulletin* 124, no. 2 (September 1998), 262–74 を参照。
18. Benjamin Todd, “Should You Do a Degree?” *80,000 Hours*（ブログ）, February 18, 2014, https://80000hours.org/2014/02/should-you-do-a-degree/.
19. Jess Whittlestone, “Your Career Is Like a Startup,” *80,000 Hours*（ブログ）, https://80000hours.org/2013/07/your-career-is-like-a-startup/. この考えは、リンクトイン創設者のリード・ホフマンと起業家のベン・カスノーカの著書 *The Start-up of You: Adapt to the Future, Invest in Yourself, and Transform Your Career* (New York: Crown Business, 2012)〔邦訳 『スタートアップ！――シリコンバレー流成功する自己実現の秘訣』有賀裕子訳、日経 BP 社、2012年〕でも別個に提唱されている。
20. Eric Ries, *The Lean Startup: How Today’s Entrepreneurs Use Continuous Innovation to Create Radically Successful Businesses* (New York: Crown Business, 2011)〔邦訳　エリック・リース『リーン・スタートアップ――ムダのない起業プロセスでイノベーションを生みだす』井口耕二訳、日経 BP 社、2012年〕
21. Ryan Carey, “The Payoff and Probability of Obtaining Venture Capital,” *80,000 Hours*（ブログ）, June 25, 2014, https://80000hours.org/2014/06/the-payoff-and-probability-of-obtaining-venture-capital/.
22. クリス・ホールクイストとの2014年７月の個人的な会話より。
23. Marcus Wohlsen, “Tuition at Learn-to-Code Boot Camp is Free—Until You Get a Job,” *Wired*, March 15, 2013.
24. 詳しい分析については、Carl B. Frey and Michael A. Osborne, “The Future of Employment: How Susceptible Are Jobs to Computerisation?” Oxford Martin School, University of Oxford, September 17, 2013, http://www.oxfordmartin.ox.ac.uk/downloads/academic/The_Future_of_Employment.pdf を参照。
25. Brooks, David, “The Way to Produce a Person,” *The New York Times*, June 3, 2013.
26. “Financials,” GiveWell, https://www.givedirectly.org/financials.html.
27. William D. Nordhaus, “Schumpeterian Profits in the American Economy: Theory and Measurement,” NBER working paper no. 10,433 (April 2004), 22.
28. “Migration and Development Brief 23,” World Bank, October 2014, http://siteresources.worldbank.org/INTPROSPECTS/Resources/334934-1288990760745/MigrationandDevelopmentBrief23.pdf. 2013年の政府開発援助は1350億ドルだった。“Net Official Development Assistance from DAC and Other Donors in 2013: Preliminary Data for 2013,” OECD, http://www.oecd.org/dac/stats/documentupload/ODA%202013%20Tables%20and%20Charts%20En.pdf.
29. たとえウェーブがこの額のほんの一部しか送金しなかったとしても、競合企業の料金を押し下げ、一定の影響を及ぼす可能性がある。
30. Alfred J. Lotka, “The frequency distribution of scientific productivity,” *Journal of the Washington*

Academy of Sciences 16, no. 12 (June 19, 1926), 317–24.

31. Jordan Weissmann, "How Many Ph.D.'s Actually Get to Become College Professors?" TheAtlantic.com, February 23, 2013, http://www.theatlantic.com/business/archive/2013/02/how-many-phds-actually-get-to-become-college-professors/273434/.
32. Carolyn Dicey Jennings, quoted in "To Get a Job in Philosophy," *Philosophy Smoker* (ブログ), April 18, 2012, http://philosophysmoker.blogspot.com.ar/2012/04/to-get-job-in-philosophy.html.
33. Richard B. Freeman, "It's Better Being an Economist (But Don't Tell Anyone)," *Journal of Economic Perspectives* 13, no. 3 (Summer 1999), 139–45.
34. この先駆的な研究を見事にまとめたものとして、Daniel Kahneman, *Thinking, Fast and Slow* (New York: Farrar, Straus and Giroux, 2011)〔邦訳　ダニエル・カーネマン『ファスト＆スロー——あなたの意思はどのように決まるか？』村井章子訳、早川書房、2014年〕がある。
35. たとえば、"Poor Behaviour: Behavioural Economics Meets Development Policy," *The Economist*, December 6, 2014 および Dean Karlan and Jacob Appel, *More Than Good Intentions: How a New Economics Is Helping to Solve Global Poverty* (New York: Dutton, 2011)〔邦訳　ディーン・カーラン＆ジェイコブ・アペル『善意で貧困はなくせるのか？——貧乏人の行動経済学』清川幸美訳、みすず書房、2013年〕を参照。
36. Newman, "Power Laws," 5.
37. *State of the Social Media Marketing Industry*, HubSpot, January 2010, http://www.hubspot.com/Portals/53/docs/01.10.sot.report.pdf〔2018年6月アクセス不能〕
38. Holden Karnofsky, "Is Volunteering Just a Show?" *GiveWell Blog*, November 12, 2008, http://blog.givewell.org/2008/11/12/is-volunteering-just-a-show/ を参照。
39. フレデリック・マルダーとの2014年12月の個人的な会話より。
40. https://www.againstmalaria.com/

第10章

1. Barack Obama, Pariser Platz, Brandenburg Gate, Berlin, Germany, June 19, 2013, http://www.whitehouse.gov/the-press-office/2013/06/19/remarks-president-obama-brandenburg-gate-berlin-germany; John Kerry, "Remarks on Climate Change," Jakarta, Indonesia, February 16, 2014, http://www.state.gov/secretary/remarks/2014/02/221704.htm〔2018年6月アクセス不能〕; Kate Sheppard, "Harry Reid: 'Climate change is the worst problem facing the world today,' " *The Huffington Post*, June 3, 2014, http://www.huffingtonpost.com/2014/03/06/harry-reid-climate-change_n_4914683.html; Gillis, Justin, "U.N. climate panel endorses ceiling on global emissions," *The New York Times*, September 27, 2013, http://www.nytimes.com/2013/09/28/science/global-climate-change-report.html.
2. 活動分野を評価するためのこの「3要素モデル」は、ギブウェルがオープン・フィランソロピー・プロジェクトの一環として初めて提唱した。その後、キャリア選びを含むよう80000アワーズが拡張し、オーウェン・コットン＝バラットが数学的に厳密化した。「規模」の代わりに「重要性 importance」、「解決可能性」の代わりに「混

雑度 crowdedness」という用語が使われる場合もある。詳しくは、Holden Karnofsky, "Narrowing Down U.S. Policy Areas," *GiveWell Blog*, May 22, 2014, http://blog.givewell.org/2014/05/22/narrowing-down-u-s-policy-areas/; Benjamin Todd, "A Framework for Strategically Selecting a Cause," *80,000 Hours*（ブログ), December 19, 2013, https://80000hours.org/2013/12/a-framework-for-strategically-selecting-a-cause/; Owen Cotton-Barratt, "Estimating Cost-Effectiveness for Problems of Unknown Difficulty," Future of Humanity Institute, December 4, 2014, http://www.fhi.ox.ac.uk/estimating-cost-effectiveness/ を参照。

3. この見方に反論する専門家も少数ながらいるだろう。たとえば、イギリスの研究者オーブリー・デグレイは、老化の問題に対して、人間の複雑な代謝を理解する必要のないアプローチを提唱している。このアプローチに基づくと、老化は比較的解決しやすい問題であり、制約となるのは人間の理解不足というよりもむしろ公的資金なのだという。Aubrey de Gray and Michael Rae, *Ending Aging: The Rejuvenation Breakthroughs That Could Reverse Human Aging in our Lifetime*（New York: St. Martin's Press, 2007)〔邦訳　オーブリー・デグレイ&マイケル・レイ『老化を止める7つの科学――エンド・エイジング宣言』高橋則明訳、日本放送出版協会、2008年〕を参照。
4. ここでもやはりインフレ調整を行なっている。なので、2014年のドル換算で「1日あたり1.50ドル」という貧困ラインを採用している。
5. 概要については、"Criminal Justice Reform," GiveWell, May 2014, http://www.givewell.org/labs/causes/criminal-justice-reform を参照。
6. John Schmitt, Kris Warner, and Sarika Gupta, "The high budgetary cost of incarceration," Center for Economic and Policy Research, June 2010, http://www.cepr.net/documents/publications/incarceration-2010-06.pdf.
7. "Criminal Justice Reform," GiveWell.
8. "Pew Public Safety Performance Project," GiveWell, July 2014, http://www.givewell.org/labs/causes/criminal-justice-reform/Pew-Public-Safety-Performance-Project〔2018年6月アクセス不能〕
9. 概要については、Bryan Caplan and Vipul Naik, "A Radical Case for Open Borders," http://www.depts.ttu.edu/freemarketinstitute/research/immigration_papers/ARadicalCaseforOpenBorders.pdf を参照。
10. "The Place Premium: Wage Differences for Identical Workers Across the U.S. Border," Center for Global Development, working paper 148, July 2008, http://www.cgdev.org/sites/default/files/16352_file_CMP_place_premium_148.pdf.
11. こうした推定の完全なリストについては、"Double World GDP," Open Borders: The Case, http://openborders.info/double-world-gdp/ を参照。国境の開放の問題に興味がある方は、ぜひこのすばらしい資料を当たってほしい。

　国境の開放という考え方については、懸念を抱く人もいるだろう。大量の移民は政治を破壊するのではないか？　「頭脳流出」を引き起こし、最高の人材がすべて貧困国から流出し、残された人々はいっそう貧しくなるのではないか？　富裕国の賃金を押し下げ、失業率を上昇させることにより、富裕国で働く人々に害を及ぼすのではないか？

こうした懸念に対しては、説得力のある回答がある。そこで、これらの反対意見についてひとつずつ順番に考察してみよう。まず、政治の破壊に関しては、貧困国の政治はむしろ改善するだろう。貧困国の国民はずっと移住しやすくなるので、独裁者や腐敗した政府が国民に対して持つ権力ははるかに小さくなる。富裕国に関しては、証拠は不明瞭だ。たとえば、移民は福祉国家を望む傾向が強いが、社会科学者の大半は移民が政府の規模に及ぼす影響はほとんどないと考えている。移民が投票権を持つまでには時間がかかるし、投票権を得たとしても投票率はかなり低いからだ。

頭脳流出に関しては、貧困国から富裕国への移住は貧困国に残った人々にも大きな利益をもたらす。移民は母国に多額の送金を行なう。全世界の送金額の合計は、対外援助の総額の数倍におよび、貧困国のGDPの3分の1におよぶ場合もある。移住が増えれば、移民の母国と移住先の国とのあいだの貿易が増える。また、移民は貴重なスキルを祖国に持ち帰ることも多い。その好例がプエルトリコだ。プエルトリコの人々の半数以上は国外に住んでいるが、プエルトリコの人々がアメリカに移住できるおかげで、プエルトリコに住んでいる人々の生活水準は1980年と比べて6倍になり、今ではイギリスやイタリアといった国々に匹敵する。

富裕国の賃金や失業率に関しては、移民がプラスとマイナスのどちらに働くのかについてのはっきりした証拠はない。ギブウェルが委託したデイヴィッド・ルードマンによる最近の調査によると、移民の増加は富裕国の賃金や失業率にとってプラスになるか、害になるとしてもほんのわずかだという。"The Domestic Economic Impacts of Immigration," *David Roodman*（ブログ）, September 3, 2014, http://davidroodman.com/blog/2014/09/03/the-domestic-economic-impacts-of-immigration/. 移民は確かに仕事を"奪う"が、ネイティブがなかなかしたがらない仕事（果物の収穫など）を担うことも多い。また、移民は経済のなかでサービスへの需要を生み出すため、仕事も創出する。さらに、移民の管理や監督といった仕事は、教育水準が高く英語が母語であるネイティブが担うケースが多い。アメリカで移民の割合が高い地域では、保育サービスが割安なため、女性の就労率が高い。移民がネイティブの収入に悪影響をもたらすと推定する人々もいるが、その影響は微々たるものだ。たとえば、レイチェル・フリードバーグ教授とジェニファー・ハント教授の評価では、総人口に占める移民の割合が10％増加すると、ネイティブの賃金が約1％減少することがわかった。一方、ネイティブの失業率が大きく上昇するという証拠は見られなかった。"The Impact of Immigrants on Host Country Wages, Employment and Growth," *The Journal of Economic Perspectives* 9, no. 2 [Spring 1995]: 23–44).

12. Lant Pritchett, *Let Their People Come: Breaking the Gridlock on International Labor Mobility* (Washington, DC: Center for Global Development, 2006), 74.
13. "Principles," ImmigrationWorks USA, http://www.immigrationworksusa.org/index.php?p=50.
14. "Key Facts and Findings," Food and Agriculture Organization of the United Nations, http://www.fao.org/news/story/en/item/197623/icode/.
15. "Treatment of Animals in Industrial Agriculture," GiveWell, September 2013, http://www.givewell.org/labs/causes/treatment-animals-industrial-agriculture.

16. Tol and Yohe, "Review of the Stern Review."
17. Nebojš a Nakićenović and Rob Swart, eds., *Special Report on Emissions Scenarios: A Special Report of Working Group III of the Intergovernmental Panel on Climate Change* (Cambridge, UK: Cambridge University, 2000), sect. 4.4.4, table 4–6.
18. 極端な気候変動の悪影響のひとつとして、気候変動の影響を特に著しく受ける国が単独で地球工学を試みるという問題が考えられる（数十億ドルあれば試みることができるので、小国でも十分に実行する余地がある）。まんがいち十分な準備やリスク評価もなく地球工学が試みられ、失敗した場合、壊滅的な影響が出る可能性もある。
19. 概要については、"Global Catastrophic Risks," GiveWell, February 2014, http://www.givewell.org/labs/causes/global-catastrophic-risks を参照。

あとがき

1. Alexander M. Aiken, Calum Davey, James R. Hargreaves, and Richard J. Hayes, "Re-analysis of health and educational impacts of a school-based deworming programme in western Kenya: a pure replication," *International Journal of Epidemiology* 44, no. 5 (October 2015), 1572–80; Calum Davey, Alexander M. Aiken, Richard J. Hayes, and James R. Hargreaves, "Re-analysis of health and educational impacts of a school-based deworming programme in western Kenya: a statistical replication of a cluster quasi-randomized stepped-wedge trial," *International Journal of Epidemiology* 44, no. 5 (October 2015), 1581–92.